WALDECK-ROUSSEAU

ACTION RÉPUBLICAINE ET SOCIALE

PARIS
BIBLIOTHÈQUE-CHARPENTIER
EUGÈNE FASQUELLE, ÉDITEUR
11, RUE DE GRENELLE, 11
—
1903

Lib 57
13410

ACTION RÉPUBLICAINE
ET SOCIALE

EUGÈNE FASQUELLE, ÉDITEUR, 11, RUE DE GRENELLE

DU MÊME AUTEUR

Discours parlementaires (1879-1889), 1 vol. in-8 : 7 fr. 50.

Questions sociales, 1 volume in-18 : 3 fr. 50.
Associations et Congrégations, 1 volume in-18 : 3 fr. 50.
La Défense républicaine, 1 volume in-18 : 3 fr. 50.

EN PRÉPARATION

Politique française et étrangère, 1 volume in-18.

WALDECK-ROUSSEAU

ACTION RÉPUBLICAINE ET SOCIALE

PARIS
BIBLIOTHÈQUE-CHARPENTIER
EUGÈNE FASQUELLE, ÉDITEUR
11, RUE DE GRENELLE, 11

1903
Tous droits réservés.

INTRODUCTION DE L'ANNOTATEUR

On s'est attaché, dans certains partis, à dépeindre le ministère du 22 juin 1899 sous l'unique aspect d'un ministère de combat. Ceux-là mêmes qui, au plus fort de la bataille, avaient fui la responsabilité du pouvoir, ont feint de s'étonner, le danger à peu près conjuré, de voir M. Waldeck-Rousseau et ses collègues garder leurs positions, et plus d'une fois, se persuadant de gouverner désormais eux-mêmes en sécurité, ils sommèrent M. Waldeck-Rousseau de quitter tôt la place — pour s'y ruer.

Sans doute M. Waldeck-Rousseau la leur eût volontiers abandonnée, si, en ce pouvoir dont aucun ne voulait à l'heure critique où il l'accepta, il n'eût aperçu que les illusoires satisfactions dont se repaissent, d'après l'Histoire, ces hommes qui, confondant le bonheur des peuples avec la joie de les diriger, se contentent de vivre au jour le jour, sans cesse remettant au lendemain les affaires sérieuses, c'est-à-dire l'étude et la solution des réformes pratiques.

Mais le chef du gouvernement qui a duré de juin 1899 à juin 1902 entendait autrement sa tâche et ses devoirs. S'il pensait qu'afin de faire face à l'ennemi commun, il était indispensable d'exclure de son programme tout ce qui avait divisé les républicains, il n'était pas moins convaincu de la nécessité qu'il y avait pour la République à reprendre d'urgence son œuvre de progrès économique et social. Et, en effet, il apparaissait à tous les esprits clairvoyants que la défense républicaine ne serait efficace qu'à la condition d'être complétée par l'action républicaine. En même temps qu'il s'agissait de mettre la société moderne à l'abri des attaques furieuses ou dissimulées de la contre-révolution, il importait d'avancer la réalisation des promesses sociales de la Révolution.

M. Waldeck-Rousseau, exposant à Toulouse son programme de politique républicaine, disait en propres termes (28 octobre 1900) :

« Une politique d'action républicaine et démocratique ne comporte pas seulement des réformes politiques. Elle doit s'attacher à cet idéal de justice dont parlait M. le Président de la République, le 22 septembre dernier[1]. Déjà, dans la voie du progrès économique et social, des pas décisifs ont été accomplis. Les conditions du travail ont été améliorées, l'assurance a été organisée, le labeur mesuré à l'effort de l'homme, des enfants, des femmes. Il reste à faire un pas encore, et, après avoir amélioré la vie par le travail, il faut assurer la vie après le travail. »

Et, énumérant quelques-unes des réformes à accomplir sans retard : organisation des caisses de retraites ouvrières, réformes des droits de succession, du régime des boissons, etc., pour ne parler que des plus immédiates dans l'ordre fiscal et social, il souli-

---

[1]. Discours de M. le Président Loubet au banquet des maires.

gnait l'importance de ce beau programme de travail. Il appartiendra aux historiens d'examiner si ces promesses ont été tenues. Dès maintenant l'on peut affirmer que, pendant la durée du ministère du 22 juin 1899, la somme des réformes législatives et administratives a été considérable. La dernière législature fut, en effet, l'une des plus fécondes de ce régime. Une majorité intelligemment disciplinée, fortement entraînée pour le bien, se passionna pour tous les problèmes dont la solution intéresse ces millions de déshérités et de travailleurs qui ont mis dans la République leur foi et leur espérance. Il est matériellement impossible de dresser ici le tableau des travaux entrepris et des résultats acquis. Si ces derniers, à coup sûr, restent inférieurs aux besoins de l'humanité souffrante, que l'on considère le bilan des réformes sociales élaboré au cours du siècle dernier, les querelles qu'elles ont provoquées avant de conquérir les esprits, et tout ce qu'elles exigent d'études, d'efforts, de ténacité, de sacrifices, avant de pénétrer dans la loi! Au nombre des solutions réclamées, que l'on compare celui des obstacles à renverser...

Le grand honneur de M. Waldeck-Rousseau, comme celui de ses collègues, aura été de ne point se laisser rebuter par les difficultés. Lorsqu'on croit qu'une entreprise est nécessaire, disait-il un jour, il faut fermer l'oreille à toutes les déclamations, ne point regarder à ses pieds, ne pas compter les cailloux dont la route peut être semée, mais attacher son regard sur le point lumineux qui marque le but à atteindre. Les véritables serviteurs de l'humanité sauraient-ils s'en proposer un autre que de l'aider à s'améliorer? Participer à cette transformation, c'est le premier devoir des hommes d'Etat.

La lecture de ce livre permettra de déterminer la part prise par M. Waldeck-Rousseau aux discussions économiques de la dernière législature. Nous avons rappelé, en un précédent recueil de ses discours, comment ce politique avait, dès son entrée dans la vie publique, abordé l'étude des questions sociales avec un ferme esprit d'égalité, de solidarité, de fraternité, en vue de l'émancipation raisonnée et progressive des travailleurs. De 1880 à 1885, ministre ou député, il déposa à la Chambre de nombreux projets ou propositions de loi concernant les syndicats professionnels, les caisses de retraites pour la vieillesse, les caisses d'assurances en cas de décès et d'incapacité de travail, les associations de secours mutuels, la protection de l'enfance, la création de conseils de prud'hommes mineurs, l'institution des délégués mineurs, etc. Plusieurs de ces propositions ont aujourd'hui force de lois. D'autres sont venues les compléter durant le Ministère de trois ans. Reprenant son œuvre réformatrice, d'accord avec MM. Millerand, Caillaux, Baudin et leurs collègues, M. Waldeck-Rousseau a poursuivi, par des mesures de toutes sortes, l'amélioration du sort des ouvriers.

Prévoyance, mutualité, assistance publique, hygiène publique, rapports du salariat et du patronat, droit à la grève, propriété, et, en somme, tout ce qui concerne le travail, la solidarité sociale, la science de la vie, il n'est aucune de ces grandes questions qui ne soit traitée dans le présent ouvrage, et sous des aspects variés.

L'on voit donc que le dernier ministère a préparé la paix sociale autant que la paix civile. Si, avec l'appui de la majorité républicaine et de la démocratie, il s'est efforcé de consolider nos institutions, il n'a pas travaillé avec moins d'ardeur à rendre meilleures les conditions de la vie, à rapprocher les hommes en leur proposant de s'entr'aider et de s'élever par des lois de justice et de fraternité :

« Il n'est pas vrai, disait M. Waldeck-Rousseau aux commerçants et aux industriels, que tous les rapports des hommes se réduisent à échanger contre de l'argent un peu de leur travail, un peu de leurs produits : ils appartiennent tous à la même famille, et, suivant la grande parole de l'antiquité, rien de ce qui est humain ne doit leur être étranger. Il n'y a pas deux humanités, il n'y en a qu'une dont chaque membre, vis-à-vis de tous les autres, a identiquement les mêmes devoirs. »

Novembre 1902.

ACTION RÉPUBLICAINE ET SOCIALE

I

ASSISTANCE PUBLIQUE

LA PROTECTION DES ENFANTS ABANDONNÉS [1]

CHAMBRE DES DÉPUTÉS. *Séance du 30 novembre 1899.* — Au cours de la discussion générale du budget du ministère de l'Intérieur, M. Eugène Fournière présenta de nombreuses observations sur la tenue des établissements d'assistance privée. Il apportait à la tribune des faits qui avaient été récemment reprochés par la presse parisienne à l'Orphelinat du Bon-Pasteur, de Nancy. M. l'abbé Lemire prit la défense des religieuses de Nancy et il conclut en déposant une proposition de loi, qui fut repoussée, par laquelle le Gouvernement était invité à faire une enquête dans tous les établissements où travaillent

[1]. Sur la même question, voir le volume des QUESTIONS SOCIALES, par M. Waldeck-Rousseau, discours prononcé au Sénat en 1883, pages 44 et suivantes.

les femmes et les enfants. M. Waldeck-Rousseau, dans sa réponse aux divers orateurs, annonça qu'il avait ordonné une enquête judiciaire sur les faits délictueux dont certains établissements étaient accusés; et, après avoir rappelé que le gouvernement de la République avait créé de nombreuses institutions d'assistance sociale, il fit connaître à la Chambre qu'avant peu il déposerait lui-même un projet de loi sur la surveillance des établissements de bienfaisance privée : ce projet fut déposé le 8 juin 1900.

M. WALDECK-ROUSSEAU, *président du Conseil, ministre de l'Intérieur et des Cultes.* — Je voudrais dégager très rapidement les conclusions qui me semblent imposées par les discours que la Chambre a entendus à la précédente séance et à celle de ce jour.

Des faits de nature très différente ont été apportés à la tribune. Il en est, messieurs, de si révoltants, s'ils se trouvaient vérifiés, que l'esprit se refuse presque à les admettre et que l'humanité ne sait vraiment si elle doit en éprouver plus d'humiliation ou plus de colère. (*Très bien! très bien! sur divers bancs au centre et à droite.*) Sont-ils exacts? Je ne vais pas plus loin que ne l'a fait l'honorable M. Fournière lui-même. Il vous a dit qu'il avait des raisons de le croire, qu'il avait recueilli des plaintes, entendu des dépositions, et c'est, par conséquent, avec l'accent d'une sincérité parfaite qu'il a formulé ici les accusations que vous avez entendues. (*Applaudissements à l'extrême gauche et à gauche.*)

Je dis que sans examiner, — il ne serait plus temps de le faire, — s'il est d'une très bonne méthode de chercher à instruire à la tribune (*très bien! très bien! sur divers bancs au centre et à droite*), des procès qui, quoi qu'on fasse et quelque réserve qu'on y mette, tendent naturellement à mettre en cause des personnes et des particuliers, sans rechercher, par conséquent, si d'autres voies plus directes n'eussent pas été préférables, je dis : la conscience du Parlement est saisie d'une accusation; cette accusation doit être vérifiée. (*Très bien! très bien!*)

Les paroles prononcées par l'honorable M. Fournière avaient, en ce qui concerne deux circonscriptions judiciaires, une grande précision. A l'heure actuelle, deux informations sont ouvertes. (*Applaudissements à gauche.*)

J'ajoute — et, tout le monde le comprendra, sans préjuger le moins du monde du résultat de ces instructions (*très bien! très bien! sur un grand nombre de bancs*) — que si l'honorable M. Fournière, ou tout autre, veut bien remettre au Gouvernement les noms de ses témoins et de ses plaignants (*applaudissements sur les mêmes bancs*), il y aura autant d'informations qu'il sera nécessaire pour dégager la vérité et, si la vérité établit qu'il y a des coupables, pour préparer le châtiment. (*Nouveaux applaudissements sur les mêmes bancs.*)

J'ajoute encore que, suivant la nature des établissements dans lesquels des faits aussi répréhensibles se seraient produits, aux sanctions judiciaires qui sont inévitables et certaines, s'ajouteraient les sanctions administratives. (*Très bien! très bien! à gauche.*)

Je disais que les faits portés à la tribune par l'honorable M. Fournière étaient de deux natures : les uns constituant, comme l'a fort bien remarqué l'honorable abbé Lemire, des délits; les autres révélant dans le fonctionnement de certains établissements des vices d'organisation, des lacunes tout au moins.

Je me montre réservé, parce que je n'ai pas, à

l'heure actuelle, le droit de conclure; ce sont des faits d'un ordre différent qui appelleront ensuite mon attention sur des mesures qui ne doivent rien avoir de judiciaire, mais qui sont des mesures de prévision, de législation et de bonne administration. (*Très bien! très bien! à gauche.*)

Je tiens à dire à la Chambre que le Gouvernement et spécialement le ministère de l'Intérieur ne sont pas restés indifférents aux révélations qui avaient été livrées au public. Les seules qui avaient été portées à la connaissance du ministère de l'Intérieur l'ont été par la divulgation de cette lettre de l'évêque de Nancy dont on a beaucoup parlé. Nous avions le devoir de rechercher, en employant tous les moyens qui étaient à notre disposition, ce qu'il y avait d'exact dans ces accusations.

Il est nécessaire, pour l'intelligence de ce qui va suivre, que la Chambre veuille bien se souvenir que certaines accusations de l'évêque de Nancy se rapportent à une époque qni n'était pas contemporaine de la publication de sa lettre.

Ceci dit, c'est un devoir d'impartialité, et je dirai volontiers de probité administrative, de placer sous les yeux de la Chambre, très rapidement et par voie de courtes citations, le résultat de l'enquête. Je répète une fois de plus que je ne tire de cette enquête que ce qu'elle contient, les réflexions qu'elle suggère, mais je ne préjuge en rien du résultat d'une information plus complète.

Nous avions un premier moyen de savoir comment les choses se passaient dans l'établissement de Nancy. Cet établissement reçoit en effet ce qu'on appelle à l'Assistance publique les filles indisciplinées — la Chambre comprend le sens de l'expression. L'assistance publique avait confié un certain nombre de pupilles à l'établissement de Nancy; elle avait donc le droit et le devoir de vérifier comment les choses se passaient.

J'ai donné l'ordre que l'inspecteur départemental, et non pas l'inspecteur divisionnaire dont on a parlé, se transportât à l'improviste dans l'établissement et qu'il s'y livrât aux vérifications essentielles. Dans le rapport qu'il a fait et qui porte la date du 24 octobre 1899, je lis ceci :

« Introduit sans le moindre retard dans l'intérieur de l'établissement, nous avons constaté que celles de nos filles qui sont occupées à des travaux de couture se trouvaient dans une vaste galerie éclairée par de grandes fenêtres s'ouvrant sur un véritable parc et répandant la lumière à profusion.

« L'aération de cette salle, qui n'a ni l'aspect ni le caractère d'un atelier, est parfaite, et il est impossible d'obtenir dans un local de cette nature une distribution intérieure plus favorable à la santé des élèves qui y séjournent. » (*Très bien! très bien! à droite et au centre.*)

Suivent d'autres renseignements et d'autres détails. Vous me permettrez de ne vous indiquer que la conclusion, et c'est cette conclusion qui justifie le Gouvernement de n'avoir pas pris sur l'heure les mesures qu'on lui reproche d'avoir laissées de côté.

« Nous venons d'acquérir la preuve qu'il nous est impossible de réunir au profit de nos indisciplinées et de nos filles légères un ensemble de conditions matérielles et morales plus favorable que celui qu'elles trouvent au Bon-Pasteur. » (*Très bien! très bien! sur les mêmes bancs.*)

1.

J'ai fait une réserve devant la Chambre ; elle va en savoir l'utilité.

Ceci se passe au mois d'octobre 1899.

Il y avait une autre mesure qui était à la disposition du Gouvernement, c'était de faire faire dans cet établissement, puisqu'on y travaille, puisqu'il est en même temps un atelier, la vérification par l'inspecteur divisionnaire de travail. Cette inspection a été faite ; j'ai le rapport sous les yeux ; il conclut également à la décharge de l'établissement de Nancy ; mais il contenait certaines expressions qui ont éveillé mon attention et que je vous signale. Après avoir récapitulé les observations qu'il a faites, les détails qu'il a relevés, l'inspecteur ajoute : « En un mot, les faits signalés, s'ils sont exacts, sont très anciens, et l'on peut affirmer qu'à l'heure actuelle, avec la surveillance qui a été exercée, la loi est strictement observée dans toutes ces maisons religieuses. En visitant les salles de travail, l'inspecteur n'a jamais rencontré d'enfants de moins de treize ans.

« Autrefois, quand il se présentait, on le faisait attendre avant de le faire entrer, mais, depuis plusieurs années, à la suite de ses réclamations, la porte lui est ouverte aussitôt qu'il se présente, et il se rend directement dans l'atelier avant qu'on ait eu le temps de prévenir de son arrivée, et il peut faire toutes les constatations utiles. »

Ces expressions « autrefois », à une époque plus ou moins ancienne, devaient nécessairement frapper mon attention et j'ai voulu une enquête plus approfondie. Cette enquête a été faite, sur les ordres du ministère de l'Intérieur, par le commissaire de police du IIIe arrondissement de Nancy et sous le contrôle du préfet de Meurthe-et-Moselle.

Cette enquête, je l'ai lue ligne par ligne. La Chambre comprend bien que je ne veux pas lui infliger cette lecture. Elle me croira quand je la résumerai en en faisant ressortir les traits principaux. Ces traits principaux sont précisément ceux qui permettent de concilier des accusations et des reproches très graves, et les résultats d'une inspection qui est demeurée parfaitement satisfaisante en 1899.

On a, en effet, sur notre demande, entendu deux catégories de témoins parmi les enfants et les jeunes filles sorties de l'établissement. Les jeunes filles et les enfants qui en étaient sorties avant 1896 ont toutes fait des dépositions défavorables, et très gravement défavorables, à l'institution.

Elles se plaignent, en effet, au point de vue de la nourriture, au point de vue de l'absence de chauffage dans les dortoirs (*mouvements divers*) poussée, dans certaines circonstances, jusqu'à la cruauté. Elles se plaignent enfin de l'obligation de veiller très tard qui leur était fréquemment imposée. En termes plus brefs et parfaitement exacts, les accusations dans l'ordre général où s'est placé M. Fournière antérieurement à 1896 semblent bien justifiées par cette enquête.

Ce qui rend l'observation plus décisive encore, c'est qu'on a entendu alors des pensionnaires sorties de la maison postérieurement à 1896. Ici encore nous rencontrons deux catégories de témoins : les enfants qui sont entrés après 1896 n'ont formulé aucune plainte ; les enfants qui ont été dans l'établissement avant 1896 et après 1896 ont déclaré qu'avant 1896 elles ont eu à se plaindre, à souffrir, mais que depuis 1896 la situation a changé. Bref, je crois que la vérité exacte se dégage de l'avis définitif qui m'a été transmis par le préfet.

« Il paraît certain, concluait-il dans son rapport, que les errements de l'ancienne direction ont été condamnés et que plus de sollicitude, plus de justice, plus de charité, président aujourd'hui à l'éducation et à l'entretien des jeunes filles élevées au Bon-Pasteur. »

Voilà l'enquête que le Gouvernement a faite. Je répète qu'elle laisse tout entière subsister la nécessité d'investigations et d'informations qui ne laisseraient rien dans l'ombre. (*Très bien! très bien! à droite et à gauche.*) Mais je voudrais soumettre à la Chambre une observation. L'honorable abbé Lemire parlait de la demande d'enquête qui était formulée par M. Fournière.

Il m'a sommé de faire comme lui et d'accepter cette enquête. J'ai demandé à mon collègue, en me rendant à la tribune, de quelle nature était l'enquête qu'il demandait. Si c'était une enquête sur le fonctionnement en général de tout ce qui touche à l'assistance, à l'hygiène publique, d'un caractère purement administratif et parlementaire, rien de mieux qu'une enquête qui serait confiée à une commission du Parlement; mais, s'il s'agissait de faire une enquête sur des faits particuliers relatifs à des imputations dirigées contre celui-ci, contre tel autre, contre une maison d'éducation ou contre un ouvroir, eh bien! je crois, messieurs, qu'il n'y a en pareille matière qu'une bonne enquête pour tout le monde, c'est l'enquête qui a une conclusion judiciaire. (*Vifs applaudissements.*)

Elle a, en effet, ce mérite, quels que soient ses résultats, de constituer une décision ferme et de ne laisser personne sous le poids de certaines accusations ou soupçons qui ne pourraient plus être dissipés. (*Nouveaux applaudissements.*)

J'arrive maintenant à un second ordre de considérations. Je dis que certains faits, parmi ceux qui ont été énoncés, d'une tout autre nature que ceux auxquels je viens de faire allusion, sollicitaient, dans la pensée du Gouvernement, comme, je le crois, dans la pensée de nos collègues, beaucoup d'attention.

M. l'abbé Lemire a généralisé le débat, il l'a élevé beaucoup, et, avec une grande chaleur d'âme et de parole, il a fait une peinture à laquelle chacun de nous est resté sensible des misères sociales, de certaines détresses, des pièges tendus par la débauche à tant de malheureuses femmes. Sur ce point, il a bien raison de dire : tout le monde pense — je me trompe — tout le monde sent de même.

Quels sont les remèdes ? M. l'abbé Lemire, qui avait demandé au Gouvernement de s'associer à une demande d'enquête, semble désirer que cette enquête soit confiée à la police dont dispose le ministre de l'Intérieur.

Il voudrait que cette police montrât plus d'activité, plus de vigilance, qu'elle vînt au secours de certaines infortunes ou de certains périls qui sont déjà connus.

Il me permettra de lui dire très sincèrement qu'au point de vue de certains dangers dont il a parlé, que tout le monde connaît, dont tout le monde souffre, le Gouvernement n'a pas attendu ces exhortations, d'ailleurs parfaitement légitimes, pour donner des instructions qui ne datent pas de mon ministère, qui étaient données par mes prédécesseurs et seront certainement données par ceux qui me succéderont; mais qu'il me permette de dire — et ceci est vraiment bien en dehors du débat qui avait été soulevé par notre collègue (*c'est vrai!*) — que l'œuvre qu'il voudrait confier à la police est une œuvre extrêmement délicate.

M. LEMIRE. — Mais je n'ai pas dit cela, monsieur le président du Conseil. Je n'ai pas demandé que la police fasse une enquête. J'ai invité le Gouvernement à faire lui-même une enquête sur les agissements de sa police, afin de voir si les instructions qu'il donne sont observées.

M. LE PRÉSIDENT DU CONSEIL. — Je rectifie, monsieur l'abbé. Je voulais dire à la Chambre, ayant probablement mal compris M. l'abbé Lemire, qu'il y a des œuvres qui demandent tant de prudence et de circonspection, qu'il y aurait quelque témérité à adresser les invitations qu'il semblait me prier d'adresser à la police en général.

M. LEMIRE. — Du tout!

M. LE PRÉSIDENT DU CONSEIL. — Je ne veux dire qu'un mot de ce qui, alors, nous ramène au cœur même du débat.

Y a-t-il quelque chose à faire en matière d'assistance publique? Il y a beaucoup à faire, mais je ne peux pas laisser dire que tout reste à faire. (*Très bien! très bien! à gauche.*) Et si je compare les institutions qui ont été créées depuis vingt-cinq ans dans ce pays... (*très bien!*), celles surtout qui ont pris naissance ou qui ont pris leur essor depuis une dizaine d'années environ, j'affirme que, sur ce point-là comme sur tous les autres, le Gouvernement de la République a commencé à bien payer sa dette. (*Applaudissements à gauche, à l'extrême gauche et sur divers bancs au centre.*)

Il restera évidemment bien d'autres œuvres à entreprendre. Permettez-moi de ne parler, pour aujourd'hui, que de celles qui présentent avec les faits qui ont été apportés à la tribune une connexité évidente.

On se plaint, et on n'a pas tort, des abus qui peuvent se produire dans certains établissements charitables privés qui n'ont rien d'administratif, qui ne sont là création ni de l'Etat ni des départements. Eh bien ! messieurs, je reconnais tout le premier qu'il vaudrait mieux, notamment au point de vue départemental, qu'on se fût préoccupé, depuis déjà quelques années, de mettre en œuvre les vœux qui ont été émis par le conseil supérieur de l'assistance publique; et quand il s'agit, par exemple, de la réforme des enfants de la catégorie de celles qui nous occupent, je rappellerai que l'assistance publique n'en est pas à souhaiter que les départements fassent dans leur budget une place à la création de ce que nous avons appelé les « écoles de réforme ».

Et aussi longtemps, — car l'assistance publique est une œuvre départementale ou municipale, — aussi longtemps que les départements n'entreront pas avec plus d'activité dans cette voie, il faudra bien, messieurs, utiliser les ressources de l'initiative privée et de la charité privée.

C'est alors que se dresse l'objection à laquelle je veux répondre, tirée de ce que dans ces établissements privés de très grands abus peuvent se produire. Le fait est certain. Pourquoi ces abus ne sont-ils pas plus promptement signalés? Comment se fait-il que la pleine connaissance n'en vienne qu'à la suite de certaines polémiques? Messieurs, par une raison que l'honorable M. Fournière a pris soin lui-même de faire connaître à la Chambre : c'est que, dans la situation actuelle, il n'est pas possible à l'État d'inspecter certains établissements d'assistance privée. Est-ce à tort ou à raison qu'en 1892 le Conseil d'État a tranché la question dans ce sens? C'est un point que je n'ai pas à examiner. Quel était le remède et quel est-il aujourd'hui?

Il n'est pas tout à fait exact de dire que le conseil

général de l'assistance publique a proposé un projet de loi. Le conseil général de l'assistance publique s'est borné — comme c'était son devoir — à émettre un certain nombre de vœux. Ces vœux ont été apportés par le Gouvernement au Conseil d'État, qui a commencé d'élaborer une loi sur ce point. Je me suis fait remettre le texte du projet de loi en discussion au Conseil d'État, projet qui n'a pas encore été adopté définitivement. Je me le suis fait remettre avec l'intention très arrêtée, que je fais connaître à la Chambre, — s'il me paraissait répondre aux besoins de la situation qui nous est signalée, — de le déposer à très bref délai. (*Très bien! très bien! à gauche.*)

Ce projet a dans ses grandes lignes des aspects tout à fait excellents; il s'occupe avant tout des conditions sans lesquelles on ne pourra pas ouvrir un de ces établissements privés. Il indique, en outre, quelles sont les formalités d'inspection que ces établissements devront subir; et si le problème se résolvait en ces deux points, en ces deux questions, je dirais volontiers : « Il est inutile que le Conseil d'État délibère plus longtemps; je déposerai le projet à la tribune. » Mais je ne crois pas qu'il suffise d'assujettir l'ouverture de ces établissements charitables privés à certaines déclarations; je ne crois pas qu'il suffise de les soumettre à certaines inspections; il me paraît de toute nécessité, sous peine de retomber dans les abus qu'on signale, de réglementer aussi ces établissements d'assistance privée et d'introduire comme des articles nécessaires dans des statuts modèles justement une partie de ces vues si justes qui ont trouvé leur place dans la discussion actuelle. (*Très bien! à gauche.*) Par exemple, pour ne signaler qu'un point, j'ai trouvé dans le texte du projet élaboré par le Conseil d'État une lacune qui me paraît grave. Ce projet ne se préoccupe pas de ce qui devait être, selon moi, la condition *sine qua non* de l'ouverture d'un établissement charitable quelconque, à savoir la constitution du pécule de l'enfant. (*Applaudissements à gauche et au centre.*)

Je dis que ce doit être une condition *sine qua non*, parce qu'en effet, ce pécule serait dans l'avenir la rédemption. (*Très bien! très bien!*) C'est la possibilité de vivre, d'attendre, de trouver du travail et de se faire, par conséquent, un chemin dans la vie. (*Applaudissements.*)

Il y a encore d'autres points qui seront examinés; je ne les indique que pour faire comprendre à la Chambre comment le dépôt, que j'aurais voulu faire immédiatement et comme conclusion de ce débat, sera retardé; mais je prends l'engagement de soumettre au Parlement, dans un délai extrêmement bref, une législation qui réalise une partie des vœux qui ont trouvé leur place dans les discours que la Chambre a entendus. (*Vifs applaudissements à gauche, à l'extrême gauche, et sur plusieurs bancs au centre.*)

LE VAGABONDAGE

Chambre des Députés. *Séance du 5 décembre 1899.* — M. Georges Berry, à l'occasion de la discussion du budget pénitentiaire, demanda au ministre de l'Intérieur s'il comptait inviter les préfets à agir pour arriver à la suppression du vagabondage et de la mendicité.

M. Waldeck-Rousseau, *président du Conseil, ministre de l'Intérieur et des Cultes.* — Messieurs, je ne demande pas mieux que de répéter, au nom du Gouvernement, ce qui a été dit tout à l'heure par M. le rapporteur de la Commission.

J'approuve complètement les instructions qui ont été données par mes honorables prédécesseurs et qui avaient pour but de réprimer dans une certaine mesure le fléau du vagabondage; mais, comme eux aussi, je reconnais que ces instructions demeureront tout à fait inopérantes jusqu'au moment où la Chambre aura voté le projet de loi dont elle est actuellement saisie.

L'honorable M. Berry vous disait que, dans certains départements, dans le Pas-de-Calais notamment, au moyen d'édits préfectoraux de proscription pris contre les vagabonds, on s'était débarrassé des chemineaux qui sont, en effet, un sujet de terreur pour les habitants de nos campagnes.

Qu'il me permette de lui faire observer que ces mesures, quand elles sont appliquées à un département qui rejette tous ses vagabonds sur les départements voisins, peuvent être très efficaces pour le département en question ; mais que si les autres départements suivent cet exemple, on se trouve alors mis directement en présence de la question du vagabondage.

Cela montre que les arrêtés préfectoraux sont insuffisants pour résoudre une question qui ne peut être tranchée que par une mesure législative.

Je crois donc que la Chambre — c'est un conseil que je me permets de lui adresser à cette occasion — devrait considérer que tout ce qui se dit dans une discussion générale, à propos des questions qui font l'objet de projets de loi, entraîne un retard dans le vote de ces projets de loi eux-mêmes, et qu'on en pourrait par conséquent faire l'économie. (*Applaudissements à gauche.*)

ECOURS AUX VIEILLARDS

Sénat. *Séance du 3 avril 1900.* — Le chapitre XLVII du budget du ministère de l'Intérieur fixe à 590.955 francs la contribution de l'État aux pensions constituées par les départements ou par les communes en faveur des vieillards ou des incurables. M. le sénateur Leydet ayant présenté des observations et demandé une participation plus efficace de l'État, M. Waldeck-Rousseau lui répondit :

M. Waldeck-Rousseau, *président du Conseil, ministre de l'Intérieur.* — Messieurs, la création du chapitre XLVII qui ouvre à l'État un crédit destiné à lui permettre de contribuer aux pensions que les départements votent en faveur de certains indigents repose sur une idée fondamentale que je crois tout à fait nécessaire d'affirmer au début de cette courte explication : C'est qu'il est en effet du devoir de l'État d'encourager l'assistance départementale, de seconder son initiative ; mais, à un moment où tout le monde comprend les nécessités de la décentralisation, il est tout à fait nécessaire d'affirmer une fois de plus que, si l'État doit, sur ce point comme sur beaucoup d'autres, encourager l'initiative des départements, il ne peut pas se substituer à cette initiative. (*Très bien ! à gauche.*)

Les Chambres ont, jusqu'à présent, inscrit au budget

du ministère de l'Intérieur un crédit de 500.000 francs destiné à venir en aide aux départements qui eux-mêmes allouent des pensions. J'indique à l'honorable M. Leydet — qui d'ailleurs, j'en suis persuadé, le sait à merveille — que les barèmes qui ont été établis et qui déterminent la proportion dans laquelle l'État doit contribuer, lui permettent de participer jusqu'à concurrence de 70 p. 100 à ces dépenses quand il s'agit des communes pauvres. Il n'est donc pas douteux qu'ils sont établis sur des bases extrêmement rationnelles et extrêmement équitables. Il n'en est pas moins vrai que jamais ce crédit de 500.000 francs n'a été, je n'ose pas dire épuisé, mais même employé. Voici, en effet, dans quelle mesure la contribution de l'État s'est exercée en 1897, en 1898 et en 1899 :

En 1897, 15.184 francs ;
En 1898, 51.555 francs ;
En 1899, 75.000 francs.

Qu'est-ce que cela veut dire ?

Que l'État tient à la disposition des départements des ressources qui ne peuvent cependant être employées qu'autant que les départements s'imposent à eux-mêmes des sacrifices. Or, je maintiens que le devoir de l'État est de ne demander au Parlement que les sommes strictement nécessaires pour éveiller l'initiative des départements. (*nouvelles marques d'approbation sur les mêmes bancs*), et qu'il ne doit à aucun point de vue prendre à sa charge totale des services qui doivent être de plus en plus départementaux.

Maintenant, l'honorable M. Leydet indique que nos barèmes ne tiennent peut-être pas un compte suffisant de certaines circonstances.

Il m'est très facile et très agréable de lui répondre que le ministère de l'Intérieur est déjà entré dans ses vues, qu'il étudie un barème qui s'ajoutera aux autres et qui permettra de tenir compte non pas seulement de l'indigence des communes envisagées les unes par rapport aux autres, mais de la proportion d'indigents qui existe dans une commune déterminée.

M. Paul Strauss. — C'est le barème C dont le Sénat est saisi.

M. le Président du Conseil. — Parfaitement. Il sera possible alors de faire à ces communes une situation qui ne sera pas privilégiée, bien loin de là, mais qui sera en harmonie avec leurs besoins spéciaux.

Sous le bénéfice de ces observations, je demanderai au Sénat de maintenir le crédit, avec l'espoir qu'on apportera autant d'insistance vis-à-vis des corps départementaux qu'on en apporte vis-à-vis du Parlement quand il s'agit de questions de cette nature. Si l'on faisait plus de diligence auprès des conseils généraux pour les engager dans la voie que le Gouvernement a si largement ouverte, les crédits qui sont votés par le Parlement et les sommes qui sont mises à la disposition du ministre de l'Intérieur pourraient être très utilement et très fructueusement employés. (*Très bien! très bien!*)

M. Paul Strauss. — Je profite de la présence de M. le président du Conseil à la tribune pour lui demander quand le Gouvernement compte déposer le projet de loi, depuis si longtemps attendu, sur l'assistance aux infirmes, projet sur lequel le Conseil d'État a délibéré.

M. le Président du Conseil. — Ce projet a fait, en effet, l'objet de l'examen du Conseil d'État; il sera très prochainement déposé par le Gouvernement sur le bureau de la Chambre.

SECOURS AUX INDIGENTS

Chambre des députés. *Séance du 10 avril 1900.* — M. Argeliès, député de Seine-et-Oise, questionna le ministre de l'Intérieur sur les dispositions à prendre pour rendre le service de l'assistance publique plus efficace aussi bien dans les villes que dans les campagnes.

M. Waldeck-Rousseau, *président du Conseil, ministre de l'Intérieur et des Cultes.* — La Chambre comprendra aisément que ce n'est pas à propos de la question qui m'est posée par l'honorable M. Argeliès, que je puis avoir l'ambition de traiter, dans toute son ampleur, le problème de l'assistance publique ou, pour mieux dire et pour employer une expression plus large, le devoir de solidarité sociale. (*Très bien! très bien!*)

Mais M. Argeliès a posé une question que j'ai accueillie d'autant plus volontiers qu'elle me fournit une occasion de montrer quels ont été jusqu'à présent les efforts déployés par l'assistance publique pour remplir la mission si haute et si grave qui lui est confiée.

Une première observation doit être faite : c'est que le Gouvernement n'a d'action directe sur l'assistance publique que dans le département de la Seine; en dehors de ce département, l'assistance publique, la Chambre le sait à merveille, est œuvre départementale ou communale, et si les ministres de l'Intérieur ont, les uns après les autres et à l'envi, attiré l'attention des municipalités, des conseils généraux et des commissions départementales sur certaines améliorations qu'il était possible d'introduire, il est visible que le rôle du Gouvernement se borne uniquement à solliciter ces initiatives. (*Très bien! très bien!*)

A Paris, au contraire, nous avons une responsabilité plus directe. Le service de l'assistance publique a, de tout temps, préoccupé tous les esprits attentifs, et leurs études se sont portées sur les questions si graves et si nombreuses que soulève le problème de la misère. Ce service a été réorganisé par le décret du 15 novembre 1895.

Il comprend — ce détail est nécessaire pour les courtes explications que je vais donner — deux services très différents :

Le premier, c'est l'assistance des indigents inscrits; le second, qui est un servive en quelque sorte accidentel, occasionnel tout au moins, c'est celui des nécessiteux non inscrits, c'est-à-dire celui des misères qui se produisent d'une façon soudaine et qui ont besoin d'une assistance immédiate; l'assistance a pour représentants les bureaux de bienfaisance de chacune des mairies de Paris, et, au-dessus des bureaux de bienfaisance, la direction centrale.

Son budget, — j'indique ce chiffre parce qu'il est intéressant par son ampleur, et je dis ampleur en le comparant aux ressources budgétaires, tout en reconnaissant qu'il est peut-être loin d'être suffisant pour venir en aide à tous ceux qui sont véritablement dignes d'intérêt, — le budget de l'assistance publique est de 2.600.000 francs; sur ces 2.600.000 francs, 73.000 francs seulement sont mis à la disposition de la direction centrale, et le surplus, c'est-à-dire environ 2 millions et demi, est à la disposition des bureaux de bienfaisance.

A l'extrême gauche. Et combien touche le personnel?

M. LE PRÉSIDENT DU CONSEIL. — Comment procèdent les bureaux de bienfaisance pour l'inscription des nécessiteux ? Une enquête est faite et, suivant les besoins constatés, des allocations variables sont attribuées à ceux dont l'état d'indigence est reconnu.

Ici, la formalité préalable de l'enquête s'impose évidemment; il faut, en effet, que les ressources de l'assistance publique ne soient distribuées qu'à bon escient.

La Chambre sait — je n'ai pas à insister sur ces détails — comment fonctionne ce service. Il existe une délégation permanente composée de quatre administrateurs par arrondissement, c'est-à-dire d'un administrateur par quartier; cette délégation se réunit chaque jour à la mairie. Aux termes de l'article 13 du décret de 1895, dont j'ai parlé, elle est spécialement chargée de faire face aux demandes de secours immédiats. Enfin, elle a à sa disposition des commissaires et des dames patronnesses.

J'ose dire que si l'assistance publique ne trouve peut-être pas toujours le moyen de faire face à toutes les demandes dignes d'intérêt qui lui sont adressées, son rôle, en ce qui concerne les nécessiteux inscrits, est rempli d'une façon efficace. Mais il y a un autre côté de la question, et c'est à celui-là que M. Argeliès a fait allusion tout à l'heure.

Il arrive, en effet, que tout à coup des personnes qui ne sont pas inscrites au bureau de bienfaisance ont besoin d'être secourues. Il y a évidemment une très grande difficulté à découvrir des misères, des désespoirs qui se cachent; il y aurait une grande exagération à reprocher à l'assistance publique de ne pas savoir pénétrer des secrets qui sont dérobés non pas seulement aux administrations municipales, mais souvent aux voisins les plus immédiats.

Il y a d'autres misères non moins intéressantes mais plus hardies qui se révèlent, et souvent elles se révèlent dans des conditions de nécessité si impérieuses qu'il faudrait ne pas perdre un instant pour venir à leur secours. (*Très bien! très bien! sur un grand nombre de bancs.*)

Si le bureau de la permanence, qui est institué par les bureaux de bienfaisance, demande à chacun des membres de ces bureaux un très grand dévouement et une très grande assiduité — et je saisis l'occasion qui m'est offerte de rendre hommage à leur bonne volonté et à leur dévouement — il n'en est pas moins vrai qu'il n'existe pas, je le dis nettement, une permanence suffisante, pour que chaque fois qu'un cas imprévu de cette sorte se produit, il puisse être secouru sans délai, sans atermoiement, c'est-à-dire dans le temps strictement nécessaire.

Comment faire pour remédier à cet inconvénient? Ce serait, je crois, un acte de très mauvaise gestion administrative que d'imposer à chaque municipalité un employé spécial; peut-être alors pourrait-on dire qu'avoir un employé spécial pour faire face à certaines circonstances imprévues, qui sont heureusement assez rares, serait excessif.

J'ai beaucoup réfléchi sur cette question avant que

M. Argeliès m'en ait entretenu et, lorsqu'il m'en a parlé, je lui ai signalé un fait que lui-même a apporté à la tribune et qui me paraît pouvoir être le point de départ d'une réforme intéressante.

Au commencement de cet hiver, à raison des détresses qui devaient être envisagées, considérant que l'hospitalité offerte dans les asiles était tout à fait insuffisante, on a organisé un service qui me paraît avoir répondu, au delà même de nos espérances, à tous les besoins.

On a traité avec les hôteliers et les logeurs et, à raison des traités intervenus, on a créé des bons de logement. (*Très bien! très bien!*)

M. CHARLES GRAS. — L'assistance publique est en dehors de cette amélioration, qui est due au conseil municipal de Paris.

M. LE PRÉSIDENT DU CONSEIL. — Parfaitement! mon cher collègue, mais laissez-moi dire que je me propose de généraliser une méthode dont je ne dirai pas que j'ai eu l'initiative et le mérite, mais au fonctionnement de laquelle j'ai peut-être contribué et dont les résultats me paraissent certains.

Que sont devenus ces bons de logement? C'est le seul point intéressant. Comme il fallait faire face à des besoins imprévus, ces bons ont été distribués aux commissariats de police et, par ces commissariats, à tous les postes de police. Ils ont été remis à tous les indigents sans asile, sans demeure, et le fonctionnement de ce système a produit ce résultat nouveau, que non seulement les asiles de nuit n'ont pas été, comme précédemment, insuffisants, mais que même, dans les nuits les plus dures, les plus rigoureuses, il est resté dans ces asiles des places vacantes.

Eh bien! puisque dans les bureaux de bienfaisance

le service des secours imprévus est fait au moyen de bons détachés de carnets à souche, je crois qu'il est facile de remettre aux commissariats un certain nombre de ces bons et de faire en sorte que chaque poste de police en soit pourvu, dans une mesure évidemment très minime, mais suffisante pour faire face aux besoins immédiats. Comme il y a là une permanence de jour et de nuit, lorsqu'un malheureux viendra demander assistance, une enquête pourra être faite en très peu de temps par l'un des agents du poste, et la misère pourra être immédiatement secourue. Je crois donc qu'on introduira un très grand progrès dans le fonctionnement de l'assistance publique en appliquant, pour les secours imprévus, une méthode qui, dans d'autres circonstances, a donné de résultats très heureux. (*Très bien ! très bien !*)

En ce qui concerne les départements et les communes, je répète que le pouvoir du Gouvernement est beaucoup moindre.

M. Argeliès a demandé que nous donnions la plus grande publicité aux méthodes par lesquelles on peut venir en aide à certaines souffrances, à des besoins dont la satisfaction ne peut être différée sans cruauté.

Je lui réponds que ce n'est pas la première fois que le Gouvernement adressera des circulaires et qu'il faudrait bien, en vérité, que, pas plus pour ce service que pour les autres, on ne continue pas à compter exclusivement sur l'initiative et les pouvoirs du Gouvernement. (*Très bien ! très bien !*) Les Chambres ont, à maintes reprises, voté des subventions pour augmenter les secours qui, sous une forme ou sous une autre, sont distribués par les départements ou les communes, et, chaque année, quand nous discutons le budget, qu'est-ce que nous constatons? C'est que la subvention de l'Etat n'est jamais épuisée, que le chiffre inscrit au budget par les Chambres n'est pas atteint. Cela vient de ce qu'il n'y a pas, dans les départements et dans les communes, une initiative suffisante. (*Très bien! très bien!*)

Je ne demande pas mieux que de faire tous les efforts nécessaires pour la réveiller ; mais, encore une fois, le Gouvernement ne peut avoir d'action directe que sur les services qui sont entre ses mains, et je ne crois pas que le Gouvernement puisse faire des déclarations autres que celles qu'il vient d'avoir l'honneur d'apporter à la tribune. (*Applaudissements.*)

SECOURS AUX FAMILLES NÉCESSITEUSES

DES RÉSERVISTES

Chambre des députés. *Séance du 4 décembre 1899.* — M. Coutant, député de Paris, avait, au cours de la discussion du budget, déposé un amendement portant subvention de 500.000 francs aux communes pour allocation de secours aux familles nécessiteuses des réservistes et territoriaux. Son collègue, M. Chauvière, demanda à quelle municipalité devaient s'adresser, pour l'obtention des secours, les familles des réservistes qui avaient changé de commune.

M. Waldeck-Rousseau, *président du Conseil, ministre de l'Intérieur et des Cultes.* — Messieurs, la question qui avait été soulevée par l'honorable M. Coutant est résolue par le renvoi de l'amendement à la Commission du budget.

Je viens simplement, en quelques mots, répondre à la question qui m'a été posée par l'honorable M. Chauvière.

La situation qu'il a signalée est la suivante : la famille d'un réserviste habite une commune, elle quitte cette commune et s'inscrit dans une autre commune — mettons la ville de Paris — pour y établir son domicile.

Lorsque le fils est appelé à faire ses vingt-huit jours, la famille se réclame de son indigence pour obtenir la subvention ou le secours qui lui est dû. On lui répond à la mairie de l'ancienne commune qu'elle habitait : « Vous ne faites plus partie de notre commune. » Et, à la mairie nouvelle qu'elle a choisie, on lui oppose cette fin de non-recevoir : « Vous ne faites pas partie de la commune depuis assez longtemps. »

Je crois que la solution serait extrêmement simple.

Je relisais à l'instant le texte du projet de loi qui a été voté par la Chambre et qui est actuellement soumis au Sénat. Il en résulte bien clairement, suivant moi, que le secours est dû, non au réserviste, mais à la famille ; c'est ce qui ressort de ces mots : « Le montant total des subventions allouées par l'Etat pour secours aux familles nécessiteuses des réservistes et territoriaux, etc... »

C'est donc bien aux familles que l'indemnité est due.

De deux choses l'une : Ou la famille, qui habitait une commune, y a gardé son domicile, et c'est à ce domicile qu'elle doit être secourue ; ou, au contraire, en quittant cette commune, elle a fait la déclaration exigée par la loi, elle a élu domicile dans une commune nouvelle. Ce serait alors à cette nouvelle commune où son domicile est établi à lui venir en aide. Je crois donc qu'il y a là surtout une question de déclaration de domicile. (*Très bien! très bien!*)

M. LOUIS PUECH. — A Paris, le conseil municipal vote pour les secours en question une somme considérable, près de 1 million, mais il a pris une décision subordonnant le secours à la justification d'un domicile de trois ans. Il est indispensable, dans les dispositions à prendre, de tenir compte de cette situation spéciale.

M. LE PRÉSIDENT DU CONSEIL. — La règle que vous indiquez, relativement au domicile à Paris, est applicable aux subventions votées par le conseil municipal ; mais il y a les subventions votées annuellement, d'une façon générale, par le Parlement, et qui doivent être réparties entre toutes les communes. Je crois que, même à Paris, au point de vue de l'indemnité due en vertu de la loi, les familles qui ont fait élection de domicile dans la capitale devraient être secourues ; en tout cas, je crois qu'elles ont tout à gagner en observant les prescriptions de la loi dans les communes qu'elles viennent habiter.

Sénat. *Séance du 12 avril 1900.* — Le Sénat, une première fois, rejeta le crédit voté par la Chambre, qui le maintint lorsque le budget revint devant elle. Soumise de nouveau à l'examen du Sénat, lors de la discussion de la loi de finances, la disposition fut enfin votée grâce à l'intervention personnelle du président du Conseil.

M. LE PRÉSIDENT DU CONSEIL. — Messieurs, le Gouvernement avait, devant la Chambre des députés, accepté l'inscription au budget du ministère de l'Intérieur du chapitre 47 *bis* dont l'objet est de fixer la contribution de l'Etat aux secours qui sont attribués aux réservistes des familles nécessiteuses par les communes.

Je demande au Sénat la permission, ce sera extrêmement court, de justifier l'attitude que le Gouvernement a prise à ce moment et qu'il entend conserver à l'heure actuelle.

Il s'agissait, en définitive, de tenir une promesse

qui est une promesse législative, car elle est inscrite dans la loi de finances du 13 avril 1898, qui a consacré le principe d'une contribution par l'Etat aux dépenses de cette nature.

Postérieurement à la loi de finances du 13 avril 1898, une proposition de loi a été déposée à la Chambre des députés, ayant pour but de régler cette contribution, et cette proposition a été votée le 12 juillet 1898. Elle a été votée sur le rapport de l'honorable M. Caillaux, chargé par la Commission de la défendre.

Cette proposition de loi a été renvoyée au Sénat et n'est pas venue en discussion, de telle sorte que, le principe ayant été posé, la réglementation ayant été entreprise par la loi de juillet 1898, cette réglementation n'a pas reçu une consécration définitive.

L'objection qui a triomphé devant la Commission des finances a été soulevée et défendue ensuite à la tribune par le rapporteur du budget du ministère de l'Intérieur. On n'a pas contesté un instant qu'il ne fût très naturel que l'Etat vînt en aide aux communes pour un service de cet ordre et je dirai de cet intérêt; il contribue à l'assistance médicale, il contribue dans une certaine mesure à beaucoup de services communaux, et l'on avait considéré, en 1898, que rien n'était plus légitime que de voir l'Etat contribuer à venir en aide aux familles nécessiteuses des réservistes et des territoriaux. Mais, si on n'a pas contesté le principe, on a dit : « Comment allez-vous l'appliquer? »

On a fait ce calcul : qu'une somme de 500.000 francs répartie entre tous les départements ne donnerait à chacune de nos 36.000 communes qu'une somme tout à fait insuffisante, et le calcul a même fait ressortir, si je ne me trompe, la somme de 14 francs. C'est là que, à mon sens, est l'erreur commise par la Commission des finances. Il ne s'agit pas, en effet, de voter une somme de 500.000 francs dont l'attribution sera faite au marc le franc à chacune des communes de France ; et ce que la loi du 12 juillet 1898, votée par la Chambre, avait déjà indiqué, le mode de répartition qu'elle avait déjà consacré se trouve reproduit dans la loi de finances qui vous est soumise, articles 28 et 29.

Je vais en donner lecture au Sénat : ce sera, je crois, la meilleure réponse aux objections qui ont été faites.

« Art. 28. — Le crédit ouvert au ministère de l'Intérieur en vue des subventions allouées par l'État aux communes pour secours aux familles nécessiteuses des réservistes et territoriaux, conformément à l'article 85 de la loi du 13 avril 1898, — c'est la loi de finances dont je parlais tout à l'heure, — est réparti entre les départements conformément au tableau annexé à la présente loi. »

« Art. 29. — Dans chaque département, le conseil général répartit entre les communes la subvention qui lui est accordée. Toutefois, peuvent seules prendre part à cette répartition les communes qui ont inscrit à leur budget un crédit pour l'assistance aux familles des hommes de la réserve et de l'armée territoriale. »

Le Sénat se rappelle qu'une loi de 1892 a, en effet, autorisé les communes à voter 3 centimes additionnels en vue de ce service.

« La répartition est calculée : 1° en raison directe du chiffre qui représente la subvention de la commune par tête d'habitant ; 2° en raison inverse de la valeur du centime. »

« Art. 30. — Dans chaque commune la répartition est faite par le conseil municipal. »

Puis, dans le tableau visé par l'article 28, vous trouvez

la répartition qui est faite de cette somme de 500.000 fr. département par département.

Quelle a été la base de cette répartition? c'est la base qui a été invariablement adoptée pour toutes les contributions de l'Etat à des services analogues; elle consiste à considérer le département sous un double aspect : d'abord le chiffre de la population, et la subvention sera plus ou moins forte en raison directe de ce chiffre, puis on considère le département au point de vue de la valeur du centime, et la contribution est alors fixée, non plus en raison directe, mais en raison inverse de la valeur de ce centime, de façon que, plus la commune est pauvre, plus, par conséquent, elle est dans l'impossibilité de faire face elle-même à un service dont l'intérêt a été reconnu par les deux Chambres, plus la subvention qui lui sera attribuée sera forte.

Ceci prouve, messieurs, que l'attribution de ces 500.000 francs rentre dans un mécanisme absolument connu, absolument usuel et invariablement pratiqué.

En attribuant cette somme aux départements, qu'arrive-t-il? Il arrive que cette subvention tombe dans les finances départementales. Qui est-ce qui a qualité pour faire des répartitions de ressources départementales entre les communes? C'est le conseil général du département, et c'est lui en effet qui est le répartiteur entre les communes pour toutes les sommes qui finalement sont destinées aux communes, de sorte qu'ici il n'y a aucune innovation, quant à la manière dont on fixe le droit proportionnel des départements aux allocations qui leur seront données.

Je répète que la méthode employée est celle qui sert en particulier pour le concours que l'Etat donne aux communes en vue de l'assistance médicale;

c'est la même qui est employée pour l'assistance aux vieillards. Par conséquent, il n'est pas vrai de dire qu'on demande au Sénat de voter une somme de 500.000 francs qui sera répartie automatiquement, unité par unité ; nous lui demandons, de par le texte même de la loi de finances, de se conformer à une méthode qui a été constamment suivie et qui a fait ses preuves.

J'ajoute, messieurs, qu'il y a à mon sens un très grand intérêt à ce que le Sénat saisisse l'occasion qui lui est offerte de tenir les engagements de 1898. (*Très bien! très bien! à gauche.*)

Il n'est pas douteux, en effet, qu'il y a là une situation qui doit être considérée. Nous avons fait du service militaire — et nous avons eu bien raison — une charge qui est lourde, tout le monde le reconnaît, et on a proclamé en 1898 qu'il fallait tout au moins et dans la mesure où on peut le faire, que certaines familles, placées dans une situation presque désastreuse par l'absence d'un enfant qui pendant vingt-huit jours ou treize jours ne peut plus travailler, ne soient pas abandonnées complètement à elles-mêmes. C'est là l'idée maîtresse de la loi qui a été votée en 1898.

Nous demandons au Sénat de permettre que, dès à présent, cette somme de 500.000 francs puisse recevoir une application.

Et s'il fallait terminer par une considération de prudence, en quelque sorte, je dirais au Sénat qu'il ne s'exposera pas beaucoup en déférant au désir que le Gouvernement lui exprime, en adoptant le mode de répartition que j'ai indiqué ; car il dépendra de lui de saisir, et je suis convaincu qu'il saisira l'occasion qui viendra pour lui, s'il veut dans le plus bref délai discuter à son tour cette loi du 13 juillet, et s'il lui paraît que pour l'avenir, pour un long avenir, d'autres méthodes doivent être employées, il sera bien temps à ce moment de les perfectionner. Mais il y a quelque chose qui est toujours mauvais, c'est, sous le prétexte qu'on ne peut faire mieux, de ne rien faire du tout. Si le Sénat pense qu'en 1898 il a eu raison de dire que l'État viendrait en aide aux communes, nous lui demandons de ne pas laisser échapper aujourd'hui l'occasion qui lui est offerte de tenir l'engagement qu'il a pris. (*Très bien! très bien! et applaudissements à gauche.*)

M. Prévet, rapporteur général du budget, souleva une objection sur le point de savoir qui doit venir au secours des familles de réservistes : les communes ou l'Etat?

M. LE PRÉSIDENT DU CONSEIL. — Messieurs, je veux répondre deux mots sur la question de principe.

Ce n'est pas le budget de 1900 qui a soulevé la question de principe; elle a été tranchée par la loi de finances de 1898, et si les objections qui sont soulevées aujourd'hui par l'honorable M. Prevet sont si décisives, il est bien malheureux qu'elles ne se soient pas produites avec la même force et que, faute d'un débat qui aurait pu alors convaincre le Parlement, la situation soit celle que j'indique : un engagement inscrit dans une loi. Il s'agit de savoir si l'on peut ou non le tenir.

L'honorable M. Prevet dit que cela sera difficile et que vous allez arriver à des injustices. Selon lui, toutes les communes qui auront voté des subventions profiteront seules de la somme qui sera inscrite au budget de l'Etat. Or ce sont les communes les plus riches qui profiteront des subventions les plus fortes, ce qui sera avantageux pour elles.

Il suffit, messieurs, de se reporter au texte pour voir que la répartition que les conseils généraux auront à faire entre les communes n'est nullement une répartition obligatoire. C'est lui qui sera le meilleur juge, qui examinera quelles sont les communes auxquelles une part de la subvention doit être accordée. Et si, pour avoir droit à la subvention, il faut avoir voté une contribution quelconque, le fait d'avoir voté cette contribution ne donne pas droit du tout à la subvention. Par conséquent, quand une commune qui a peu de ressources aura voté 1 ou 2 centimes et quand une commune riche aura fait, au contraire, un gros sacrifice, le conseil général est absolument maître, et j'ajoute même que c'est son droit, de ne donner sa subvention qu'à la commune nécessiteuse qui fait preuve de bonne volonté. (*Très bien ! très bien !*) Je crois que dans ces conditions le Sénat fera acte de justice et de haute raison politique en votant le crédit qui lui est demandé. (*Très bien ! très bien ! à gauche.*)

SECOURS AUX VICTIMES DES SINISTRES

Chambre des députés. *Séance du 20 mars 1900*. — Un grand nombre de députés avaient déposé des propositions de loi ayant pour but de venir en aide aux victimes des différents sinistres qui avaient affligé le pays et les colonies en 1899. M. Klotz déposa une motion mettant le Gouvernement en demeure de présenter, dans le plus bref délai, un projet d'ensemble tenant compte des diverses demandes. Il la retira après les déclarations du président du Conseil.

M. le Président du Conseil, *ministre de l'Intérieur et des Cultes*. — Le Gouvernement se trouve en présence, ainsi que le rappelait tout à l'heure l'honorable rapporteur, de quarante et une propositions émanant de l'initiative parlementaire, destinées à venir en aide à des sinistrés et représentant un ensemble de crédits d'environ 16 millions de francs.

Les honorables auteurs de ces propositions — eux-mêmes le reconnaîtront les premiers — se sont inspirés, pour en fixer le chiffre, de l'étendue du dommage appréciée comme on pouvait le faire dès la première heure.

Lorsque la Commission du budget a exprimé le désir très légitime d'avoir sur l'importance de ces dommages des renseignements fournis par l'administration, je me suis hâté de les demander aux préfets. Ceux-ci, ainsi qu'il résulte des rapports, dont j'ai quelques-uns sous la main, se sont inspirés, pour apprécier l'étendue du sinistre et du préjudice, des mêmes considérations que les auteurs des propositions soumises à votre examen ; mais ils sont arrivés à des conclusions parfois différentes. Les indemnités demandées représenteraient des sommes considérables, des sommes en tout cas que le budget pourrait difficilement payer.

C'est ce qui a frappé la Commission du budget. Et vous savez, par le rapport qu'elle a déposé, à quelles conclusions elle a abouti. Se conformant à une décision prise l'an dernier, si je ne me trompe, par la Chambre et par le Sénat, et considérant que ce n'est pas par voie d'indemnités particulières qu'on peut porter remède, dans la mesure du possible, à certaines infortunes, elle a conclu qu'il appartenait au ministre de l'Intérieur, sur les ressources spéciales mises à sa disposition, de venir en aide aux sinistrés nécessiteux. (*Très bien! très bien!*)

Le Gouvernement, dès la première heure, s'est hâté de faire ce qu'il pouvait.

Que la Chambre me permette de lui rappeler quels sont la nature et le chiffre des crédits qui sont mis dans ce but à sa disposition. Ce crédit est l'objet du chapitre 49 du budget de 1900 et figure pour un chiffre semblable au chapitre 48 du budget de l'an dernier. C'est un crédit total de 200.000 francs. Il est, d'ailleurs, divisé en deux articles :

« Art. 1ᵉʳ. — Subvention aux institutions de bienfaisance et d'assistance par le travail, 160.000 francs. »

Personne ne pensera que le Gouvernement ait le droit et qu'il puisse avoir le désir de prélever quoi que ce soit sur cet article doté de 160.000 francs qui a une destination absolument digne d'intérêt (*Très bien! Très bien!*)

Il reste donc pour les secours d'extrême urgence qui font l'objet de l'article 2 une somme de 40.000 fr. Le Gouvernement a entièrement épuisé, en raison des circonstances exceptionnelles, toutes les ressources de l'exercice clos, et, sur les sommes qui sont mises à sa disposition par le vote des douzièmes provisoires, il a également épuisé intégralement le contingent proportionnel qui revient aux secours d'extrême urgence. Il n'y a donc pas à s'étonner que l'on n'ait pu distribuer que des sommes qui visiblement ne correspondent pas aux infortunes qu'il faudrait soulager, et je suis le premier à le regretter.

Si la Chambre envisage la question au même point de vue que la commission du budget, elle verra qu'au lieu de rechercher quelle indemnité devrait être accordée à chaque sinistre isolément, il s'agit de déterminer quel sera le crédit supplémentaire que le Gouvernement devra demander au Parlement pour augmenter les ressources du chapitre 49.

Cette méthode a un double avantage. D'abord, par la qualification, par le titre même du chapitre et de l'article, la nature des secours à distribuer et le devoir du Gouvernement se trouvent parfaitement précisés. Il ne pourra s'agir que de secours d'extrême urgence.

Le second avantage, c'est que le mode de distribution de ces secours se trouve par là même tracé et échappera, on peut le dire, dans une mesure absolue, à toute espèce de reproche d'arbitraire.

Reste à savoir quels crédits il faudra demander au Parlement.

Aussitôt que M. rapporteur de la commission du budget eût bien voulu me faire connaître ses conclusions, j'ai résolu de demander aux préfets de me renseigner, non plus seulement sur l'étendue des sinistres, des dommages, car l'État ne peut pas être considéré comme une sorte d'assureur appelé à réparer tous les sinistres, alors du reste qu'il ne recevrait aucune prime. (*Très bien ! Très bien ! à gauche.*) Son devoir, qu'il ne peut d'ailleurs remplir — il faut que tout le monde le reconnaisse — que dans une mesure très restreinte, se borne à venir en aide à ce que les budgets appellent eux-mêmes « les besoins d'extrême urgence ». J'ai donc demandé aux préfets de me fournir, en se plaçant à ce point de vue, de nouveaux renseignements en leur recommandant de s'inspirer de l'examen des misères particulièrement intéressantes, et qu'il importe avant tout de soulager.

Je ferai connaître à la commission du budget les renseignements qui me seront parvenus, et le Gouvernement saisira la Chambre d'un projet de crédits supplémentaires. (*Applaudissements.*)

LES AVEUGLES

M. Waldeck-Rousseau était président du Conseil d'administration de la Société d'assistance pour les Aveugles. C'est à ce titre qu'il présida les deux séances annuelles qu'elle tint en 1898 et 1899 et qu'il y prononça les deux discours suivants :

Mesdames, Messieurs [1],

J'ai le devoir très agréable de remercier d'abord tous ceux de nos co-sociétaires qui ont bien voulu se rendre à notre Assemblée.

M. le Président de la République [2], en s'y faisant représenter, a donné une preuve de plus de la sollicitude qu'il accorde à toutes les œuvres de bienfaisance.

Le rapport de notre trésorier, de M. le D\` Laborde, est complet. Il contient cependant une lacune que j'ai le devoir de combler. Il n'a parlé ni de sa sollicitude pour les aveugles, ni de son dévouement à leur cause.

Il a eu grandement raison de vanter notre œuvre, car nulle n'a donné des résultats plus décisifs et ne permet comme à nous de considérer avec confiance et

---

1. Séance annuelle du 19 juin 1898.
2. M. Félix Faure.

satisfaction tout ce que nous avons obtenu depuis notre origine, depuis 1880.

En effet, en dix-huit ans, trois créations ont été entreprises par nous et menées à bonne fin.

1° La clinique ophthalmologique; 2° le pavillon d'isolement; 3° l'école Braille.

Les services rendus par la clinique sont considérables. Ils sont connus du plus grand nombre; mais il est nécessaire, indispensable, de le proclamer encore pour le bien général, 220.000 malades environ y ont été soignés, 23.000 y ont été hospitalisés, et enfin puisque nous avons signalé la création du pavillon d'isolement, nous devons indiquer qu'en moins de cinq ans plus de 1.200 enfants y ont été soustraits au fléau de l'ophthalmie purulente, grâce à l'admirable méthode qui y a été découverte par un de nos docteurs et qui y est pratiquée, méthode d'un emploi simple, facile, peu coûteux et à la portée de tous, je veux parler de la méthode par le laveur.

Je me garderai bien, même ici, de ne pas m'étendre sur les bienfaits que notre école, notre chère école, procure aux malheureux petits aveugles. Cette institution a résolu un des problèmes les plus ardus, elle a résolu le problème de l'assistance par le travail. Elle prend l'enfant dès l'âge de trois ans; elle l'élève, l'instruit, lui donne une éducation professionnelle et le garde jusqu'à ce que les infirmités l'empêchent de travailler. Elle leur assure alors, par la constitution de la caisse de retraite, la sécurité pour leur vieillesse — seule au monde, où elle est ainsi sans rivale, elle remplit tous ces devoirs de haute et juste solidarité.

Toutes ces grandes choses, nous les devons au conseil général de la Seine, à nos bienfaiteurs, à nos collaborateurs, au corps médical; nous les devons surtout à notre éminent directeur, M. Péphau.

M. le Trésorier nous disait tout à l'heure que nous avions beaucoup d'ambition, que nous voulons encore étendre notre œuvre d'assistance générale et la compléter.

Ces efforts qui vont devenir notre lot auraient été très amoindris si nos devanciers n'avaient pas eu le malheur d'être administrés par le cardinal de Rohan qui nous a dépossédés en chassant les Quinze-Vingts de l'emplacement qu'ils occupaient avant 1779 sur les terrains qui sont actuellement dénommés la « Cour du Carrousel ». — Sans ce cardinal, nous aurions aujourd'hui des millions, beaucoup de millions que nous nous proposons de réclamer à l'Etat ! — Voulez-vous me permettre de dire quelque chose de paradoxal pour bien vous indiquer les difficultés dont nous aurons à triompher ? — Il nous est dû trop d'argent et plus il nous en sera dû, moins nous aurons de chance d'être remboursés...

M. Péphau cependant a résolu, à mon sens, la question.

Tenant a être modestes dans nos réclamations, dans nos revendications, nous avons demandé seulement au budget de l'État, pas le capital, mais une rente de 175.000 francs seulement. J'ai hâte de dire pour expliquer notre optimisme dans le succès futur, que le ministre de l'Intérieur, M. Louis Barthou, a déjà très agréablement accueilli cette proposition. Aussi pouvons-nous compter sur la bonne volonté de tous les membres du parlement, car cette œuvre, notre œuvre, n'est pas une œuvre de parti.

Notre proposition, notre revendication, tient en quelques lignes :

4.

— L'aliénation de l'enclos des Quinze-Vingts et de ses maisons sis au Louvre nous a constitués créanciers depuis 1779 de près d'un million. Ce million grossi des intérêts accumulés représenterait un capital formidable que l'État serait dans l'impossibilité absolue de restituer. — D'où pour nous, comme conséquence, la nécessité de recourir au parti le plus prudent, le plus sage, de ne réclamer qu'un modeste revenu annuel de 175.000 francs.

Cette augmentation de ressources pour les Quinze-Vingts permettra au vieil établissement d'assister, de pensionner des centaines d'aveugles, d'étendre ses bienfaits, d'augmenter le nombre de ses hospitalisés à la clinique et de sauver des curables qui viendront implorer le secours de ses savants occultistes.

Un prix de 1.000 francs vient d'être décerné à M. Saint Gorgnon qui, d'après le Jury du concours, nous a envoyé le meilleur appareil écrivant simultanément les points Braille et l'écriture vulgaire. — Cet appareil qui a fonctionné sous nos yeux nous paraît impeccable. Il ne se contente pas de mériter les éloges que lui prodiguait le Jury au point de vue de l'excellence du mécanisme, il a même su, pour sa première épreuve publique, exprimer les sentiments les plus délicats pour la fille du premier magistrat de la République. (*Double salve d'applaudissements.*)

Nous avons eu la grande douleur de voir disparaître deux de nos collaborateurs MM. Ernest Camescasse qui est décédé le 11 juin 1897, Ernest Hamel, dont la mort plus récente ne remonte qu'au 6 janvier dernier.

Le concours qu'ils ont donné à notre société nous a été précieux. Nous leur en garderons une éternelle reconnaissance. (*Adhésion unanime.*)

Monsieur le Président de la République [1],

En venant assister aujourd'hui à notre séance annuelle, vous avez donné à notre société une marque d'intérêt qui est pour elle le plus grand des encouragements et, en même temps, la plus haute des récompenses.

Dans le Parlement, comme au ministère de l'Intérieur, votre attention s'est sans cesse portée sur les œuvres d'assistance et de solidarité sociales : nous méritions, nous l'espérons du moins, qu'elle s'arrêtât aujourd'hui sur notre société. Nulle part plus qu'en France, l'élan de la charité individuelle ne se montre plus spontané, plus généreux. Nulle part, les cœurs ne battent plus vite et plus fort au spectacle des infortunes humaines. Mais il faut reconnaître que, très souvent, le résultat obtenu ne répond pas à l'effort déployé.

Notre société, plus heureuse que beaucoup d'autres, n'a connu ni les échecs, ni les découragements, ni les incertitudes, et la raison en est, je crois, que les fondateurs de notre œuvre ont, dès le début, aperçu et fixé très clairement le but qu'ils se proposaient d'atteindre et les méthodes par lesquelles ils pensaient pouvoir y parvenir.

Notre société s'adresse à l'enfant aveugle. Elle se propose de guérir son infirmité, et, si elle ne peut y réussir, de l'élever, de l'instruire, et d'en faire non plus seulement un assisté, mais un travailleur. De là, ce que l'on pourrait appeler les deux grands ressorts de notre société. Le premier, c'est la clinique ophtalmologique. Le second c'est l'école Braille. La clinique

1. M. Émile Loubet. — Séance annuelle du 9 mai 1899.

guérit, et c'est un résultat trop consolant pour ne pas l'énoncer, presque tous les enfants atteints d'ophthalmie purulente qui reçoivent à temps ses soins; l'École Braille prend les autres; elle leur ouvre une école, elle leur donne l'instruction générale que reçoivent les autres enfants, et aussi l'instruction professionnelle. Elle en fait, par conséquent, des écoliers, puis des apprentis, et bientôt d'utiles et habiles ouvriers.

Enfin, et par là nous avons résolu un problème dont la solution ne peut être trouvée que dans l'union des efforts individuels, l'École Braille assurera à ces ouvriers, à cinquante-et-un ans, une pension de retraite dont ils auront été les principaux et infatigables artisans. (*Vifs applaudissements.*)

Si nous avons pu obtenir ces résultats, nous l'avons dû surtout au concours de généreux bienfaiteurs et, disons-le, surtout au concours du plus généreux d'entre eux, je parle du département de la Seine. Nous avons eu la bonne fortune de voir nos demandes toujours étudiées, toujours écoutées, et presque toujours accueillies, et nous reportons le mérite de ce succès aux collaborateurs qui ne nous ont jamais fait défaut, et dont il me plaît de citer les noms, à M. H. Marsoulan, notre ami de la première heure, (*applaudissements unanimes*), à M. Gaufrès, à M. Clairin, à M. Barrier et à tant d'autres. (*Nouveaux applaudissements.*)

Aujourd'hui, M. le Préfet de la Seine, M. le Président du Conseil général, en vous remettant au nom de la Société d'assistance pour les aveugles les nouveaux bâtiments de l'Ecole Braille, nous ne faisons qu'acquitter une dette : c'est votre œuvre que nous remettons entre vos mains, et, au moment de le faire, je tiens à vous exprimer de nouveau, non pas seulement au nom de la Société, mais encore au nom de ses pe...

sionnaires, de ses pupilles, de ses enfants et de ses jeunes ouvriers, une profonde reconnaissance. (*Vifs applaudissements.*)

Grâce au département de la Seine, en effet, nous pouvons dire aujourd'hui avec joie que le nombre va s'accroître de ceux dont la nature et la maladie faisaient autrefois des aveugles, et dont notre société sait aujourd'hui faire des voyants. Ici l'aveugle lit, écrit, pense et vit de la vie commune, et, suppléant par une merveilleuse industrie au sens qui lui manque, c'est par ses doigts merveilleux qu'il suit au même livre que nous les mêmes enseignements de l'histoire, de la morale et du patriotisme, et qu'il puise les mêmes leçons et les mêmes espérances. (*Appaudissements unanimes.*)

Nous ne considérons cependant pas que notre tâche soit accomplie, et le bien qu'il nous a été permis de faire ne nous empêche pas d'apercevoir tout le bien que nous ne faisons pas. Nous avons l'ambition de justifier notre titre de société nationale et nous voudrions que notre œuvre pût rayonner dans tous les départements. C'est pourquoi, non contents de frapper sans nous lasser jamais, et sans lasser non plus la bienveillance, à la porte du Conseil général de la Seine, nous nous adresserons à M. le sous-secrétaire d'Etat à l'Intérieur, à l'Etat lui-même, nous lui demanderons d'ouvrir largement ses mains, et nous lui rappellerons que les aveugles de France sont les créanciers de l'Etat. (*Très bien! très bien!*)

J'ai déjà raconté ici, l'année dernière, cette ancienne histoire. J'ai dit comment les aveugles, dans la personne des Quinze-Vingts, qui était alors leur représentation officielle, ont été privés d'un admirable domaine qui, aujourd'hui, représenterait une véritable fortune, non seulement pour un établissement charitable, mais pour vingt sociétés semblables, comment le cardinal de Rohan vendit au roi l'enclos des Quinze-Vingts, comment une très faible partie d'un prix dérisoire fut payée, comment ensuite les aveugles ne reçurent plus le moindre à-compte. Il en résulte aujourd'hui une créance si considérable que nous ne pouvons espérer qu'elle soit acquittée.

Nous avons considéré qu'il en ressort une obligation naturelle que l'Etat a contractée, l'obligation de faire pour cette catégorie de malheureux si digne d'intérêt, je ne dis pas un gros sacrifice, mais un sacrifice assez large pour que notre œuvre puisse s'étendre à toute la France. (*Applaudissements.*)

Cette revendication, la société la soumettra très prochainement à M. le ministre de l'Intérieur. Je suis assuré qu'elle sera accueillie par lui avec une grande bienveillance, et puisque nous avons le bonheur d'avoir au milieu de nous le premier magistrat de l'Etat, nous plaçons nos espérances sous son haut patronage. (*Applaudissements unanimes.*)

Il me reste à remercier les artistes éminents qui ont bien voulu répondre à notre appel. C'est une banalité que de répéter après tant d'autres que leur concours est toujours acquis dès qu'il s'agit d'une bonne action. Il n'en pouvait être une meilleure que de venir apporter à ceux-là qui sont condamnés à vivre loin des douceurs de la vie, leur part d'idéal, un peu de ce qu'il y a de meilleur dans la vie, la sensation du beau et l'émotion très noble que donnent les manifestations de l'art, quand, comme aujourd'hui, il a des maîtres pour interprètes. (*Applaudissements prolongés.*)

Chambre des Députés. — *Séances du 4 décembre 1899.* — Au cours de la discussion du budget, M. Dejeante pria M. Waldeck-Rousseau de provoquer l'initiative privée dans les départements, par l'intermédiaire des préfets, en vue de créer dans toute la France des institutions analogues à l'école Braille.

M. le Président du Conseil, *ministre de l'Intérieur et des Cultes.* — Messieurs, l'honorable M. Dejeante n'a pas eu tort d'adresser un juste tribut d'éloges à la société d'assistance pour les aveugles. C'est, en effet, — parmi beaucoup d'autres, — une œuvre d'assistance qui se recommande non pas seulement par le but qu'elle poursuit, mais par le succès qu'elle obtient. En un mot, elle a réussi.

M. Dejeante faisait allusion tout à l'heure à l'intérêt particulier que je porte à cette société comme président de son conseil d'administration ; je suis très heureux de lui dire que cet intérêt je le lui porte aussi comme ministre de l'Intérieur. (*Très bien ! très bien !*)

J'ai exprimé, sans doute, le désir que les départements, suivant l'exemple du département de la Seine, créassent des fondations du même genre ; mais il est bien évident qu'il n'y a là qu'un appel adressé à leur initiative et qu'il n'appartient pas au Gouvernement de leur imposer cette mesure.

C'est pourquoi j'ai considéré et je considère que la société qui a produit à Paris de tels résultats mérite d'être tout spécialement encouragée ; je crois qu'elle pourrait facilement et avec des ressources un peu plus étendues faire produire à son action les meilleurs résultats dans les départements. (*Très bien ! très bien !*)

Il y a, pendant entre la société dont je parle et l'Etat,

un différend. Il s'agit d'une revendication faite par l'hospice national des Quinze-Vingts et portant sur des terrains aliénés à la fin du siècle dernier. Je me propose, dans le prochain budget, de demander à la Chambre d'inscrire de ce chef un crédit dont l'objet serait non seulement de développer à Paris les efforts de cet asile des Quinze-Vingts, mais encore et surtout, — car à Paris on fait déjà beaucoup, — d'étendre aux départements sa très heureuse influence et sa très bienfaisante action. (*Applaudissements.*)

II

L'HYGIÈNE PUBLIQUE

LA SANTÉ PUBLIQUE

Sénat. — *Séances des 11, 20 et 24 décembre 1900, et des 21 et 23 mai 1901.* — Un projet de loi sur la santé publique avait été déposé au Sénat en 1893 et adopté en première lecture par la Haute-Assemblée en 1897. Il revint en discussion, sur la demande du Gouvernement, d'accord avec la commission du Sénat, au cours de la session extraordinaire de 1900 et de la session ordinaire de 1901. Il a été finalement adopté par le Sénat, après examen de la Chambre, dans la séance du 4 février 1902.

M. Waldeck-Rousseau intervint plusieurs fois dans la discussion. A la séance du 11 décembre 1900, M. Milliès-Lacroix, sénateur, ayant demandé le renvoi de la discussion à une séance ultérieure afin de permettre à la commission d'apporter un exposé nouveau du projet de loi, M. Waldeck-Rousseau se joignit à M. Strauss pour combattre cette proposition ; elle fut repoussée par le Sénat.

M. LE PRÉSIDENT DU CONSEIL. — Messieurs, il me semble que la proposition formulée par l'honorable

M. Strauss, de commencer la discussion avec la certitude que, à bref délai, le Sénat aura en mains tous les documents nécessaires, est de nature à être acceptée par cette Assemblée. J'ai cru remarquer, par la nature même des explications qui viennent d'être fournies brièvement à la tribune, que ceux-là mêmes qui se prétendent le moins instruits des différences qui existent entre ces divers textes, ont cependant établi, par leurs explications mêmes, qu'ils n'étaient pas sans les apercevoir. (*Rires approbatifs.*)

J'ajoute que le débat qui peut s'engager sur la plupart des dispositions de la loi est plutôt un débat de principes qu'un débat de détails.

L'honorable M. Treille le résumait tout à l'heure. Il s'agira de savoir si la liberté illimitée du propriétaire doit ou non prévaloir sur l'intérêt et les droits de l'universalité des citoyens. Il s'agira de savoir si les dépenses que comportent ces services d'hygiène rationnellement constitués sont des dépenses communales, départementales ou si elles doivent pour partie rester à la charge de l'Etat.

Ce sont autant de questions sur lesquelles vous avez déjà réfléchi.

Si je considère, en outre, que les premiers articles du projet ne paraissent point de nature à soulever une discussion, qu'ils se bornent à développer la règle inscrite dans l'article 97 de la loi municipale, je suis fondé à dire que la solution proposée, je le répète une dernière fois, est faite pour rallier les suffrages du Sénat qui pourrait avantageusement entamer aujourd'hui même la discussion.

Vous me permettrez d'ajouter enfin que le Gouvernement attache un grand intérêt à ce que ces questions, extrêmement importantes au point de vue de l'intérêt général, soient abordées dans le plus bref délai possible.

Bien entendu, il n'entre pas dans sa pensée de demander au Sénat de se prononcer dans des conditions d'obscurité qui ne lui permettraient pas de rendre un vote digne de cette Assemblée. Mais je crois que sur les points mêmes où quelque étude de détail est nécessaire, il n'est point à redouter que la discussion d'aujourd'hui puisse porter.

Par conséquent, tout se conciliera, à mon sens du moins, par l'ouverture de la discussion à cette séance et le renvoi à la séance prochaine de la suite de la délibération, étant entendu qu'à ce moment le Sénat aura sous la main les trois textes dont le rapprochement peut, en effet, être très nécessaire, et qui sont réclamés par plusieurs de nos collègues. (*Très bien! très bien!*)

M. Pichon, sénateur, déposa un amendement tendant à excepter les petites communes de l'obligation d'un règlement sanitaire. Repoussé par M. Cornil, rapporteur, et par M. Waldeck-Rousseau, cet amendement fut rejeté par le Sénat (séance du 20 décembre).

M. Waldeck-Rousseau, *président du Conseil.* — Messieurs, le Gouvernement s'associe aux conclusions de M. le Rapporteur de la Commission.

Le Sénat, dans une précédente séance, a déjà repoussé un amendement qui tendait à dispenser de l'application de l'article 1er les communes dont la population serait inférieure à 2.000 habitants.

Aujourd'hui, — et il y a peut-être peu de logique

dans cette proposition — on vous demande de dispenser de l'application des mêmes règles toutes les communes inférieures à 1.800 habitants.

Un sénateur à droite. — Agglomérés !

M. LE PRÉSIDENT DU CONSEIL. — Il semble que ces propositions successives procèdent de cette idée générale que plus une commune est petite, moins grand est le nombre de ses habitants, et moins elle a besoin de règles, de protection et d'hygiène.

Or, les constatations faites jusqu'à ce jour sont en contradiction absolue avec les indications fournies par l'honorable auteur de l'amendement; ce sont les petites communes qui, plus encore que les grandes, ont besoin d'être ramenées au sentiment et à l'observation de certaines règles essentielles à la protection de la santé publique. J'en ai sous les yeux une preuve manifeste.

Du 14 février 1898 au 19 novembre 1900, 200 épidémies plus ou moins graves se sont produites. Elles se répartissent ainsi : 69 ont éclaté dans des communes dont la population est supérieure à 2.000 habitants et 135 dans des communes dont la population est inférieure à ce chiffre.

Si on fait la comparaison entre les plus petites communes de cette catégorie et les plus grandes, on trouve que, sur le chiffre que je viens d'indiquer, 151 épidémies ont éclaté dans les communes ayant une population de 500 à 1.000 habitants. Qu'est-ce que cela veut dire, sinon que, dans les communes d'une certaine importance, dès à présent et malgré l'absence de dispositions législatives, des précautions sont prises, des mesures arrêtées; mais qu'au contraire, dans les petites communes, on a continué les pratiques d'autrefois, on est resté beaucoup plus étranger aux précautions aujourd'hui reconnues nécessaires?

Je crois donc qu'il n'y a pas lieu de créer d'exceptions.

Revenant sur une observation qui a été faite, j'ai hâte de dire que, dans les communes de 500 ou de 1.000 habitants, où l'agglomération est souvent peu considérable par suite de la dispersion de la population, lorsqu'il s'agira de prescrire certaines mesures nécessitées surtout par l'agglomération des habitants, il est clair que ce seront des mesures en quelque sorte élémentaires; et, à mon sens, on ne peut établir aucune comparaison entre les dépenses qu'entrainera dans une grande commune l'application de la loi en discussion et celles que pourront nécessiter les mesures très simples, très élémentaires, je le répète, qui s'imposeront pour les plus petites.

Le plus souvent, le règlement de voirie et de santé publique qui sera élaboré par le maire portera sur des précautions individuelles en quelque sorte; et pour parler d'un pays que je connais bien, de l'Ouest, on prescrira, par exemple, comme le disait tout à l'heure l'honorable M. Cornil, de ne pas construire, conformément à je ne sais quelle tradition, les habitations en contrebas des routes et des rues, et de ne pas faire des dépôts de fumier ou d'eaux ménagères à proximité des sources. Ce sont là des interdictions qui ne comportent en réalité aucune dépense. Par conséquent, il serait tout à fait injuste de dire que la loi va causer aux petites agglomérations des dépenses au-dessus de leurs forces. Je crois qu'on aura rendu un grand service aux populations de certaines communes rurales en imposant aux maires l'obligation d'édicter un règlement en harmonie avec les besoins de ces populations et avec leurs ressources, et qui protégera la santé de nos cultivateurs et de nos paysans. (*Très bien! très bien! à gauche.*)

Un amendement de même tendance fut également déposé par M. Alcide Treille. L'honorable sénateur déclarait, d'ailleurs, qu'une loi nouvelle sur la santé publique lui paraissait inutile.

M. LE PRÉSIDENT DU CONSEIL. — Messieurs, si je crois devoir répondre un mot à notre honorable collègue M. Treille, c'est qu'en vérité il met en question le principe même de la loi. Son amendement consiste à demander que les mesures imposées par le projet de loi ne soient applicables qu'à certaines communes à l'exclusion des autres. Il vous dit : « Pour les communes au-dessus de 1.500 habitants, soit! Mais pour les communes au-dessous de 1.500 habitants, les mêmes règles ne doivent pas être adoptées. »

M. PICHON. — Il s'agit d'agglomérations, et non pas du nombre d'habitants de la commune.

M. LE PRÉSIDENT. — Le mot « agglomérations » ne figure pas dans l'amendement de M. Treille.

M. LE PRÉSIDENT DU CONSEIL. — M. Treille indiquait tout à l'heure au Sénat le chiffre des communes que son amendement laisse en dehors de la loi : il n'y en a pas moins de 31.610; et s'il est vrai, comme il le soutient, qu'on soit impuissant à édicter des règlements permettant de prévenir certaines épidémies, je demande comment il pourrait se faire que ces règlements fussent utiles et praticables dans certaines communes, dans certaines agglomérations et ne le fussent pas dans d'autres. Si l'on admet qu'au-dessous de 1.500 ou de 2.000 habitants la loi est utile ou bienfaisante, pourquoi donc en refuserait-on le bénéfice aux communes dont la population est inférieure à 1.500 habitants?

La vérité est que M. Treille — il ne le cache pas — ne croit pas à l'hygiène préventive; il ne croit pas à l'hygiène du tout; et, comme il croit assez peu à la médecine, je me demande quelles consolations il laissera à la généralité des habitants! (*Sourires.*)

Nous y croyons, nous, et, s'il fallait faire ma profession de foi, je vous dirais que je crois encore plus à l'hygiène préventive qu'à la médication. (*Marques d'approbation sur un grand nombre de bancs.*) La médication, c'est un peu comme les secours après le désastre : on peut l'atténuer; il vaudrait mieux le prévenir. (*Nouvelles marques d'approbation.*) Toute la question est de savoir si certaines mesures préventives peuvent être prises, et, dès lors, elle se résout par l'observation, par une constatation matérielle. L'honorable M. Treille a dit : « Vous nous citez l'exemple des pays monarchiques. » Je crois être aussi bon républicain que M. Treille, mais je ne pousserai pas le républicanisme jusqu'à penser qu'un des principes auxquels nous devions nous rattacher, c'est de ne pas adopter de mesures dont l'expérience a été faite par d'autres nations chez lesquelles elle a été décisive et bienfaisante. Or, il suffit d'enregistrer les résultats obtenus partout où il y a une législation d'hygiène pour en reconnaître l'incontestable utilité. Et, si, pour certains pays, il faut d'une façon évidente tenir compte du grand nombre des natalités, il est cependant une comparaison intéressante et instructive à faire ici, c'est la proportion des décès par rapport aux natalités.

Dans tous les pays d'Europe, en Angleterre, en Allemagne, en Autriche, en Suisse, lorsqu'on examine quelle est cette proportion, on voit qu'elle a beaucoup diminué, tandis que, en France, l'état des choses est resté stationnaire. Nous serions donc coupables si nous ne cherchions pas à profiter des enseignements que nous voyons se produire, des expériences qui se sont faites autour de nous.

Cette expérience une fois constatée, et la conclusion qui en découle étant une fois certaine, je ne comprends plus comment on appliquera les leçons qui s'en dégagent à une partie du pays et comment on refusera le bénéfice de cette expérience aux autres parties du même pays.

Je comprendrais encore cette distinction si les communes de 1.500 habitants et au-dessous vivaient murées, renfermées (*très bien! très bien!*), s'il en était aujourd'hui comme il y a cent ans, si les communications n'étaient pas devenues continuelles, multiples, incessantes, et s'il y avait lieu de croire qu'une épidémie venant à éclater dans une commune de 1.500 habitants, cette commune ne deviendra pas elle-même, pour les autres communes plus petites ou plus grandes, un véritable foyer de communication de l'épidémie.

Or, aujourd'hui, tout le monde le sait, le mouvement déterminé par les transactions, par le système des transports, est devenu général, universel, et il n'est pas une de ces petites communes dont un grand nombre d'habitants ne passe chaque semaine dans une autre commune. Alors à quoi allez-vous arriver avec ce système de distinction? Voici un chef-lieu d'arrondissement : le maire a pris un arrêté réglementaire; il est bien conçu; grâce à lui, les épidémies semblent ne pouvoir se produire qu'à de rares exceptions. Mais, à côté, il y a une commune de 1.500 habitants où on ne fait rien de semblable, où l'épidémie va naître. Ses habitants viennent au chef-lieu d'arrondissement. A quoi aura-t-il servi à la première de ces communes d'avoir pris des précautions et d'avoir fait des dépenses? Je crois qu'il suffit de poser la question en ces termes pour montrer qu'elle est résolue. (*Très bien! très bien! sur un grand nombre de bancs.*)

Sur l'article 9 de la loi, M. Strauss proposait l'amendement suivant : « Dans le cas où, pour une distribution d'eau existante, le comité départemental d'hygiène constaterait que l'eau n'est pas propre à l'alimentation, la commune serait fondée à se pourvoir devant la juridiction compétente qui pourrait, soit ordonner les travaux reconnus nécessaires pour rendre l'eau potable, soit prononcer la résiliation du contrat. »

L'amendement fut retiré après les déclarations du ministre (séance du 21 mai 1901).

M. WALDECK-ROUSSEAU, *président du Conseil, ministre de l'Intérieur et des Cultes*. — Messieurs, je voudrais répondre d'un mot à l'appel que l'honorable M. Strauss a adressé tout à l'heure au Gouvernement. Je comprends très bien, et le Sénat comprend comme le Gouvernement lui-même, l'intérêt qui s'attache à la situation exposée à cette tribune par l'honorable M. Strauss en termes très précis. Elle existe dans un certain nombre de communes de la banlieue de Paris et elle peut exister dans d'autres que nous connaissons moins et qui sont réparties sur le reste du territoire français.

Des communes ont traité avec des compagnies; elles

ont passé un contrat où les charges de la compagnie ont été déterminées par le commun accord des parties. Il se trouve que ces traités ont été passés à une époque où l'on n'avait pas, sur la nécessité de fournir aux populations des eaux parfaitement potables, les mêmes vues qu'aujourd'hui ni les mêmes renseignements, et M. Strauss expose que ces communes vont se trouver dans la situation suivante : elles ont traité pour avoir des eaux potables; si l'on arrive à reconnaître, à l'aide du procédé qui est indiqué par la loi, que les eaux qui leur sont fournies ne sont pas véritablement potables, au sens que la loi tend à donner à ce mot, elles vont être obligées de se pourvoir d'autres eaux pour se conformer à la disposition que le Sénat va voter.

Et alors l'honorable M. Strauss, pour tirer ces communes d'embarras, propose au Sénat un moyen qui, malheureusement, ne me paraît pas acceptable. Il consisterait à insérer dans l'article une disposition portant que ce litige sera déféré aux tribunaux compétents, qui diront à qui incomberont ou les travaux ou les améliorations jugés nécessaires.

Mais, messieurs, il y a dans notre droit un principe constant, c'est qu'une loi ne peut rien ajouter ou retrancher à un contrat intervenu entre des parties. Les obligations des compagnies qui peuvent avoir traité dans les conditions que vient de rappeler M. Strauss sont définies par le contrat lui-même et, encore une fois, la loi ne peut rien ajouter ou retrancher à ces obligations acceptées par les compagnies.

Est-ce à dire que la commune se trouvera sans aucune espèce de ressources pour se mettre en mesure de donner satisfaction à la loi? Je ne le crois pas. Je considérerais, en effet, que la commune qui est obligée à fournir de l'eau potable pourra, dans certains cas et dans une certaine mesure, faire valoir cette circonstance de force majeure qui résulte de la loi elle-même qu'il y a là un litige susceptible d'être porté devant les tribunaux.

Ce n'est pas cette possibilité, en effet, que l'on vous demande de consacrer, elle existe de par le contrat lui-même et par les circonstances qui peuvent peser sur l'exécution du contrat. J'admets donc que la commune puisse porter le litige devant un tribunal, en faisant valoir que la compagnie n'exécute pas la convention. Car il paraît peu probable qu'une compagnie ne se soit pas engagée à donner de l'eau potable. Je ne veux pas examiner un procès dont je ne connais pas les éléments essentiels. Il est certain que le procès est possible, qu'il peut être fait, mais ce que le Sénat ne peut pas faire, c'est d'ouvrir, au profit de la commune, un droit nouveau à aller devant les tribunaux; elle ne peut avoir que le droit qu'elle trouvera dans la loi et dans les dispositions qu'elle contient ou dans le contrat particulier.

Je verrais, pour ma part, un grave inconvénient à inscrire dans la loi ce principe que la commune, qui a traité avec une compagnie, ira devant les tribunaux, non pas pour faire valoir le droit qu'elle peut invoquer contre la compagnie, mais pour invoquer contre la compagnie des obligations que la loi impose à la commune.

Je crois qu'il y a là un chapitre qu'il faut réserver; que l'on n'empiéterait pas impunément sur le domaine contractuel et sur le domaine contentieux qui est annexé, en quelque sorte, au domaine contractuel. Et, pour ces raisons, je ne pense pas que le Sénat puisse entrer dans la voie que lui ouvrait tout à l'heure l'honorable M. Strauss.

L'article 19 du projet de loi plaçait sous l'autorité du préfet de la Seine le service municipal chargé de l'application des dispositions de la loi. M. Waldeck-Rousseau demanda que ce service fut attaché à la préfecture de police. M. Strauss combattit cette opinion, et le texte de l'article fut renvoyé à la commission. (21 mai 1901.)

M. LE PRÉSIDENT DU CONSEIL. — Messieurs, je demande au Sénat la permission de lui présenter une courte observation qui est relative à la rédaction du paragraphe 2 de l'article 19 actuel.

Ce paragraphe se trouve ainsi conçu dans sa nouvelle rédaction : « Dans les villes de 20.000 habitants et au-dessus, et dans les communes d'au moins 2.000 habitants qui sont le siège d'un établissement thermal, il sera institué, sous le nom de bureau d'hygiène, un service municipal chargé, sous l'autorité du maire, et à Paris du préfet de la Seine, de l'application des dispositions de la présente loi. »

Puis, le dernier paragraphe apportant une restriction à la mesure par laquelle on enlève à la préfecture de police une partie de ses attributions, ajoute :

« Toutefois, à Paris, les logements loués en garni restent placés sous l'autorité du préfet de police. »

Le vote de ces dispositions, je tiens à le faire remarquer au Sénat, aurait pour conséquence de placer dans les attributions de la préfecture de la Seine le conseil d'hygiène, actuellement rattaché à la préfecture de police.

La question s'est posée pour le Gouvernement de savoir, dans l'intérêt du bon fonctionnement de la loi, quelle était la solution préférable. Il va sans dire, messieurs, qu'entre deux administrations qui s'appellent la préfecture de la Seine et la préfecture de police il ne peut y avoir de rivalité que celle qui naît de l'émulation. Chacune de ces deux institutions rend les plus grands services : il s'agit seulement de rechercher laquelle des deux est la mieux organisée et, si vous me permettez cette expression un peu vulgaire mais juste, la mieux outillée en vue des obligations que prévoit la loi actuelle.

Une observation générale suffirait, à vrai dire, pour créer en faveur de la préfecture de police une sorte de préjugé. La loi que le Sénat vote en ce moment est, au premier chef, une loi de police, au sens, bien entendu, le plus large, le plus élevé, et, je l'espère aussi, le plus fécond du mot. Pour que cette loi fonctionne, il faudra deux choses : en premier lieu, établir une surveillance aussi étroite que possible et recueillir beaucoup d'informations; en second lieu, et surtout au début de la mise en œuvre de cette loi, vaincre les résistances qui pourront se produire. Plaçons-nous en face des articles qui sont dès à présent votés, et voyons — je veux le faire d'une manière très courte, très rapide, — comment la loi pourra fonctionner et à quelles conditions. Vous avez voté déjà un article 1er, qui impose aux maires l'obligation de prendre les mesures propres à prévenir et à faire cesser les maladies épidémiques. L'une de ces mesures, et la plus efficace, c'est la désinfection immédiate et la destruction des objets contaminés.

Pour que cet article ne soit pas lettre morte, il faut, tout d'abord, que l'administration soit instruite, dans le plus bref délai, des premiers cas qui peuvent faire apparaître le danger d'une épidémie, et, dans une ville comme Paris, c'est-à-dire dans une agglomération de plus de 2.000.000 d'âmes, il faut évidemment se demander si l'on n'a pas sous la main des agents de surveillance tout prêts et merveilleusement placés pour être informés dans le plus bref délai.

Si je me tourne du côté de la préfecture de la Seine, je ne trouve aucun service de ce genre, et je n'en suis pas surpris, car, encore une fois, les attributions du service de l'hygiène ont été dévolues, dès l'origine, à la préfecture de police.

Si je me tourne du côté de la préfecture de police, je vois que, dans chaque quartier, elle a des agents, des îlotiers, spécialement chargés d'une partie du quartier auquel ils sont attachés, qui opèrent dans les rues des promenades incessantes, qui sont en contact habituel avec les habitants et — passez-moi ce détail — avec les concierges et les domestiques, qui causent avec le boutiquier sur le seuil de son magasin; ce ne sont pas des passants, des étrangers : ils sont attachés au quartier, à l'îlot. Il n'y a pas d'agents mieux placés pour apprendre sans effort et sans investigation vexatoire, si, dans tel immeuble, ne s'est pas produit un cas de maladie pouvant revêtir le caractère épidémique.

Par conséquent, au point de vue de l'information, il m'a semblé que la préfecture de police méritait de garder ses attributions et même de les voir s'étendre.

Mais ce n'est pas tout que d'être informé des cas épidémiques : on a reconnu que, dans tel quartier, deux ou trois cas épidémiques se sont produits; il y a, par conséquent, nécessité de prendre les mesures que la loi a prévues. Ne croyez pas que, au début tout au moins, ces mesures pourront être prises sans que l'on se heurte à une certaine opposition née de l'habitude.

Tout à l'heure, on a, fort à propos, rappelé à cette tribune avec combien de décision et de vigueur le service d'hygiène a été installé à l'étranger; on n'y rencontrait peut-être pas, à un même degré, la ténacité des habitudes qui est une partie et peut-être, en certains cas, une vertu du caractère français; mais lorsqu'il s'agira de désinfecter immédiatement un mobilier contaminé ou de le faire détruire, il faut bien se dire que l'on rencontrera une certaine résistance; il faudra verbaliser, il faudra exécuter.

Il se trouve alors que, pour découvrir les cas épidémiques, c'est la préfecture de police qui doit se mouvoir, et que, si on laisse ce soin à la préfecture de la Seine et qu'elle arrive à découvrir le cas épidémique, lorsqu'il s'agira de l'exécution, lorsqu'il faudra verbaliser, elle devra s'adresser à sa collègue, si je puis m'exprimer ainsi, la préfecture de police, et la prier d'agir avec l'autorité toute spéciale qui lui appartient; de sorte que, pour être instruite, la préfecture de la Seine aurait besoin des agents de la préfecture de police et, pour prendre les mesures qui seraient le corollaire nécessaire des découvertes faites, il faudrait encore qu'elle recourût aux mêmes agents.

Si vous le voulez bien, prenons quelques exemples.

L'article 3 prévoit le cas d'épidémie ou de danger imminent pour la santé publique. Il faut, d'urgence, exécuter, tous droits réservés, les travaux qui sont jugés indispensables et ne pas attendre que le propriétaire les exécute lui-même. C'est, en effet, une faculté qui devait être inscrite dans la loi et qu'il était absolument nécessaire d'inscrire. Le fait est signalé à la préfecture de la Seine. Ici, nous rencontrons au premier chef cette résistance dont je parlais tout à l'heure. Que pourra donc faire le préfet de la Seine? Prendre un arrêté. Cet arrêté peut s'étendre même à tout un quartier ou à toute une partie d'un quartier.

L'arrêté pris, il faudra le faire exécuter. Qui en

assurera l'exécution ? Le préfet de la Seine avisera le préfet de police qu'il a pris un arrêté, que cet arrêté consiste dans telle ou telle mesure, dans l'interdiction, par exemple, de pénétrer dans telle ou telle habitation, que sais-je encore ?...

Ici encore il faudra que, pour l'exécution de la mesure prévue par la loi ou que la loi permet de prescrire, la préfecture de la Seine s'adresse à la préfecture de police.

Je pourrais, messieurs, multiplier les exemples. En voici un qu'il est tout naturel de citer en ce moment.

La loi se préoccupe dans l'article 1er, paragraphe 2, de la salubrité dans les maisons. Il est arrivé déjà — car il existe une législation sur les logements insalubres — que l'entrée dans les bâtiments jugés insalubres a été interdite aux membres de la commission des logements, et cela arrivera certainement encore dans l'avenir. Que pourra faire dans ce cas le préfet de la Seine ? Il fera ce qu'il a toujours fait jusqu'ici: il s'adressera au préfet de police, qui mettra ses agents en mouvement pour vaincre une résistance délictueuse, au moins au point de vue de la simple police; de telle sorte qu'à chaque instant il faudra que la préfecture de la Seine ait recours à la préfecture de police qui, assurément, ne lui marchandera pas sa collaboration. Mais le Sénat voit la complication inutile d'un système dans lequel les attributions sont données à une préfecture, les investigations et les mesures d'exécution confiées à l'autre.

J'ai parlé des logements insalubres. Tandis que les mesures qui devront être prises dans un logement, à la suite d'une épidémie, seraient dévolues à la préfecture de la Seine il résulte de l'état de choses actuel et de la rédaction même de l'article que j'ai lu tout à l'heure, que la préfecture de police conservera certaines attributions. Elle a, à l'heure actuelle, la police des dépôts de matériaux, du fumier dans les cours, de la mauvaise tenue des cours, des escaliers, des cabinets, etc.

La préfecture de police, jusqu'à présent, a réussi à obtenir satisfaction dans l'exécution des mesures que comporte ce service. Pourquoi? Parce que les personnes exposées à une contravention et qui savent qu'elles sont placées sous le régime que comporte l'action de la préfecture de police, l'action des commissaires de police, s'entendent immédiatement avec les représentants de l'autorité et s'exécutent à l'amiable. Il est plus facile de prévoir la résistance, de la prévenir, que de la vaincre. A ce point de vue encore, je crois qu'il n'y a aucune espèce de raison de dessaisir la préfecture de police d'une des attributions qu'elle a jusqu'à présent exercées. Le conseil d'hygiène est à la préfecture de police; c'est elle qui me paraît avoir les ressources les plus sûres, les agents les mieux disposés pour arriver à découvrir tout ce qu'il sera intéressant de découvrir si l'on veut que la loi s'exécute. Il ne faut pas, d'ailleurs, voir dans la police et ses agents des espèces de tortionnaires.

Je tiens à dire à la tribune ce que j'ai dit maintes fois dans d'autres circonstances : c'est que, s'il existe contre certaine police certaine légende, il n'y a contre la police locale, contre celle du quartier, celle qui est faite par les agents du poste, par ceux qui sont toujours dans les mêmes rues en contact avec une même partie de la population, il n'y a, dis-je, ni préjugés, ni prévention. On leur accorde, au contraire, une confiance qui est tout à fait légitime, si l'on considère

6.

les milles petits services quotidiens qu'ils sont en mesure de rendre.

Je crois qu'il y a une raison particulière, à Paris, pour maintenir ce service à la préfecture de police : c'est que, les sacrifices que nous imposerons à la population, il faut tâcher de les lui faire accepter, doucement, lentement, sans brusquerie, et, avant d'en venir aux grands moyens, avant d'appeler les contrevenants devant les tribunaux, il faut avoir épuisé toutes les ressources, tous les moyens de négociation qui sont précisément dans les attributions des modestes agents dont je parle. Je crois donc qu'au point de vue de l'efficacité de la loi, comme au point de vue du bon ordre des services, il est tout à fait intéressant de ne pas accepter la rédaction nouvelle que la Commission a introduite dans l'article 19, et au lieu de mettre « du préfet de la Seine », de mettre « du préfet de police ». J'ajoute que cette modification rendra inutile le dernier paragraphe : « Toutefois, à Paris, les logements loués en garni restent placés sous l'autorité du préfet de police. » Puisque la surveillance du préfet de police deviendra la règle, il n'y aura pas lieu d'établir à son profit une exception. (*Très bien! très bien sur un grand nombre de bancs.*)

A propos de l'article 22, concernant les attributions et la composition du Comité consultatif d'hygiène publique de France, M. Paul Strauss fit entendre des critiques qui amenèrent M. Waldeck-Rousseau à la tribune (23 mai 1901) :

M. LE PRÉSIDENT DU CONSEIL. — Messieurs, l'honorable M. Strauss a rappelé tout à l'heure au Sénat les observations qu'il présentait en 1899 et qui visaient principalement la lenteur apportée, à cette époque, à l'instruction des projets d'alimentation en eaux potables, notamment dans les départements.

M. Strauss faisait remarquer qu'il serait utile et expédient,de confier les analyses aux laboratoires des facultés de province; il émettait l'opinion qu'on pouvait très utilement soumettre les dossiers aux conseils d'hygiène locaux, il faisait observer, enfin, que, la décision appartenant au ministre, il fallait, pour la plus petite de ces affaires, pour la moindre de ces instructions, une transmission du dossier par la préfecture au ministère de l'Intérieur, ce qui, malgré la bonne volonté du préfet et du ministre, compliquait encore les opérations et entraînait certains retards.

L'honorable sous-secrétaire d'État, M. Legrand, promit à M. Strauss d'étudier la question et de voir sous quelles formes on pourrait lui donner satisfaction.

On a constitué alors une commission interministérielle, dont l'attention a porté tout à la fois sur les questions de procédure que je viens de rappeler, et sur des questions d'un intérêt plus grave encore, et qui touchaient à la protection même des sources.

Dès que cette commission a eu terminé son travail et m'a eu remis ses conclusions, j'en ai pris connaissance. J'ai vu qu'elle avait émis un vœu favorable aux idées de décentralisation dont M. Strauss avait été le représentant, et qu'elle considérait, à l'unanimité, que la décision du préfet pouvait être très utilement substituée, dans un certain nombre de cas, à celle du ministre.

De même, elle concluait à ce qu'on prît des mesures, et des mesures efficaces, pour la protection des sources, en ayant soin de ne pas borner la surveillance à la source elle-même, mais de la protéger contre toute contamination par une surveillance exercée sur un certain périmètre.

Il y avait, dans ses conclusions, une distinction à faire : les unes, pour leur réalisation, ne dépendaient que du ministre de l'Intérieur, les autres exigeaient, au contraire, une intervention législative.

J'ai immédiatement donné satisfaction sur le premier point aux désirs de l'honorable M. Strauss, qui étaient aussi ceux de la Commission, et une circulaire a été envoyée aux préfets dans le courant de l'année 1900, qui apporte, je crois, d'heureuses modifications aux méthodes d'instruction jusqu'alors suivies.

Actuellement, les projets intéressant l'alimentation en eaux potables sont soumis à l'examen de la Commission départementale d'hygiène et non plus à celui du Comité consultatif d'hygiène de France. Voilà une première mesure de décentralisation.

La décision a été confiée au préfet au lieu d'être réservée au ministre. Mais je n'ai pu prendre cette décision que sous la réserve indiquée et approuvée du reste par l'honorable M. Strauss. Il ne m'a pas paru possible, en effet, d'étendre cette disposition aux villes d'une population supérieure à 5.000 âmes. En outre, il m'a semblé que certaines précautions devaient être prises et que cette facilité ne devait être accordée qu'autant que l'examen par le Comité consultatif ne serait pas réclamé par un tiers des membres de la Commission départementale.

Le Sénat comprend dans quelles vues de prudence cette réserve a été apportée. Il ne fallait pas, en effet, priver complètement le Comité consultatif de son droit de contrôle et, d'autre part, j'ai pensé que lorsqu'il se trouverait un tiers des membres de la Commission départementale pour solliciter un second degré de juridiction, un nouvel examen, il fallait en tenir compte ; enfin, il m'a paru qu'il ne m'était permis de me dessaisir, je ne dis pas de mon droit, mais de mon devoir de tutelle, qu'autant que les conclusions scientifiques tirées des analyses seraient de telle nature qu'aucune responsabilité ne pourrait être encourue vis-à-vis des consommateurs futurs de l'eau déclarée potable.

Par conséquent, pour tout ce qui a trait à la procédure, l'honorable M. Strauss a déjà reçu satisfaction.

Je n'ai pas besoin d'indiquer au Sénat qu'il ne dépendait pas du ministre de l'Intérieur ni du Gouvernement d'aller plus loin et que, notamment — c'est une des plus intéressantes questions résolues par le projet de loi actuel, — en ce qui concerne la protection des sources, la surveillance du périmètre nécessaire pour les protéger contre toute contamination, il fallait l'intervention législative. C'est l'objet même de la loi en discussion, et l'honorable M. Strauss, en faisant tout à l'heure l'analyse de ses dispositions, a montré qu'elles répondaient à tous ses desiderata.

Par conséquent, je crois que, soit par les instructions ministérielles, soit par le texte proposé actuellement au vote du Sénat, l'honorable sénateur reçoit pleine satisfaction. (*Très bien! très bien!*)

LES EAUX DE PARIS. L'ÉPANDAGE

Chambre des Députés. *Séance du 11 décembre 1899.* — Au cours de la discussion du budget des Travaux publics, un important débat s'éleva sur les inconvénients de l'épandage dans la banlieue de Paris. Le ministre de l'Intérieur fut invité à prendre des mesures pour préserver les populations du danger des eaux contaminées.

M. Waldeck-Rousseau, *président du Conseil, ministre de l'Intérieur et des Cultes.* — Il me semble que jamais la Chambre n'a été mieux à même d'apprécier l'inconvénient de certaines méthodes de discussion. L'honorable M. Cornudet avait bien voulu me prévenir, il y a déjà quelque temps, qu'il me poserait une question relative aux inconvénients de l'épandage et aux remèdes par lesquels on pouvait combattre ces inconvénients. A la séance d'hier, il m'a fait connaître qu'il se proposait de transformer cette question en interpellation. A sa demande de question ou d'interpellation, j'avais répondu que le Gouvernement accepterait volontiers cette question ou cette interpellation, comme les autres interpellations d'ailleurs, après la discussion du budget.

Mais, pour agir ainsi, j'avais encore une autre raison que celle tirée de la nécessité de ne pas interrompre la discussion du budget; c'est qu'il était nécessaire de vérifier la valeur de certains griefs, l'étendue de certains reproches et d'arriver devant la Chambre, non pas seulement avec des appréciations générales, avec des assurances, avec des promesses, mais avec, d'une part, une enquête bien établie, et, d'autre part, des projets bien arrêtés.

Une partie de ce débat consiste à rechercher notamment si la ville de Paris a tenu tous les engagements qui lui étaient imposés par la loi qui a été votée à l'occasion de l'épandage. C'est un point sur lequel M. le ministre des Travaux publics a immédiatement cherché à se renseigner, et la Chambre conviendra volontiers que, là-dessus, la lumière n'est pas faite de telle sorte qu'on puisse se prononcer avec certitude et je dirais volontiers avec impartialité.

Donc, puisqu'on ne sait pas d'abord s'il y a un mal, ensuite quelle en est l'étendue, encore moins sait-on quels sont les remèdes qui peuvent être opposés à ce mal, et c'est pourquoi un certain délai m'avait paru nécessaire.

L'honorable M. Cornudet et l'honorable M. Berteaux, cédant à des préoccupations d'un ordre très légitime, ont saisi l'occasion qui leur était offerte par la discussion générale du budget des Travaux publics pour présenter les doléances d'une partie de la population de Seine-et-Oise.

M. le ministre des Travaux publics a répondu qu'il avait nommé une commission; que très prochainement il serait saisi des conclusions de cette commission, et la Chambre a paru, hier, considérer que la meilleure solution, pour ne pas dire la seule, était d'attendre que ces conclusions pussent être discutées.

Cependant aujourd'hui le débat renaît et je n'y verrais aucun inconvénient, que la Chambre le croie bien, si de ce débat pouvait sortir une solution pratique ; or, c'est précisément ce à quoi on ne peut arriver. Et alors on constate que des discussions de ce genre ont bien le mérite d'éveiller l'attention des pouvoirs publics, mais qu'elles ont aussi l'inconvénient de faire naître des appréhensions qui très souvent sont excessives, alors qu'on n'est pas en mesure de les calmer.

Je dois dire, en réponse à une parole de l'honorable M. Aimond, que le ministère de l'Intérieur a été saisi de cette question, il y a déjà un certain nombre de semaines. Il ne pouvait faire qu'une chose : empêcher l'extension du système actuel d'épandage. En effet, du côté du ministère de l'Intérieur les précautions les plus grandes ont été prises pour assurer une sorte de *statu quo*. Je me croirais très téméraire si j'allais plus loin. (*Très bien! très bien!*)

Ce qui m'a fait monter à la tribune, c'est que sur cette première question il s'en est greffé, à la séance d'hier, une seconde. L'honorable M. Plichon est revenu sur une discussion qui s'est élevée au commencement de 1899 ; il a demandé au Gouvernement d'apporter des renseignements, des déclarations relativement à la contamination des eaux de l'Avre.

La Chambre sait à quel point la population parisienne est facilement et justement émue par tout ce qui touche aux causes de propagation de certaines maladies. La question ayant été soulevée dans les conditions que j'ai rappelées tout à l'heure, sur lesquelles j'ai fait les réserves qui m'ont paru légitimes, je vais répondre d'un mot à l'honorable M. Plichon.

Je crois que la population parisienne en ce qui concerne les eaux de l'Avre, peut être complètement rassurée. Je vais plus loin : je pense qu'elle n'a jamais eu de sérieuses raisons de concevoir la moindre appréhension.

La Chambre se rappelle qu'au commencement de cette année, la même question a été portée à la tribune par l'honorable M. Bompard. Ce fut notre collègue M. Legrand, alors sous-secrétaire d'Etat au ministère de l'Intérieur, qui répondit. J'ai relu ce matin, après avoir pris connaissance du discours de M. Plichon, les déclarations de M. Legrand.

Je demande la permission de les rappeler, parce que la Chambre retiendra de ce très court aperçu cette conviction que, très souvent, certaines alarmes, certaines inquiétudes se développent sans que véritablement on sache quelle en est la raison.

Voici la déclaration que l'honorable M. Legrand apportait à la tribune :

Il constatait que la moyenne des décès dans la zone alimentée par les eaux de l'Avre avait diminué de 20 p. 100; que, dans le XVIIe arrondissement, où on prétendait qu'une épidémie de fièvre typhoïde s'était développée, deux cas de décès seulement avaient été signalés. Il montrait encore qu'à Paris la moyenne des décès résultant de ce genre d'épidémie, qui, de 1880 à 1898 inclusivement, était de 96, était tombé à 38.

Il faisait enfin remarquer qu'une carte comparative des zones parisiennes alimentées par la Vanne, la Dhuys et l'Avre ayant été établie : la moyenne en faveur de la zone alimentée par l'Avre avait donné 36 cas et 7 décès, contre 102 cas et 25 décès dans la zone de la Vanne, dont personne ne parlait.

M. Modeste Leroy. — Il faudrait donner aux riverains de l'Avre un supplément d'indemnité.

M. Plichon. — Je demande la parole.

M. le Président du Conseil, *ministre de l'Intérieur et des Cultes.* — Je vois dans ce compte rendu que M. le général Jacquey avait interrompu M. le sous-secrétaire d'Etat en lui disant : « Je ne bois que de l'eau de l'Avre et je ne m'en porte pas plus mal. » Il invoquait là une immunité qui ne lui avait pas été particulière — les renseignements que je viens de rappeler le prouvent — qui, au contraire, avait été générale.

Quoi qu'il en soit, je vais indiquer à la Chambre quelles précautions permanentes sont prises pour garantir la santé publique contre les causes et les chances de contamination.

Les eaux d'adduction de Paris, celles de la Dhuys, de la Vanne et de l'Avre, sont analysées d'une façon constante au laboratoire de Montsouris. Or, il n'a jamais été constaté — j'en ai reçu ce matin la nouvelle assurance — que les eaux de l'Avre aient été un instant contaminées. Chaque fois qu'une maladie épidémique se produit dans la zone où est distribuée l'eau de l'Avre, immédiatement vérification est faite, et jamais on n'a constaté qu'un seul décès ou une seule maladie aient pu être attribués à la contamination de ces eaux.

Par conséquent, ce qui était vrai au commencement de 1899 est vrai encore à la fin de cette même année.

Enfin, je dois faire connaître à la Chambre les précautions spéciales qui ont été prises par la ville de Paris. On ne se contente pas de ces analyses. On a pensé qu'il serait très intéressant d'établir pour toutes les eaux de sources amenées à Paris une zone de protection. A la suite du débat qui avait eu lieu à la

Chambre le 1ᵉʳ mars 1899, une commission spéciale a été instituée pour arrêter les plans de ces zones de protection qui doivent assurer une complète innocuité aux eaux d'adduction.

Le plan a été arrêté et est exécuté dès à présent pour la zone de protection de la Dhuys. J'ai été informé ce matin que dans un délai très bref, dans quelques semaines à peine, un plan semblable serait établi pour les eaux de la Vanne et de l'Avre.

La composition de cette commission me paraît d'ailleurs de nature à donner toute sécurité sur la nature de l'efficacité des mesures qui seront prises. Je vois que cette commission, constituée sous la présidence de M. le préfet de la Seine, se compose en outre de MM. Landrin et Viguier, conseillers municipaux, de MM. Cornil, membre de l'Académie de médecine, Duclaux, membre de l'Institut, Riche, membre de l'Académie de médecine, Roux, membre de l'Institut, et Schlœsing, directeur de l'École d'application des manufactures de l'État.

Sur ce point comme sur tous les autres, on peut affirmer que toutes les mesures ont été prises et qu'aucun péril n'est couru par la santé publique. (*Applaudissements.*)

CHAMBRE DES DÉPUTÉS. *Séance du 10 avril 1900.* — La Ville de Paris ayant arrêté un projet de dérivation de la vallée de l'Iton et de sources dans la vallée de l'Eure, MM. Isambard et Modeste Leroy décidèrent de questionner le ministre de l'Intérieur à ce sujet. M. Waldeck-Rousseau leur adressa une lettre ainsi conçue :

Paris, le 15 février 1900.

Monsieur le député,

Vous m'avez fait connaître votre désir de me poser une question à la tribune de la Chambre des députés au sujet de l'acquisition faite par la Ville de Paris de nouvelles sources dans le département de l'Eure.

Vous n'ignorez pas, monsieur le député, que la Ville de Paris poursuit méthodiquement, conformément au vœu du Parlement, l'œuvre de l'alimentation de la capitale et de la banlieue en eau potable. Par un arrêté du préfet de la Seine, en date du 5 février courant, rendu après une délibération conforme du Conseil municipal et sur l'avis favorable de la commission technique des eaux potables de Paris, la Ville a été autorisée à traiter avec plusieurs propriétaires du département de l'Eure au sujet de l'acquisition de sources profondes situées dans la vallée de l'Iton. Mais il ne s'agit pas, quant à présent du moins, d'acquisitions définitives, mais de simples promesses de vente consenties par les propriétaires de ces sources.

La question de l'adduction de ces sources reste entière, et vous n'ignorez pas que cette adduction ne pourra être réalisée qu'à la suite d'un avis du conseil d'État en ce qui concerne la déclaration d'utilité publique de ces travaux. Le Parlement devra également être consulté sur les voies et moyens de l'opération.

D'autre part, la question des indemnités à verser aux propriétaires qui subiraient un dommage du fait de la captation de ces sources reste entière et ne pourrait se poser que si l'adduction de ces eaux était autorisée et si, par suite, la Ville procédait à l'acquisition définitive des sources dont il s'agit.

Je dois ajouter que la Ville a dès à présent fait entrer le montant des indemnités éventuelles dans le calcul de l'opération d'adduction de ces eaux et rien ne permet de douter de son intention de les régler conformément à la justice.

En résumé, la Ville de Paris s'est assurée de gré à gré des promesses de vente de plusieurs sources, ce qui est son droit strict. Mais la question des indemnités éventuelles, ainsi que celle de l'acquisition définitive de ces eaux, restent réservées. Elles ne se poseront que si les travaux d'adduction de ces eaux sont approuvés par les autorités compétentes.

J'ose espérer, monsieur le député, que ces explications seront de nature à vous donner satisfaction, et vous reconnaîtrez, j'en suis convaincu, qu'en l'état la question que vous désirez me poser serait sans objet.

Agréez, monsieur le député, l'assurance de mes sentiments les plus distingués.

Le président du Conseil
ministre de l'Intérieur et des Cultes.

WALDECK-ROUSSEAU.

Deux mois plus tard, dans la séance du 10 avril 1900, M. Isambard interpella le président du Conseil. Il s'attacha à démontrer qu'il y avait un grand intérêt, au point de vue de l'hygiène publique, à ce que les projets de la Ville de Paris ne fussent pas réalisés. Le ministre lui répondit :

M. WALDECK-ROUSSEAU, *président du Conseil, ministre de l'Intérieur et des Cultes.* — Comme j'avais l'honneur de le dire à l'honorable M. Isambard, les observations très complètes et très intéressantes qu'il a portées à cette tribune sont prématurées.

Il a, en effet, examiné avec beaucoup d'autorité la question de savoir si les eaux qui sont actuellement dans le département de l'Eure étaient de nature à se recommander comme eaux potables à l'intérêt de la ville de Paris.

Cédant à une contagion bien naturelle aujourd'hui, il est entré à son tour dans le vaste domaine de l'hygiène.

Voici quel est l'état de la question.

La ville de Paris poursuit un plan, qui a été tracé par le Parlement lui-même, en augmentant le volume des eaux potables qui sont données à la consommation de Paris.

Je n'ai pas besoin de dire que, pour amener des eaux de source à Paris, il faut des sources, et la ville de Paris cherche à se les procurer. Dans le département de l'Eure, elle a acheté, dans des conditions que je préciserai d'un mot, un certain nombre de sources appartenant à quatre propriétaires. Ce n'est là, — la Chambre le comprend bien, — qu'un premier pas fait dans la voie qu'elle s'est tracée. Je supplie la Chambre de vouloir bien considérer quel est le résultat pour une ville, fût-ce la Ville de Paris, d'une acquisition de sources.

Elle se trouve au lieu et place du propriétaire, ayant exactement les mêmes droits que le propriétaire et les mêmes obligations que lui, et sa situation est régie, gouvernée, par des articles du Code civil que nous connaissons à merveille, les articles relatifs aux servitudes. C'est assez dire que son acte d'acquisition ne lui permet pas de détourner une goutte de ces eaux de source du régime légal auquel elles se trouvent soumises. Une acquisition de ce genre est donc un acte de pure administration et elle n'est subordonnée qu'aux formalités ordinaires imposées aux communes, c'est-à-dire qu'il faut dans l'espèce un avis de la Commission constituée le 15 juillet 1897, la Commission des eaux potables, il faut ensuite une délibération du Conseil municipal, puis un arrêté préfectoral pris en Conseil de préfecture.

La Ville de Paris est aujourd'hui dans cette situation, rien de plus rien de moins; c'est assez dire qu'aussi longtemps qu'elle ne violera aucun des droits que les fonds dominants peuvent avoir sur ces sources, il n'y aura de possible ni action ni intervention de qui que ce soit.

D'intervention du Parlement, l'idée n'en viendra à personne; quant à l'intervention de particuliers, elle elle ne pourrait se faire jour qu'autant qu'il existerait des droits privés qui auraient été lésés, mais la Ville de Paris n'a pas acheté les sources évidemment sans un but ultérieur, et alors, à côté de cette première opération qui est l'achat, qui est un contrat comme un autre, lequel n'est soumis qu'aux formes administratives et ne diffère des contrats privés que par ces formes mêmes, il y aura une seconde opération, au cours de laquelle toutes les observations de l'honorable M. Isambard pourront trouver leur place. Lorsque la Ville de Paris voudra prendre les eaux de source là où elles sont, les détourner de leur cours naturel et les amener à Paris, alors il lui faudra s'engager dans la voie des formalités et des procédures, et ces procédures ont pour but de garantir et de sauvegarder précisément les droits dont l'honorable M. Isambard a si légitimement pris la défense.

Il faudra, en effet, d'abord — ce n'est, il est vrai, qu'une garantie relative — un avis de la Commission d'hygiène; mais il faudra ensuite, — et c'est là que tous les intérêts sont sauvegardés, — il faudra l'avis du Conseil d'État sur l'utilité publique des travaux que la Ville de Paris se proposera d'entreprendre.

Il y aura, par conséquent, à faire reconnaître qu'il y a un intérêt public supérieur aux droits privés, et c'est au cours de cette procédure qu'on pourra faire valoir toutes les raisons de penser et de faire décider qu'au contraire l'utilité publique n'admet pas ou, pour mieux dire, n'impose pas ces travaux.

Enfin — et M. Isambard nous en a fourni un exemple — une loi du Parlement sera nécessaire. C'est ainsi que pour le Loing, comme il l'a rappelé à juste titre, il a fallu la loi de 1897. Il faudra, en effet, régler les voies et moyens; de sorte qu'avant que le régime des eaux de source dont M. Isambard a parlé soit le moins du monde modifié, la ville de Paris devra suivre la procédure qui a été tracée depuis longtemps et qui, je le répète, est une procédure pleine de sagesse et de prudence.

Je crois bien que l'honorable M. Isambard s'est fait l'écho d'un grief dont véritablement le Parlement ne peut pas être juge. Il vous a dit : Ah! si la ville de Paris était venue, avec toutes les voiles de son vaisseau légendaire déployées, et si elle avait dit : « C'est moi, la ville de Paris, la ville au gros budget, qui vais acheter les sources », nous ne dirions rien du tout; mais c'est un tiers qui s'est présenté; il s'est fait souscrire des promesses de vente avec autorisation de rétrocéder.

Que s'est-il passé? Je suppose que les propriétaires, bien qu'ils aient eu affaire à un tiers, ont cependant fait payer à ce tiers la valeur de la chose qu'ils lui vendaient. Seulement, ce qui est évident aussi, c'est qu'ils n'ont pas eu la pensée de la lui faire payer plus qu'elle ne valait...

Je considère que la ville de Paris a combiné son opération avec une légitime habileté. En tout cas, les observations que je devais en réponse à M. Isambard tendent surtout à montrer à la Chambre que rien, dans une opération qui ne concerne encore que le domaine privé de la ville de Paris, ne menace les intérêts qui ont été si justement défendus à cette tribune.

J'ai été prévenu par M. Isambard que son ordre du jour tend à demander que le Gouvernement impose à la ville de Paris de n'entreprendre les travaux d'adduction qu'après avoir pris l'avis des corps élus.

Je pourrais répondre d'abord que nous n'en sommes pas là; mais je réponds surtout — et la réponse est topique — que ce n'est pas par voie d'ordre du jour qu'on peut modifier une législation ; que si M. Isambard entend que les travaux d'adduction ne pourront être faits sans que la défense des intérêts en cause soit entendue, la procédure dont j'ai parlé tout à l'heure lui donne satisfaction ; mais, en vérité, ce n'est pas par le vote d'un ordre du jour à l'occasion d'une interpellation qu'on peut soit retrancher soit ajouter quelque chose à une loi générale. (*Applaudissements.*)

MESURES CONTRE LA PESTE

Chambre des députés. *Séance du* **26** *février 1901*. — Questionné par M. Georges Berry sur les mesures prises pour empêcher la peste, qui sévissait dans l'Afrique du Sud, de pénétrer dans notre pays, M. Waldeck-Rousseau répondit :

M. Waldeck-Rousseau, *président du Conseil, ministre de l'Intérieur et des Cultes*. — Je serai, dans ma réponse à l'honorable M. Georges Berry, aussi bref qu'il l'a été lui-même dans sa question.

Il est préoccupé des mesures sanitaires au moyen desquelles il est permis au Gouvernement français d'empêcher l'importation en France des bestiaux épidémiés et particulièrement de la peste. Il s'est demandé si le Gouvernement n'avait pas pris, au moins depuis le 21 janvier, les mesures commandées par la situation.

Je réponds à M. Georges Berry que les mesures sanitaires les plus complètes ont été prises d'abord par mes prédécesseurs, ensuite par moi-même, à une époque très antérieure à la date que je viens de rappeler ! car ce n'est pas au mois de janvier 1901 que l'épidémie a été signalée pour la première fois dans certaines régions, notamment au Cap.

Le service de santé a été pendant très longtemps un service très rudimentaire, et il ne faut pas en tirer une occasion de reproches à l'encontre de ceux qui ont vécu pendant de longues années sous le régime de la loi de 1822. En effet, à cette époque, où les causes de la propagation des épidémies étaient mal connues, il était très difficile d'indiquer les moyens de prophylaxie à opposer à certains fléaux.

C'est seulement depuis que cette science que l'on pourrait appeler la science prophylactique a fait de très grands progrès, que le service de santé a été réorganisé sur des bases non seulement rationnelles, mais aussi scientifiques.

Cette réorganisation a été opérée d'abord par deux décrets, l'un du 4 janvier 1896 et l'autre du 15 avril 1897. La Chambre n'attend pas que j'entre dans le détail de l'économie de ces décrets; je dois dire cependant que leurs prévisions sont très complètes, qu'elles s'appliquent à tous les pays et qu'elles ont pour but soit d'empêcher l'atterrissage, soit d'imposer l'observation de tous les passagers ou de toutes les marchandises d'un navire provenant d'une circonscription suspecte.

Cependant, depuis 1897, on a été amené à constater certaines lacunes dans ce service.

Il nous a semblé notamment que la permanence n'en était pas suffisamment assurée, au moins dans certains ports, et qu'en outre — et surtout — le matériel de désinfection, qui joue un rôle capital en cette affaire, était très insuffisant. C'est pourquoi j'ai fait signer moi-même, par M. le Président de la République, deux décrets, dont le premier est du 14 juin 1899 et le second du 23 octobre 1900, décrets qui ont eu pour but de développer et de compléter d'une façon que nous croyons absolument suffisante l'organisation du service de santé.

J'ajoute — et par là je n'apprends rien à la Chambre — que, pour rendre cette organisation complète et efficace, elle a bien voulu voter des crédits supplémentaires en 1899 et en 1900 qui ont permis d'assurer la permanence du personnel et l'acquisition du matériel le plus complet et le plus perfectionné qui soit maintenant en usage.

Tout navire provenant d'une circonscription suspecte, c'est-à-dire d'un port appartenant à un pays dans lequel un cas épidémique a été signalé : choléra, fièvre jaune ou peste, est classé dans une catégorie spéciale.

Il ne peut pas, bien entendu, communiquer matériellement avec la terre avant d'avoir subi une visite. Tout le navire est désinfecté; tous les passagers sont mis en observation. Ceux mêmes qui sont parfaitement bien portants sont l'objet d'une observation qui dure sept, dix ou douze jours, selon qu'il s'agit de choléra, de fièvre jaune ou de peste.

Quant aux malades qui sont suspects, c'est-à-dire ceux qui peuvent être considérés comme contaminés, ils sont mis en observation — mais isolément, car ils sont séparés des autres malades.

Enfin les marchandises sont soumises aux procédés de désinfection recommandés par la science.

On ne s'est pas contenté de ces mesures et, notamment en vertu du décret de 1900, certaines importations de marchandises provenant de régions suspectes, à raison de cas de peste, ont été interdites. Ce sont, par exemple, les importations de chiffons ou de débris frais d'animaux. Les autres marchandises sont soumises à la désinfection suivant des catégories et une classification qui a été l'œuvre des savants, et selon que cette désinfection paraît utile ou nécessaire.

J'ajoute que, pour mieux assurer la surveillance, tous les navires de provenance suspecte, c'est-à-dire ceux qui ont été chargés dans des ports contaminés par la peste, sont dirigés sur quatre de nos ports dans lesquels une installation toute spéciale a été établie. Ce sont les ports de Dunkerque, de Saint-Nazaire, de Pauillac et de Marseille.

Ce qui nous encourage à penser que les mesures sanitaires prises sont suffisantes, c'est ce fait que la peste est apparue depuis cinq ans déjà. Elle a été signalée en Syrie, en Egypte, à Maurice, dans l'Amérique du Sud, en Portugal, dans un certain nombre de ports anglais et, dans la colonie du Cap notamment, dès le mois de novembre 1900. Eh bien ! malgré les transits énormes auxquels l'Exposition universelle a donné lieu, malgré le chiffre beaucoup plus considérable que d'habitude des marchandises expédiées de ces pays, malgré le nombre exceptionnellement élevé des passagers venant soit du Cap, soit d'une autre région contaminée, il n'a pas été observé en France un seul cas suspect. Par conséquent, je crois que l'administration de la santé a fait ses preuves, et, pour répondre au désir de l'honorable M. Berry, je puis sans témérité affirmer que l'opinion publique au point de vue de la santé doit être absolument rassurée. (*Applaudissements.*)

LA TUBERCULOSE

Le 22 novembre 1899, M. Waldeck-Rousseau institua une grande Commission chargée de présenter un rapport sur les moyens pratiques de combattre la propagation de la tuberculose. En présidant la séance inaugurale de la Commission, 22 février 1900, il prononça une allocution [1] dans laquelle il soulignait l'importance des travaux qu'elle allait entreprendre, le caractère social de la lutte engagée contre la tuberculose, et, parlant des moyens de répression, il préconisait la création des dispensaires spéciaux.

La Commission termina ses travaux le 4 juillet 1900. Elle vota des conclusions devant servir de base à l'application des mesures de prophylaxie les mieux appropriées. Plusieurs décisions et circulaires, s'inspirant des études de la Commission, ont été arrêtées par l'Administration.

(Rappelons que M. Waldeck-Rousseau a pris l'initiative d'une Commission chargée de rechercher les meilleurs moyens d'enrayer la dissémination des maladies vénériennes. Cette Commission s'est réunie pour la première fois, le 7 janvier 1902, sous la présidence du professeur Fournier.)

---

1. Cette allocution n'a pas été sténographiée.

Mesures à prendre pour combattre la propagation de la tuberculose dans le service des Enfants-Assistés.

Paris, le 12 juin 1901.

Monsieur le Préfet,

La Commission instituée à l'effet de rechercher les moyens pratiques de combattre la propagation de la tuberculose a terminé ses travaux et proposé un certain nombre de mesures de nature à empêcher la diffusion du mal. Quelques unes de ces indications touchent aux services de l'enfance et je crois utile d'appeler sur elles toute votre attention.

En premier lieu, la Commission recommande de multiplier autant que possible le placement dans les hôpitaux marins des enfants scrofuleux ou rachitiques qui restent, si leur affection n'est pas traitée, presque toujours voués à la tuberculose, et plus tard contribuent à la propagation du mal. Je vous rappelle que deux circulaires, en date du 30 avril 1897 et du 30 juillet 1898, vous avaient déjà signalé les dangers de laisser ces malheureux enfants sans traitement médical, et indiqué les mesures à prendre pour les faire admettre dans les hôpitaux marins, où leur guérison est obtenue dans le plus grand nombre des cas. Je ne puis que vous prier de vous reporter à ces circulaires, et vous recommander de faire l'application de leurs dispositions le plus souvent qu'il vous sera possible.

Un autre vœu de la Commission tend à ce que les enfants assistés ne soient jamais placés dans des familles touchées par la tuberculose. Je n'ai pas besoin d'insister sur l'utilité de cette recommandation. Je suis convaincu que la sollicitude des inspecteurs a depuis longtemps prévu le danger que pouvait courir la santé des pupilles, s'ils étaient introduits dans une famille dont un membre était déjà attaqué par la tuberculose, et je pense que de tels placements sont toujours évités, lorsque la situation est connue. Néanmoins il est bon que les personnes chargées du placement des enfants ne perdent pas de vue qu'elles ont le devoir d'éviter pour les enfants de l'assistance publique tout danger de contamination par le fait de leurs gardiens ou de la famille de ces gardiens, et dès lors de faire porter leurs investigations sur l'état de santé des personnes qui s'offrent à recueillir et garder des enfants, comme elles le font pour leur moralité. J'ajoute que, lorsque ces enfants rentrent à l'hospice, les plus grandes précautions doivent être prises pour qu'ils ne puissent être contagionnés par les tuberculeux ou tous autres individus atteints de maladies contagieuses et hospitalisées dans les mêmes bâtiments qu'eux.

Enfin la Commission à reconnu qu'un des agents de la propagation du mal est le lait de vache atteinte de tuberculose. Le moyen le plus sûr de se prémunir contre le danger résultant de l'absorption d'un tel lait, est de le faire stériliser ou tout au moins pasteuriser. Il faudrait donc que les médecins-inspecteurs des enfants du premier âge redoublassent de zèle pour populariser de plus en plus la stérilisation du lait, et obtinssent tout au moins que les nourrices fissent toujours bouillir le lait de vache destiné à l'alimentations des jeunes enfants.

Si les conseils ci-dessus étaient scrupuleusement suivis, la mortalité par tuberculose diminuerait certainement dans le service des enfants assistés et, par répercussion, dans la population générale, car tout tuberculeux répand le germe de la maladie et se trouve être la cause déterminante de contaminations nouvelles suivies de nouveaux décès.

Isolement des malades atteints de tuberculose.

Paris, le 15 juin 1901.

Monsieur le Préfet,

J'ai l'honneur de vous signaler, en appelant sur elles toute votre attention, les observations auxquelles a été amenée la Commission de la tuberculose dans ses recherches sur la propagation de cette maladie dans les asiles d'aliénés et sur les moyens de s'y opposer.

La Commission a été particulièrement frappée de ce fait que les lieux où sévissait cette affection redoutable étaient relativement limités, et que dans les milieux mêmes où les hommes vivent en collectivité, les uns étaient décimés, tandis que d'autres, dans une situation identique, étaient à peine touchés.

Cette remarque d'ordre général s'applique d'une façon toute particulière aux asiles d'aliénés. Les ravages exercés par le fléau n'y sont, pour l'ensemble des établissements, que trop considérables, puisque au cours des années 1894 à 1898 et pour une population annuelle moyenne de 61.685 aliénés, la proportion des décès attribués annuellement à la tuberculose s'est élevée à 689, soit 111 pour 10.000 malades hospitalisés.

Mais ce qui ressort, avant tout, de l'enquête poursuivie, c'est l'étrange disproportion qui s'observe entre un asile et un autre, quant à l'étendue du mal et au nombre de ses victimes. Alors que dans une vingtaine d'asiles publics ou privés la mortalité par tuberculose est tantôt nulle, tantôt peu élevée, et ne dépasse jamais 30 décès pour 10.000 malades, on la voit dans les autres s'élever rapidement au chiffre moyen de 111, dépasser celui de 200 dans 4 asiles, celui de 300 dans deux autres, pour atteindre jusqu'aux chiffres extrêmes de 540 et 556 dans les deux asiles les plus éprouvés.

Cette disproportion saisit d'autant plus que les décès si fréquents attribués à la tuberculose dans de trop nombreux asiles ne se trouvent pas expliqués par une situation plus particulièrement mauvaise du département ou des départements voisins, dans lesquels se trouvent recrutés les malades hospitalisés.

Il faut alors reconnaître, dans les asiles eux-mêmes à ce point contaminés, de véritables foyers d'infection tuberculeuse, et c'est contre un tel état de choses, dont les chiffres cités plus haut vous auront montré toute la gravité, que j'ai le devoir de faire appel à toute votre énergie.

Des mesures prophylactiques s'imposent que la Commission n'a pas perdues de vue. Il en est d'ordre général qui peuvent trouver dans les asiles une facile exécution.

En premier lieu, une mesure d'hygiène publique, à l'observation rigoureuse de laquelle vous devrez prêter votre sollicitude, c'est la « défense de cracher à terre ».

Les crachats desséchés étant reconnus par la science comme les plus actifs agents de propagation bacillaire, je vous invite à prescrire aux établissements publics ou privés d'aliénés de votre département, l'adoption des dispositions suivantes, qui pourront obvier à une cause fréquente entre toutes de la contamination tuberculeuse :

1° Affichage dans tous les locaux occupés par le personnel ou les malades de la « défense de cracher à terre » dont il y aura lieu d'étudier, en outre, la réglementation et la sanction dans les conditions où elles paraîtront pouvoir s'exercer.

2° Installation dans ces locaux, et en nombre suffisant, de crachoirs hygiéniques à un mètre du sol, bien en vue et au voisinage des dites affiches.

3° Balayage humide de toutes les salles et lavage des parois.

Cet ensemble de mesures préventives dès maintenant réalisables ne sera pas par lui-même entièrement suffisant, à raison de la faiblesse d'esprit des aliénés auxquels il sera particulièrement difficile, dans bien des cas, d'inculquer avec la crainte du fléau les notions d'hygiène propres à lui faire sa part. Aussi, est-ce au dévouement et à l'intelligence du personnel de tout ordre que je vous prie de faire avant tout appel, afin que par les exemples individuels que ses membres seront appelés à donner journellement aux malades, ainsi que dans les limites de l'autorité qui leur sera impartie sur eux, ils puissent, en toute occasion, se livrer à une propagande antibacillaire efficace.

Dans cet ordre d'idées, et conformément au vœu émis par la Commission de la tuberculose, je vous invite à apporter votre soin à ce que le personnel des asiles et particulièrement celui des agents préposés à la garde et au traitement des aliénés tuberculeux, reçoive une instruction suffisante touchant les dangers de la tuberculose et la prophylaxie à y opposer. Ceux des agents à qui incombera le soin des tuberculeux devront être astreints au port de la blouse hygiénique dans les salles, au lavage soigné des mains et de la bouche avant le repas, à la toilette scrupuleuse du corps.

Une instruction technique détaillée devra être aussi donnée aux blanchisseurs pour la désinfection du linge contaminé. Enfin, pour mettre obstacle à une cause particulière aux établissements hospitaliers et notamment aux asiles d'aliénés, celle provenant de la promiscuité des malades contaminés et de ceux qui ne le sont pas, je vous invite à prescrire, dans les asiles publics ou asiles privés faisant fonctions d'asiles publics de votre département, autant que les locaux le permettront, l'établissement d'un quartier spécial destiné à l'isolement des aliénés tuberculisés.

En vous priant de porter les présentes instructions à la connaissance de qui de droit et de tenir la main à leur exécution, je vous invite à rappeler aux Directeurs-Médecins et Médecins en Chef des asiles, qu'ils devront, dans leurs rapports médicaux annuels, fournir des indications détaillées sur les ravages exercés par la tuberculose dans leurs asiles et les remèdes opposés par eux au mal.

Vous voudrez bien m'accuser réception de la présente circulaire.

Moyens pratiques de combattre la propagation de la tuberculose.

Paris, le 15 juin 1901.

Monsieur le Préfet,

La Commission, instituée par un arrêté du 22 novembre 1899 à l'effet de rechercher les moyens pratiques de combattre la propagation de la tuberculose a formulé, à la suite de rapports qui ont été publiés par ses soins et qui vous ont été adressés, une série de propositions dont les administrations publiques doivent s'inspirer. Parmi ces propositions, il en est qui visent plus spécialement les mesures à prendre par les hospices, hôpitaux et bureaux d'assistance.

Plus encore que tous autres services publics, les établissements de bienfaisance doivent apporter toute leur vigilante attention à combattre la propagation de la tuberculose. Ce n'est pas seulement pour eux l'accomplissement d'un devoir social qui s'impose à tous; c'est aussi l'exécution d'une obligation qui incombe d'une manière plus spéciale et plus pressante, à raison de leur caractère philanthropique aux hospices, aux hôpitaux, aux bureaux d'assistance. Il convient que les établissements de bienfaisance donnent ici l'exemple et contribuent à rendre plus générale, plus efficace, l'application des moyens pratiques à enrayer le mal. Ils y sont d'ailleurs directement intéressés car la tuberculose, en absorbant des ressources qui eussent pu servir à l'assistance d'autres misères, pèse lourdement sur leurs finances.

A) *Hospices et hôpitaux*. — En ce qui concerne les hospices et hôpitaux, les mesures qu'il importe de prendre, si elles ne sont pas déjà prises, se réfèrent : 1° aux hospitalisés; 2° au personnel de l'établissement;

1° Jusqu'à ce qu'ils puissent être reçus dans des établissements spéciaux, les hospitalisés atteints de tuberculose seront, s'il est possible, placés dans un quartier, une chambre ou une salle d'isolement. Le tuberculeux est un danger pour ses voisins et, en conséquence, il doit être éloigné des services ordinaires et soigné à part. On évitera ainsi la contagion et les tuberculeux seront en outre dans de meilleures conditions thérapeutiques. Que faut-il en effet procurer aux tuberculeux pour les guérir quand leur affection est curable? Il faut leur donner des forces nouvelles et relever leur organisme par une aération continue et réglée de jour et de nuit, par une alimentation vigoureuse, par le repos et le sommeil. Or, rien de cela n'est possible dans la salle commune. L'aération? Elle est empêchée par le pneumonique ou le rhumatisant dont la maladie exige que la fenêtre soit close. L'alimentation est rendue difficile par le défaut d'aération et le manque d'appétit qui en est la conséquence. Quant au repos ou au sommeil, ils sont troublés par le malade endolori ou délirant. (Rapport général de la Commission de la tuberculose, p. 377.)

Si certains établissements hospitaliers ne peuvent organiser un service d'isolement, il est du moins indispensable qu'ils assurent une désinfection rigoureuse et se conforment exactement, dans le cas qui nous occupe, aux instructions prophylactiques du Comité consultatif d'hygiène publique de France, sur lesquelles ma circulaire du 15 décembre 1899 (annexe 2) a déjà appelé votre attention.

Enfin, lorsque des enfants recueillis à l'hospice — il en est encore trop malheureusement — sont atteints d'affections (scrofule, rachitisme, etc.) qui les prédisposent à la tuberculose, je ne saurais trop recommander de les envoyer au plus tôt dans un sanatorium approprié à leur état, surtout dans un sanatorium marin et sur ce point vous voudrez bien vous référer aux instructions contenues dans la circulaire de mon administration du 30 avril 1897;

2° Le personnel des établissements hospitaliers réclame une attention toute particulière.

On ne doit pas admettre parmi les surveillants ou surveillantes, infirmiers ou infirmières, une personne dont la santé est douteuse, ni *a fortiori* une personne entachée du soupçon de tuberculose. Une visite médicale qui portera surtout sur ce point doit donc précéder l'admission de tout agent préposé au soin des hospitalisés.

Le personnel servant doit avoir une nourriture réparatrice et être mis, principalement dans les dortoirs, à l'abri des inconvénients et des dangers de l'air confiné.

Il convient d'ajouter que surveillants et infirmiers doivent être instruits des soins qu'ils donneront aux tuberculeux, des modes de contagion et des précautions à prendre pour les malades et pour eux-mêmes. Le dévouement ne suffit pas; l'instruction spéciale est indispensable.

Si les surveillants et infirmiers viennent à être atteints par la tuberculose, il faut les isoler sans retard des hospitalisés et leur donner les soins que comporte leur état.

D'une manière générale et par mesure de propreté autant que de prudence, il doit être rigoureusement interdit aux pensionnaires comme à leurs servants de cracher sur le sol des salles, quelle qu'en soit la destination, et les crachoirs doivent être désinfectés.

B) Bureaux d'assistance. — Il y a lieu de faire application aussi large que possible aux tuberculeux de la loi du 15 juillet 1893 sur l'assistance médicale gratuite et de procéder, en ce qui concerne l'assistance aux tuberculeux, comme pour les autres malades.

En dehors, ou, pour mieux dire, à côté de l'assistance à donner à l'hôpital ou au sanatorium, les commissions administratives des bureaux d'assistance auront à coopérer très utilement à l'œuvre sociale d'atténuation ou d'arrêt de la propagation de la tuberculose en recourant à l'institution des dispensaires dans lesquels les médicaments appropriés au traitement de l'affection seront distribués et pris sur place. Ainsi que l'indiquait déjà la circulaire de mon administration du 18 mai 1894 (p. 8), l'assistance donnée au dispensaire permettra dans nombre de cas d'assurer aux malades, et notamment aux tuberculeux, une assistance suffisante, sans qu'il soit nécessaire d'envoyer l'assisté à l'hôpital ou au sanatorium, ce qui implique parfois une bien lourde dépense pour les petites communes dont les ressources sont limitées.

Pour les bureaux d'assistance comme pour les hospices, j'insiste en vue de l'envoi des enfants rachitiques et scrofuleux aux hôpitaux marins, et cela doit s'entendre aussi bien des communes autorisées à avoir une organisation spéciale de l'assistance médicale que de celles qui relèvent du service départemental.

Je vous prie de vouloir bien porter les instructions qui précèdent à la connaissance des commissions administratives.

Si, comme je n'en doute pas, vous avez eu soin de former ces administrations en vous inspirant des recommandations de la circulaire ministérielle du 10 février 1896, elles sont prêtes d'avance à donner leur entier concours à la grande cause entreprise par les pouvoirs publics, car elles sont animées des idées de progrès scientifique et de solidarité qui sont la raison d'être du Gouvernement républicain, conscientes de leur devoir, soucieuses de le bien remplir, elles s'attachent déjà et s'attacheront chaque jour davantage à lutter contre le fléau de la tuberculose. Je compte sur votre zèle éclairé, monsieur le Préfet, pour les guider, les soutenir, les encourager dans cette voie.

Je m'assure que, pénétré du haut intérêt social qui s'attache à la question, vous veillerez avec la plus constante sollicitude à ce que rien ne soit négligé de ce qui peut être fait sous ce rapport par les établissements publics d'assistance.

Vous voudrez bien m'accuser réception de la présente circulaire.

Prophylaxie de la tuberculose.
Notions à répandre et à appliquer.

Paris, le 23 octobre 1901.

Monsieur le Préfet,

Je vous ai adressé, au mois de janvier dernier, un exemplaire d'un ouvrage contenant les travaux de la Commission qui avait été instituée auprès de mon département pour rechercher les moyens pratiques de lutter contre la tuberculose.

Les conclusions de cette assemblée comportaient l'exécution de mesures d'ordre divers, visant notamment la prophylaxie de la tuberculose au sein des collectivités.

J'ai lieu de penser qu'après en avoir pris connaissance vous n'avez pas négligé d'en faciliter, en ce qui vous concerne, la réalisation aussi rapide et aussi efficace que possible. Je crois devoir, néanmoins, en raison de l'intérêt capital qu'elle présente pour la santé et l'avenir des populations, signaler de nouveau cette question à toute votre attention.

J'insisterai, particulièrement, sur l'importance des mesures applicables à l'installation et à l'entretien des locaux ouverts au public, ou affectés au personnel des administrations. L'insuffisance du cube d'air, la distribution vicieuse de l'aérage, le nettoyage à sec, la contamination possible, et, dans ce cas, l'absence de désinfection, constituent des circonstances essentiellement favorables au développement et à la propagation de la tuberculose : elles doivent faire l'objet à tous les degrés, de la part des architectes et des chefs de services responsables, d'une vigilance constante. Il vous appartient, monsieur le préfet, soit directement, pour les locaux qui relèvent de votre administration, soit indirectement, par vos recommandations et votre intervention auprès des municipalités, d'assurer ou de provoquer, dans la plus large mesure, des dispositions conformes aux desiderata très précis formulés par la Commission.

Je n'ai pas besoin d'ajouter que vous devrez être secondé dans cette voie, en toutes circonstances, par les conseils d'hygiène publique et de salubrité.

Je recevrai avec satisfaction, monsieur le préfet, d'une part l'assurance que des efforts ont été réalisés, dans votre département, pour contribuer à la campagne entreprise, et, d'autre part, les renseignements que vous auriez à m'adresser soit sur les instructions répandues, soit sur les résultats déjà obtenus dans le sens des indications qui viennent d'être rappelées.

Les dispensaires antituberculeux.

M. Gustave Rouanet, député de Paris, faisait une conférence sur la tuberculose, le 19 janvier 1902, à la mairie du dix-huitième arrondissement. M. Waldeck-Rousseau, qui présidait la réunion, prit la parole en ces termes :

Messieurs,

Lorsque, au mois de février 1900, j'ai institué la Commission chargée de rechercher les moyens pratiques de combattre la tuberculose, je me suis proposé surtout de coordonner tous les efforts pour l'élaboration d'une méthode, d'un plan fondé sur les données de la science, de l'observation.

Les travaux de la commission ont répondu à mes espérances et je me suis fait un devoir de prier M. le D' Brouardel de reporter à ses collègues mes vifs remerciements et d'en garder pour lui la plus large part.

De ces travaux deux constatations sont ressorties : l'une désolante, c'est que la tuberculose a pris pied chez nous, qu'elle est maîtresse, en quelque sorte, de positions stratégiques d'où elle se répand sur le territoire ; l'autre, consolante, c'est que la tuberculose est évitable et guérissable, évitable par l'amélioration des conditions matérielles de l'existence de l'individu, guérissable par l'application de méthodes thérapeutiques.

M. Waldeck-Rousseau, parlant des services rendus par les dispensaires, poursuit :

On a fondé pour les enfants quatorze hôpitaux marins qui ont guéri les malades dans la proportion de

90 p. 100 On a créé des sanatoria où les cures ont été nombreuses, mais ces établissements ne sauraient suffire à notre tâche. Il ne suffit pas de guérir l'enfant si le lendemain de la guérison il est renvoyé dans le même milieu où il a déjà contracté et où il contractera de nouveau le germe de la maladie; quant au sanatorium, l'ouvrier n'y a que rarement recours. Son entrée entraînerait la cessation du travail; aussi l'ouvrier va-t-il jusqu'à l'épuisement complet de ses forces et ne frappe-t-il qu'à la dernière extrémité à la porte du sanatorium.

Il faut venir en aide à ces établissements, ou plutôt les compléter. Ce sera l'objet des dispensaires antituberculeux.

Ainsi que j'ai déjà eu l'occasion de l'indiquer à la Commission que j'ai instituée, il me semble que les dispensaires antituberculeux placés dans les milieux ouvriers seront appelés principalement à rendre trois ordres de services.

Ils offriront, dès la première heure, pour l'individu atteint les moyens de traiter le mal et peut-être de l'enrayer facilement; ils devront procéder à l'assainissement du milieu; enfin, ils devront donner aux intéressés une sorte d'éducation antituberculeuse, ils leur apprendront à devenir leur propre médecin et ensuite le médecin des autres.

Un mot pour finir. Je veux indiquer trois chiffres, que j'emprunte à la statistique de la Commission, trois chiffres seulement que je demande à tous de retenir : En France, la tuberculose tue par an 140.000 personnes; à Paris, la mortalité causée par la tuberculose est de 60 habitants par 10.000; dans les milieux ouvriers la tuberculose figure pour 25 p. 100 dans la mortalité totale.

Il faut que ces chiffres soient gravés dans nos esprits: ils constituent pour nous une mise en demeure d'aviser, d'agir. Lorsqu'un fléau atteint de semblables proportions, la société doit rassembler toutes ses forces et chacun de nous doit faire son devoir! (*Applaudissements unanimes.*)

LA PROSTITUTION

Chambre des députés. *Séance du 20 janvier 1902.* — La commission du budget ayant supprimé le crédit relatif à la deuxième section de la prison de Saint-Lazare, le ministre en demanda le relèvement; il fut voté par la Chambre.

M. le Président du Conseil, *ministre de l'Intérieur.* — Je demande à la Chambre de vouloir bien rétablir le crédit de 15.400 francs supprimé par la commission du budget, qui représente les traitements du personnel de surveillance de la section administrative de Saint-Lazare.

Cette suppression aboutit à la disparition complète du seul service qui permette de combattre et de contenir le développement de la prostitution clandestine et d'assurer l'application de mesures de prophylaxie à la fois élémentaires et essentielles.

Chaque fois que la surveillance de l'administration sur ce point s'est relâchée pour un motif ou pour un autre, on a vu immédiatement se produire de véritables scandales qui ont provoqué de justes réclamations, le racolage se faisant dans les voies les plus fréquentées de Paris.

Ce n'est pas d'ailleurs seulement le scandale intolérable de certains spectacles qui a alors attiré l'attention; c'est encore, ainsi que les travaux de l'Académie de médecine l'ont montré, le développement, l'accroissement de la contagion.

Pour que la Chambre ait une idée exacte de la situation et des mesures qu'elle nécessite, elle me permettra d'appeler les choses par leur nom, la véritable convenance en cette matière étant de ne point reculer devant les termes.

La prostitution, celle qui recrute ses clients sur la voix publique, compte à Paris plus de 10.000 sujets. De tout temps, on s'est préoccupé ou de restreindre les ravages de la prostitution ou de circonscrire autant que possible ceux de la contagion qu'elle développe. Le service dans les attributions duquel se trouvait cette surveillance a d'ailleurs été profondément, et, j'ose le dire, heureusement modifié : La brigade spéciale des agents des mœurs a été totalement supprimée et actuellement ce service est confié, dans chaque quartier, à des gardiens de la paix connaissant le quartier et connaissant les personnes. On les choisit, je l'affirme à la Chambre, parmi ceux qui présentent, au point de vue de la conduite et de la moralité, les garanties les plus complètes. Ce qui prouve qu'une amélioration sur ce point a également été obtenue, c'est que depuis deux ans et demi deux faits seulement ont été signalés comme constituant des méprises.

Immédiatement, il a été procédé à une enquête. Cette enquête, j'ai eu l'occasion de la communiquer à l'un de mes collègues du Sénat qui avait manifesté l'intention de m'interpeller. Après en avoir pris connaissance, il a reconnu que la police n'avait fait que son devoir et, qu'en l'espèce, il n'y avait guère que l'administration de la police qui n'eût rien à craindre d'un débat public.

Quant aux règlements en vigueur, ils se réduisent à trois prescriptions : d'abord l'obligation de l'inscription, ensuite celle de l'examen médical, prescriptions qui se lient. L'inscription est en effet nécessaire pour s'assurer que la visite médicale est subie. Enfin, en troisième lieu, vient l'interdiction de circuler et de stationner, en dehors de certaines rues. Il a bien fallu, en effet, subissant une véritable nécessité, faire une part, si minime qu'elle fût, à l'exercice de cette déplorable profession; mais enfin, on s'est toujours appliqué à sauvegarder les voies principales, celles dans lesquelles passent le soir les familles. La Chambre comprend sans peine qu'il est impossible de tolérer, tout le monde ne traversant pas les boulevards en voiture, que des familles qui se rendent au théâtre ou en reviennent aient sous les yeux certains spectacles ou entendent certains propos.

Dans les cas d'infraction — et c'est ici qu'entre en scène le service dont je vous demande le maintien — les contrevenantes sont conduites à Saint-Lazare, où elles sont mises en observation. Celles qui sont reconnues malades sont soumises à un traitement; les autres, après deux ou trois jours, — c'est à peu près la période d'évolution de cette maladie, — quand elles sont reconnues indemnes, sont rendues à la liberté.

J'indique d'ailleurs à la Chambre — et ce chiffre mérite toute son attention — que, sur le nombre des filles publiques qui sont ainsi envoyées à Saint-Lazare, la proportion de celles qui sont malades n'est pas moindre de 25 p. 100. Il y a là un chiffre qui doit donner à réfléchir parce qu'il est — pour tous —

évident que, si l'on fermait complètement les yeux et si l'on restait entièrement désarmé, ce chiffre ne ferait que grandir. (*Très bien! très bien!*)

J'indique encore à la Chambre que ce service n'est pas sans utilité à un autre point de vue. En effet, dans le cours de l'année dernière il a permis de rendre à leurs familles, lorsqu'elles ont voulu les reprendre, des mineures au nombre de 331 ; et lorsque la famille avait définitivement abandonné l'enfant, celle-ci a pu être placée dans des patronages, dans des refuges d'où ces malheureuses sortent avec un emploi et dans des conditions telles que le silence le plus complet et l'oubli le plus absolu couvrent entièrement leur passé. (*Très bien! très bien!*).

J'indique enfin que jamais l'inscription n'est imposée après une première infraction et que cette formalité n'intervient qu'en cas de récidive.

Voilà comment se pratique actuellement le service de la protection de la santé publique ; s'il n'est pas absolument parfait, il constitue tout au moins une défense pour la société.

Que propose la Commission? Elle conclut à la suppression pure et simple du service. Elle ne demande pas à la Chambre d'adopter une autre méthode, elle dit : « Supprimons ce qui existe. » Je comprends que la Commission n'ait pas, à l'heure actuelle, suggéré à la Chambre une solution, parce que la solution que tout le monde recherche, et qui, je le crois, pourra être trouvée, est extrêmement difficile.

J'ai relu attentivement la discussion qui s'est engagée en 1895, devant le Sénat, sur une proposition de l'honorable M. Bérenger. Cette discussion a mis deux points en lumière. On proposait, en effet, de laisser purement et simplement à l'action des tribunaux la répression du racolage et de la prostitution clandestine ou publique. Or, on a éprouvé immédiatement une très grande difficulté à justifier la proposition fondamentale du projet qui faisait du racolage ou de la prostitution un délit. Sans doute, si la fille publique refuse de circuler, si elle se livre à ce qu'en simple police on appelle « tapage injurieux », si elle résiste aux agents, si elle les outrage, cela peut constituer des délits; mais ils sont absolument indépendants du fait du racolage ou de la prostitution. On s'est, en outre, heurté à une grosse difficulté, que je signale. Si on poursuit devant les tribunaux, de deux choses l'une : ou la contrevenante, la délinquante sera mise en prison et détenue préventivement, auquel cas le remède qu'on prétend apporter à la situation déjà si misérable de ces femmes sera bien pire que le mal et elles seront les premières à nous dire : « Mais ramenez-nous à Saint-Lazare ! » (*Très bien ! très bien !*) Ou, au contraire, on les soumettra à la prison préventive. Or, vous savez quelles sont les phases d'une poursuite judiciaire : il faut une assignation, une comparution devant le juge d'instruction ; on va devant le tribunal, on plaide. Le tribunal rend un jugement, on va en appel, il faut un arrêt de la cour. Toutes ces formalités demandent, même avec la diligence que la justice peut y apporter, plusieurs mois ; et si, pendant ce temps, la délinquante continue l'exercice de sa profession, la répression vient trop tard et ne remédie à aucun des maux qu'il faut empêcher.

Cependant, comme je l'ai dit tout à l'heure, nous ne considérons pas que l'état de choses actuel soit définitif et parfait ; bien loin de là ! Je me suis préoccupé de la question et, après avoir lu les travaux tout à fait intéressants du congrès international qui s'est tenu en

1899, il m'a paru que, soit au point de vue de l'hygiène, de la prophylaxie, soit au point de vue des règlements administratifs, il y avait quelque chose à faire. J'ai donc constitué une commission composée des hommes les plus compétents en matière scientifique et en matière administrative, sous la présidence de M. le professeur Fournier. Vous trouverez, dans cette commission, des savants comme le docteur Roux, de l'Institut Pasteur, et les personnalités les plus éminentes dans l'ordre administratif et dans la science du droit. Nous demandons à cette commission de préparer des conclusions tendant à perfectionner les méthodes prophylactiques et à améliorer les méthodes administratives. (*Très bien! très bien!*)

J'ai saisi cette commission de la question soulevée par la suppression même des crédits et elle a pris, à l'unanimité, sur la proposition de MM. Roux et Brouardel, la délibération suivante : « La commission signale le danger que ferait courir à la santé publique la brusque suppression de la section administrative de Saint-Lazare, avant que la question de défense contre les maladies vénériennes ait été étudiée dans son ensemble. » (*Très bien! très bien!*)

Cette résolution a été, je le répète, adoptée à l'unanimité.

Je prends devant la Chambre l'engagement de hâter les travaux de cette commission ; je m'efforcerai d'arriver à un résultat meilleur et plus rationnel ; mais aucun de nous — je dis « aucun », monsieur le rapporteur, — ne peut prendre sur soi de déclarer qu'à partir de demain l'exercice de la prostitution sera libre, sans contrôle, assumant ainsi la responsabilité des malheurs qui seraient la conséquence inévitable d'une pareille résolution. (*Très bien! très bien!*)

Bien loin de moi l'idée de dire qu'il y ait lieu de faire profession de mépris pour les malheureuses qui exercent l'industrie dont nous parlons; elles ont droit certainement à beaucoup de pitié. Je n'ignore point que, parmi les recruteurs de la prostitution, il en est de plus dangereux encore que ceux que nous nous efforçons d'atteindre à l'heure actuelle et que nous réussissons déjà à atteindre. Il y a la misère, ce n'est pas douteux; mais nous ne la supprimerons pas tout d'un coup. Il ne faut pas que la pitié nous rende aveugles et nous empêche de protéger la société contre un péril qui n'est que trop certain et dont les ravages sévissent — nous pouvons bien le dire — beaucoup moins dans les classes aisées, qui peuvent mettre le prix à leurs plaisirs et à leur sécurité, que dans celles qui sont moins favorisées par la fortune.

Dans ces conditions, je demande instamment à la la Chambre de maintenir l'état de choses actuel, sous le bénéfice de l'engagemnet que j'ai pris de ne rien négliger pour l'améliorer. (*Applaudissements.*)

LA DÉPOPULATION

Sénat. *Séance du 22 novembre 1901.* — M. Bernard, sénateur, et plusieurs de ses collègues avaient déposé un projet de résolution invitant le Gouvernement à instituer une commission extraparlementaire à l'effet de procéder à une étude d'ensemble sur la question de la dépopulation et de rechercher les moyens les plus pratiques de la combattre. Le projet de résolution fut adopté après une discussion où prirent part MM. Bernard, Paul Strauss et le président du Conseil.

M. Waldeck-Rousseau, *président du Conseil, ministre de l'Intérieur et des Cultes.* — Messieurs, je ne me propose pas de suivre notre honorable collègue M. Bernard dans les développements, d'ailleurs extrêmement intéressants, qu'il a donnés à sa proposition et à son rapport. Pour être plus réservé qu'il ne l'a été lui-même, j'ai une double raison : la première, c'est qu'il me semble assez difficile aujourd'hui de tracer à la Commission, dont le Gouvernement accepte le principe, non pas seulement le cercle des recherches auxquelles elle devra se livrer, mais encore les solutions auxquelles elle devrait aboutir. Si chacun de nous avait, sur toutes les questions qu'a traitées M. le rapporteur, une opinion aussi arrêtée et aussi décisive, on pourrait dire que, en vérité, point n'est besoin de nommer une commission, et qu'il faudrait, sans plus de retard, passer à l'examen des solutions proposées :

La seconde c'est que, dans cette question qui a été agitée aujonrd'hui à la tribune du Sénat, il reste, je ne dirai pas beaucoup d'inconnu, mais beaucoup d'incertitude encore.

Elle présente deux aspects qu'on a très justement distingués : la natalité et la mortalité. On s'est demandé à quoi pouvait tenir ce fait que notre population française avait cessé de croître avec le même élan qu'autrefois et on s'est demandé également s'il n'était pas possible d'empêcher que, toutes choses restant d'ailleurs égales au point de vue de la natalité, la moralité vînt cependant à s'abaisser. Ce sont des ordres d'idée absolument différents.

Sur le premier aspect de la question, je n'ai, je l'avoue, que des idées assez générales, mais que je crois cependant assez justes. Je suis persuadé que, pendant toute une période de temps, le développement des peuples et particulièrement des peuples européens s'est produit en raison directe des ressources encore inexploitées que leur offrait le territoire placé devant eux.

Si, par exemple, la France, pendant de longs siècles, a vu sa population grandir, c'est en raison de cette circonstance que toute une partie de notre sol était inculte et que de nouvelles et plus nombreuses générations voyaient s'ouvrir devant elles des espaces nouveaux, un champ suffisamment large pour les recevoir et les nourrir.

Si l'on voulait faire des statistiques et des comparaisons exactes, il faudrait prendre aujourd'hui deux pays de même contenance, de même culture, de même fertilité, et rechercher s'il est vrai que la population augmente chez l'un et diminue chez l'autre.

Je suis persuadé, pour mon compte, messieurs, que la constatation serait diamétralement opposée.

Si l'on est cependant en présence de ce phénomène : certaines nations européennes grandissant encore par larges élans et certaines autres demeurant, non pas stationnaires, mais limitées dans leur développement, c'est qu'à l'heure à laquelle nous sommes parvenus en Europe, alors que le sol presque partout est cultivé et utilisé, la question de l'accroissement de la population se lie intimement à la question du développement extérieur. Vous verrez, en effet, une nation européenne grandir en nombre suivant que vous observerez en même temps chez elle plus d'aptitude à l'expansion extérieure et à la colonisation.

Dans les chiffres que l'on fait valoir pour montrer le développement de la population anglaise et de la population allemande, il y aurait une très large part à faire à cet élément essentiel aujourd'hui — c'est, au moins, une opinion qui est chez moi parfaitement arrêtée — du développement colonial.

Il va sans dire, messieurs, qu'on ne peut pas demander à une commission de limiter ses efforts à certaines recherches philosophiques ; chacun de nous peut exprimer à cette tribune une opinion dans laquelle les membres de la Commission pourront peut-être puiser quelques indications utiles ; ma pensée, en ce qui concerne le programme de cette Commission, c'est qu'étant donné qu'elle devra comprendre et des membres du Parlement et des savants et des statisticiens, il faudra dégager son programme de l'échange d'idées qui se produira entre les représentants d'intérêts si divers, représentants tous compétents et tous bien informés.

L'honorable M. Bernard demandait s'il ne serait pas convenable qu'aussi longtemps que les travaux de la Commission ne seront pas achevés, le Parlement décidât qu'il serait sursis à l'examen de certaines propositions relatives à la mortalité ?

Tout le monde doit souhaiter d'atténuer, dans le plus bref délai, certaines causes de mortalité. Je crois que ce serait lier deux questions qui ne sont pas solidaires l'une de l'autre que de surseoir à rechercher les remèdes à apporter à une mortalité anormale, excessive, jusqu'au moment où on aura tranché l'autre question, celle du développement de la population.

Je dis donc, avec l'honorable M. Strauss, — et je crois être d'accord avec le fond de la pensée de l'honorable M. Bernard, — qu'il ne peut pas être question d'opposer aux projets qui ont pour but la diminution de la mortalité une fin de non-recevoir, une sorte d'ajournement dont les motifs seraient tirés des travaux que la Commission devra entreprendre.

J'ajoute que ce serait frapper d'avance les travaux de cette Commission d'une sorte de défaveur, et qu'il faut que les recherches auxquelles elle devra se livrer se poursuivent indépendamment des efforts que nous serons en droit de demander au Parlement.

A ce sujet, je n'ai qu'une observation à faire, observation qui ne sera aujourd'hui que très superficielle.

Il semble, quand il s'agit de certains projets intéressants à coup sûr et dont l'accomplissement est nécessaire, il semble toujours qu'il suffise que le Gouvernement veuille ou ne veuille pas ; il semble que nous n'ayons jamais qu'un progrès, qu'une réforme à réaliser.

Messieurs, il faudra — la discussion du budget, par exemple, pourra sans doute en fournir l'occasion, — il faudra que le Parlement et le Gouvernement arrivent à se mettre en face de ce que j'appellerai le bilan de nos réformes sociales, qu'ils considèrent quels sont les sacrifices que le pays doit s'imposer, et que sur ce sujet comme sur tant d'autres et, suivant en cela la méthode autrefois préconisée par Gambetta, on série les questions.

Tout à l'heure, en écoutant l'honorable M. Strauss, je cherchais à jeter sur le papier quelques chiffres ; je ne voudrais pas les donner au Sénat parce que je ne suis pas certain de leur exactitude, mais ce que je puis dire, c'est qu'à l'heure actuelle, si on se met en présence des solutions réclamées comme plus urgentes, on peut mesurer l'énormité de l'effort qu'elles demandent au pays. Il ne faut pas en être surpris : les trois quarts du dernier siècle ont été absorbés par ce qu'on pourrait appeler l'élaboration abstraite des réformes sociales. Les systèmes les plus divers, les plus opposés se sont partagé les esprits. L'ardeur même avec laquelle ils se sont formulés, avec laquelle, en tout cas, ils se sont combattus, a tenu très longtemps en suspens, je ne dis pas seulement les solutions, mais, même chez les intéressés, la volonté de les voir aboutir.

Il semble que l'on cherchait à faire prévaloir des méthodes, plutôt qu'à atteindre le but poursuivi. Puis, peu à peu les idées se sont classées, il s'est fait certaines conciliations ; les intérêts laissés en suspens se sont organisés ; des individualités, qui étaient jusqu'alors restées éparses, se sont groupées ; et le jour où ces intérêts ont eu des représentations autorisées, ils sont devenus plus pressants.

Nous sommes pressés de toutes parts, et j'affirme qu'à l'heure actuelle le budget de ces réformes sociales n'est pas inférieur à 120 millions.

M. Antonin Dubost, *rapporteur général de la Commssion des finances.* — Oh ! il est bien plus élevé.

M. le Président du Conseil. — Dans ce chiffre, mon cher rapporteur général, je ne comprends que des propositions qui sont plus particulièrement à l'ordre du jour de l'opinion, les unes parce qu'elles paraissent d'une solution plus urgente, les autres parce que, depuis plus longtemps, elles sont demeurées en suspens.

Dans le chiffre que j'indique, je suis loin de comprendre tout l'ensemble des projets dont le Parlement peut être saisi.

L'honorable M. Paul Strauss a parlé des travaux de la Commission que j'ai instituée pour rechercher les moyens de combattre la tuberculose. Le mot combattre est un mot juste ; il y a, en effet, à élaborer un programme de combat contre la tuberculose ; mais, ce programme, précisément parce qu'il doit être décisif, entraînera, n'en doutez pas un instant, des sacrifices considérables pour lesquels il faudra faire appel aux communes, aux départements, à l'État.

Que suit-il de là ? C'est qu'il faudra rechercher quelles sont les solutions les plus urgentes, quelles sont les questions qu'on doit faire passer avant les autres, et c'est pourquoi, avant de dire à l'honorable M. Strauss que nous donnerons la priorité à tel projet ou à tel autre, il importe d'établir une sorte de départ entre l'intérêt et l'urgence qui s'attachent à chacune des réformes proposées au Parlement. Voilà les observations que j'avais à présenter sur le principe de la nomination de la Commission extraparlementaire ; le

Gouvernement s'associe à la demande de la Commission du Sénat, et il n'a jamais existé entre le Gouvernement et elle qu'un léger désaccord qui n'a pas tardé à disparaître.

Quelques-uns de ses membres avaient pensé que la Commission à instituer devait être uniquement parlementaire ; j'ai pensé que, dans ce cas, un projet de résolution était inutile, qu'il s'agissait alors d'une question d'ordre intérieur, qui regardait seulement le Sénat. Le Sénat eût pu avoir sa Commission relative à la dépopulation, comme il a sa Commission des finances, sa Commission de l'armée, sa Commission de la marine ; mais certainement on n'aurait pas pu obtenir ainsi le résultat cherché, qui était de réunir un ensemble de compétences. Il faut que, dans cette Commission, le Parlement soit largement représenté, parce que c'est à lui que tous les travaux viendront aboutir ; mais il est nécessaire, et aujourd'hui la Commission est parfaitement d'accord avec le Gouvernement, que cette Commission comprenne aussi d'autres compétences, des compétences scientifiques dont le concours est absolument indispensable. (*Très bien ! très bien !*)

En exécution de la motion votée par le Sénat, M. Waldeck-Rousseau nomma une grande Commission extra-parlementaire chargée d'étudier les questions se rapportant à la dépopulation. Elle comprenait plus de soixante membres, parmi lesquels MM. Magnin, Bernard, Chaumié, Piot, Strauss, Waddington, sénateurs ; Barthou, Cruppi, Delombre, députés ; Brieux, homme de lettres, Gréard, Javal, Lannelongue, Monod, Richet, Yves Guyot, etc., etc... Elle se réunit pour la première fois, le 29 janvier 1902, au ministère de l'Intérieur, sous la présidence de M. Waldeck-Rousseau, qui, au début de la séance, prononça le discours suivant :

Messieurs,

J'ai tenu à ouvrir la première séance de votre commission et à saisir l'occasion qui m'était ainsi offerte de vous souhaiter la bienvenue au ministère de l'Intérieur, et de vous remercier de vouloir bien consacrer à une œuvre de la première importance vos soins, vos études, ajoutant ainsi aux travaux dont je connais l'importance un surcroît d'occupation.

Je ne veux pas, il ne m'appartient pas de tracer le programme des travaux auxquels vous allez vous livrer et des études que vous allez parcourir. Le problème de la dépopulation, si l'on s'en rapporte seulement à la définition implicite que le mot comporte est, en effet, un des plus vastes, des plus complexes, qui puissent se présenter à l'esprit ; on peut dire que presque toutes les questions qui sont actuellement à l'ordre du jour, tous les phénomènes d'ordre physique ou physiologique, qui préoccupent si vivement l'opinion, sont autant de questions qui touchent à celle que vous aurez à examiner.

J'ai eu l'occasion de déclarer au Sénat que cette question avait deux faces : il résulte, en effet, des statistiques de ces cinquante dernières années, que l'on ne naît pas assez en France et que l'on y meurt trop ; il y a là, par conséquent, une question de la natalité et une question de la mortalité.

A vrai dire, une des faces de ce problème est déjà plus éclairée que l'autre ; tout ce qui touche à la mortalité a fait, déjà, l'objet de travaux extrêmement importants, d'enquêtes très complètes ; des commissions ont, sur ces différents points, formulé leurs appréciations et dégagé leurs conclusions ; je parlerai notamment de la commission qui s'est occupée de la tuberculose et qui a donné à ses études des conclusions très intéressantes et très précises ; l'alcoolisme est encore un fait qui touche de près à la dépopulation ; la propagation des maladies contagieuses, la prostitution, pour appeler le fléau d'un seul mot, est aussi une question qui touche au redoutable problème dont vous aurez à chercher la solution.

Vous rencontrerez, par conséquent, sur votre route, un grand nombre de ces phénomènes spéciaux qui déjà ont éveillé l'attention publique, et il vous appartiendra, sans nul doute, d'en enregistrer les constatations.

Parmi les sujets de cet ordre, il en est un que je me permets de recommander particulièrement à votre attention : c'est ce qu'on pourrait appeler la défense du premier âge contre la mortalité infantile qui est une des causes les plus graves de la dépopulation dont nous souffrons.

Quant à la natalité, comment l'augmenter, comment prévenir son abaissement ? C'est le côté le plus difficile et peut-être le plus obscur du problème.

Vos études porteront sur tous ces points, et je ne doute pas que des travaux que vous allez entreprendre se dégagent des renseignements infiniment précieux pour le Gouvernement qui aura à en tirer les conclusions ou, pour mieux dire, à les formuler en solutions législatives.

Je tiens seulement, messieurs, à vous assurer que vous trouverez dans le Gouvernement et l'administration l'assistance et la collaboration les plus actives et les plus zélées ; tous les collaborateurs du ministre de l'Intérieur seront particulièrement heureux de mettre à votre disposition tous les renseignements qu'ils peuvent posséder et de réunir ceux qui ne sont pas en leur possession.

Ceci dit, il ne me reste qu'à céder la présidence à M. Magnin ; je ne pourrai pas, en effet, suivre vos travaux d'aussi près que je le désirerais ; soyez assurés cependant que je ne les perdrai pas de vue et, chaque fois que mon concours et mon intervention vous paraîtront utiles, vous n'aurez qu'à les solliciter, je me ferai un plaisir de me mettre à la disposition de la commission. (*Applaudissements*).

M. Magnin, sénateur, remercia le président du Conseil en ces termes :

Au nom de la Commission tout entière, je vous demande la permission, monsieur le président du Conseil, de vous remercier d'avoir bien voulu ouvrir ses travaux ; vous nous avez tracé, jalonné, en quelque sorte, le chemin que nous avons à parcourir ; il est long, il sera quelquefois difficile : j'espère qu'il ne sera pas au-dessus de notre bonne volonté.

Nous allons entamer ces diverses questions avec le désir d'arriver à une solution dans le plus bref delai possible. Notre Commission ne sera pas une de ces Commissions nonchalantes, comme il en existe quelques-unes, m'a-t-on dit ; nous travaillerons avec zèle, sachant que ce sera dans l'intérêt de la France, de son développement, de sa prospérité et de sa grandeur.

LA MORTALITÉ INFANTILE

Une ligue s'était fondée pour essayer d'enrayer les progrès de la mortalité infantile. Le Comité d'initiative comprenait : MM. Théophile Roussel, président; Paul Strauss et Pierre Baudin, vice-présidents ; les docteurs Josias et Variot, secrétaires.; le docteur Henri de Rotschild, trésorier. Elle tint son assemblée constitutive, à la Sorbonne, le 15 janvier 1902, sous la présidence de M. Waldeck-Rousseau. Après MM. Budin, de l'Académie de Médecine, et Strauss, le président du Conseil prononça le discours suivant :

Je serai assurément votre interprète en exprimant à M. Strauss, à M. le professeur Budin, vos remerciements pour les paroles si intéressantes, si instructives et si pleines d'encouragement qu'ils ont fait entendre.

Je tiens à les remercier, en mon nom personnel, d'avoir bien voulu me fournir l'occasion d'indiquer, par ma présence, quelle importance et quel intérêt le Gouvernement attache à cette grande entreprise de la ligue qui se forme contre la mortalité du premier âge. S'il était vrai que j'eusse contribué pour une part, quelle qu'elle fût, à former ou à agrandir ce mouvement d'opinion qui se dessine de plus en plus en faveur des œuvres de prévoyance et d'assistance sociales, j'en éprouverais un très légitime orgueil. Mais la vérité est que l'honneur en revient tout entier à un certain nombre d'hommes de bien, à quelques philanthropes obstinés, rares au début, bientôt plus nombreux, et parmi lesquels on ne me pardonnerait pas de ne pas citer à mon tour M. Théophile Roussel, celui qui a été l'initiateur, on peut le dire, de la protection de l'enfance. (*Applaudissements.*)

Nous regrettons tous que l'état de sa santé l'ait éloigné de cette réunion. Mais il a eu bien raison de dire qu'il trouve dans mon collègue et ami M. Strauss un digne continuateur, et c'est une garantie de succès pour votre œuvre de voir qu'il a bien voulu en prendre la direction.

C'est du côté de l'enfance aussi que se tournent les préoccupations de la ligue, et, par là, elle apporte un concours extrêmement précieux à cette autre œuvre dont on a parlé il y a quelques minutes, œuvre d'intérêt primordial, et qui a pour but la sauvegarde de notre race et le développement de notre population.

Tout récemment, en ouvrant les travaux de cette commission, née d'un vote du Sénat, j'ai eu l'occasion de dire : « En France, on ne naît pas assez et on meurt trop. »

La seconde partie de cette constatation est malheureusement évidente, si l'on se place au point de vue de l'enfance. Il n'est pas, en effet, de catégorie d'êtres humains qui soit plus éprouvée. Il semble que tous les périls, tous les fléaux qui pèsent sur l'humanité se donnent tout d'abord rendez-vous autour de l'enfant, et qu'il doive, pour conquérir le droit à la vie, triompher, lui, l'être chétif, débile, faible et presque inorganisé, de toutes les chances de la mort.

Mais, en dehors des causes naturelles, fatales de

mortalité, il en est qui sont le résultat de l'imprévoyance, il faut bien le dire, de l'imprévoyance ou individuelle ou sociale, et du défaut surtout d'une sollicitude suffisamment instruite et éclairée par les leçons et par les enseignements de la science. La sollicitude pour les enfants, elle est de tous les temps ; elle n'a jamais cessé de se faire jour. On s'est ému, et comment ne pas l'être ? en effet, à la pensée de ce trop grand nombre d'enfants, nés dans des milieux souffrants, où la servitude, non pas seulement de la misère, mais peut-être aussi du travail, n'étouffe pas à coup sûr la tendresse, mais la rend impuissante. Et alors se sont fondées ces œuvres dont on parlait il y a un instant, œuvres variées, excellentes, mais un peu hâtives et pour ainsi dire un peu inorganisées, manquant de coordination, manquant, en tout cas, d'une méthode bien sûre. Et c'est alors qu'en ce point encore le progrès a fait son œuvre. La science a voulu connaître les causes du mal et s'est livrée à de minutieuses investigations. Elle a trouvé le remède, a fixé les principes et les méthodes, et aujourd'hui elle nous sollicite avec l'insistance de celui qui sait que si on l'aide, si on le soutient, on peut être victorieux. Or, je crois, et en cela je me rapproche d'un sentiment qui était tout à l'heure exprimé par M. Strauss, que l'œuvre principale d'un ligue comme la vôtre doit être précisément une œuvre de vulgarisation, d'instruction.

Il faut arriver à répandre, à faire pénétrer partout où il y a un foyer, partout où se prépare un berceau ces notions simples, sûres, qui constituent, dès à présent, tout un art élémentaire, mais nécessaire à savoir : la maternité.

Voilà, je crois, l'un des principaux efforts que vous devrez accomplir.

On a eu raison de dire que, dans toute œuvre humaine, l'Etat a sa part. Son rôle consiste à faire son profit des indications de l'expérience ; il doit s'efforcer d'adapter sa mission aux conclusions qui s'en dégagent. Mais l'Etat ne peut pas tout. Il faut que les initiatives individuelles s'éveillent et il faut, lorsqu'elles se sont éveillées dans un grand nombre de foyer d'action et de lumière, qu'elles se répandent au dehors.

Je souhaite donc, mesdames et messieurs, que la ligue que vous avez fondée se développe rapidement et qu'elle s'étende d'un bout à l'autre de notre territoire; que partout en France, et naturellement, se forment ces petites chaires d'enseignement intime que j'indiquais tout à l'heure. J'ajoute que, dans l'œuvre que vous avez à accomplir, — personne n'en doutera, — vous rencontrerez de la part de tout le Gouvernement cette sollicitude, ce concours, cette collaboration qui sont dus à une ligue comme la vôtre qui touche de si près aux chers intérêts de l'humanité. (*Applaudissements.*)

III

PRÉVOYANCE. MUTUALITÉ

LES « PRÉVOYANTS DE L'AVENIR »

Des travailleurs, au nombre de 14, avaient fondé à Paris, en 1880, l'association dite des *Prévoyants de l'Avenir*. Cette association se proposait d'assurer à ses sociétaires qui lui auraient donné leur concours pendant vingt ans, les premières nécessités de la vie. Tous les sociétaires (article 17 des statuts) ayant vingt ans de présence effective dans la Société, devaient avoir droit au partage intégral des intérêts de l'avoir social pendant l'année écoulée. Le droit d'admission était fixée à deux francs, et la cotisation à un franc par mois. La première répartition devait avoir lieu en janvier 1901.

La Société fut autorisée par le ministère de l'Intérieur en 1881 et 1887. Elle prit rapidement un puissant essor. Au bout de vingt ans, elle comprenait près de trois cent mille adhérents. Si bien que, par application de l'article 17 des statuts, les membres fondateurs allaient jouir de privilèges considérables et toucher des revenus dix et quinze fois supérieurs au capital qu'ils avaient versé, tandis que les revenus des nouveaux sociétaires auraient été, pour un versement égal, d'une disproportion colossale : par exemple, 38 francs seulement, moins 12 francs de cotisation, au dividende de 1911.

Cette situation émut l'opinion et les pouvoirs publics. Un grand nombre de sociétaires réclamèrent la revision des statuts. Des plaintes furent adressées au ministère de l'Intérieur. Le Conseil supérieur de la Mutualité, institué par la loi du 1er avril 1898, invita le Gouvernement (18 novembre 1899) à empêcher le premier partage fixé au 1er janvier 1901. La même invitation lui fut adressée par la Commission de la Chambre des députés chargée d'examiner une proposition de loi visant les *Prévoyants de l'Avenir* et les sociétés similaires.

Le 3 avril 1900, M. Waldeck Rousseau, en qualité de ministre de l'Intérieur, prit l'arrêté suivant :

Vu les articles 291 et 292 du Code pénal et la loi du 10 avril 1834 sur les associations, vu la loi du 1er avril 1898 sur les Sociétés de secours mutuels :

Considérant que ladite Société a pour but la constitution de retraites au profit des membres qui en font partie, qu'ainsi elle poursuit un des buts que les Sociétés de Secours Mutuels se proposent d'atteindre, conformément à l'article 1er de la loi du 1er avril 1898;

Mais considérant qu'aux termes de l'article 2 de ladite loi « ne sont pas considérées comme Sociétés de Secours Mutuels les associations qui, tout en organisant sous un titre quelconque, tout ou partie des services prévus à l'article précédent, créent, au profit de telle ou telle catégorie de leurs membres, et au détriment des autres, des avantages particuliers ; que les sociétés de secours mutuels sont tenues de garantir à tous leurs membres participants, les mêmes avantages, sans autres distinctions que celle qui résulte des cotisations fournies et des risques apportés »;

Que la Société dont s'agit accorde à ses premiers adhérents des avantages disproportionnés avec le moniant de leurs versements, tandis que les avantages à concéder aux adhérents ultérieurement admis doivent être des plus réduits ; — Qu'ainsi la dite Société se trouve légalement exclue du cadre des Sociétés de Secours Mutuels ;

Considérant que la disposition précitée de la loi de 1898 s'explique par le désir du législateur de ne pas encourager des Sociétés qui, tout en prenant l'étiquette de la mutualité, ne reposent pas sur le principe de l'égalité des charges et des bénéfices, fondement de la mutualité ; qu'il importe dès lors, s'inspirant de l'esprit de notre législation, de faire rentrer la Société dont s'agit dans le cadre de la mutualité ;

Vu l'avis du Conseil supérieur de Sociétés des Secours Mutuels en date du 18 novembre 1899 ;

Sur la proposition du Conseiller d'Etat, secrétaire général,

ARRÊTE :

Article premier. — Il est accordé à la Société... un délai expirant le 1er octobre 1900 pour mettre les statuts en conformité avec la législation sur les Sociétés de Secours Mutuels, telle qu'elle résulte de la loi du 1er avril 1898.

Art. 2. — L'autorisation accordée à la dite Société par l'arrêté susvisé sera rapportée de plein droit à l'expiration du dit délai.

Art. 3. — Le conseiller d'Etat, secrétaire général, est chargé de l'exécution du présent arrêté.

Fait à Paris, le 3 avril 1900.

Le Président du Conseil,
Ministre de l'Intérieur et des Cultes,

WALDECK-ROUSSEAU.

Loin de se conformer aux prescriptions de l'arrêté ministériel, le Comité directeur de la Société se borna après plusieurs mois à demander une prolongation de délai. Le ministre lui répondit en ces termes :

Paris, 29 septembre 1900.

MONSIEUR LE PRÉSIDENT,

Vous m'avez demandé de prolonger jusqu'au premier décembre prochain le délai qui a été accordé à la Société les *Prévoyants de l'Avenir*, pour mettre ses statuts en harmonie avec la loi du 1er avril 1898 sur les Sociétés de Secours Mutuels. *Cette date est trop rapprochée de l'époque de la répartition qui a soulevé les protestations et les réclamations d'un si grand nombre de sociétaires et a motivé mes observations, pour que je puisse faire droit à cette demande, sans avoir la certitude que la Société apportera à ses statuts les modifications nécessaires pour remédier à l'état de choses qui a donné lieu à ces critiques.*

Toutefois, afin de donner au Conseil d'administration toute facilité pour se conformer à la loi et *établir une réglementation équitable pour tous les sociétaires*, je consens à ce que l'échéance, primitivement fixée au 1er octobre, soit reportée au 1er novembre. Au surplus, et à la condition formelle que d'ici cette date l'assemblée générale des diverses sections de la Société aura été réunie à l'effet de procéder à la modification des statuts, *je vous prie de prendre note qu'aucun nouveau délai ne sera accordé.*

Recevez, monsieur le Président, l'assurance de ma considération très distinguée.

Le Président du Conseil,
Ministre de l'Intérieur et des Cultes,
WALDECK-ROUSSEAU.

Les sections de la Société furent convoquées pour le 21 octobre. Mais l'ordre du jour se proposant un objet différent de celui qu'elles devaient examiner, le président du Conseil protesta par une nouvelle lettre :

Paris, le 16 octobre 1900.

Monsieur le Président,

L'assemblée générale des sections de la Société des *Prévoyants de l'Avenir* est convoquée pour le 21 de ce mois à l'effet de procéder à la modification des statuts conformément aux prescriptions de l'arrêté ministériel du 3 avril dernier. Or, d'après un avis publié par le Bulletin de l'association, l'unique question sur laquelle auront à se prononcer les membres de l'assemblée générale est la suivante :

« Acceptez-vous la transformation de la Société telle qu'elle résulte du rapport de M. Gerville-Réache, notre avocat conseil ? »

Ce libellé me paraît de nature à créer une confusion dans l'esprit des sociétaires appelés à voter ; j'ajoute qu'il ne répond pas exactement aux termes de l'article 1er de l'arrêté susvisé. J'estime en conséquence que pour éviter toute équivoque et prévenir toute difficulté ultérieure, les sociétaires doivent en premier lieu être consultés sur la question suivante :

« Acceptez-vous la transformation de la Société en Société de Secours Mutuels ? ».

Recevez, Monsieur le Président, l'assurance de ma considération très distinguée.

Le Président du Conseil,
Ministre de l'Intérieur et des Cultes,
Waldeck-Rousseau.

Le ministre adressa une copie de cette lettre aux présidents de sections en les priant de lui faire connaître le résultat du vote.

Le vote eut lieu, le 21 octobre, par sections. Une majorité incontestable se prononça pour la transformation de la Société conformément à la loi du 1er avril 1898. En conséquence, et en s'appuyant en outre sur l'arrêté du 3 avril, le ministre pria le président de la Société de lui soumettre dans le plus bref délai les statuts élaborés selon les prescriptions de cette loi. Mais le Conseil central avait décidé, malgré le vote des sections, de ne pas se soumettre, et de transformer la Société des *Prévoyants de l'Avenir* en une Société en commandite par actions. Informé de ce changement, le ministre répondit qu'une pareille transformation n'avait aucun caractère de validité et il invitait une dernière fois le président de la Société à se conformer à la loi. Au même moment intervint une décision des tribunaux.

Par ordonnance du 13 novembre 1900, rendue sur l'action des sociétaires révisionnistes, le président eu référé, constatant que l'autorisation ministérielle avait été retirée à la Société depuis le 1er novembre et qu'ainsi l'association était devenue illicite, désigna un administrateur séquestre avec mission de prendre telles mesures que le Gouvernement autoriserait pour assurer le fonctionnement provisoire de la Société. Celui-ci ayant consulté le ministre de l'Intérieur sur les conditions dans lesquelles devaient être établis les nouveaux statuts, en reçut la réponse suivante :

Paris, le 5 janvier 1901.

Monsieur l'Administrateur.

Vous avez bien voulu me demander qu'elles étaient les modifications qui devaient être apportées aux statuts de la Société *les Prévoyants de l'Avenir* pour qu'ils puissent recevoir l'approbation conforme à la loi du 1er avril 1898.

Les statuts actuels ne contiennent, en réalité, qu'un seul article qui s'oppose à l'approbation : c'est l'article 19, d'après lequel la répartition des sommes à verser aux intéressés ne serait pas proportionnelle aux cotisations, versées par chacun d'eux, les fondateurs devant se trouver favorisés, ce que l'article 2 de la loi de 1898 ne permet pas d'admettre. Cet article devrait donc être remplacé par ce nouvel article 19 :

« Tout sociétaire âgé de cinquante ans au moins et ayant acquitté la cotisation sociale pendant au moins vingt ans, pourra recevoir une pension viagère calculée d'après son âge, le total des sommes par lui versées, l'intérêt capitalisé, les bénéfices résultant des décès, des démissions et des radiations et généralement toutes les ressources de la société. »

Dans tous les cas, cette pension ne pourra excéder 360 francs, maximum fixé par la loi du 1er avril 1898.

Vous avez appelé mon attention sur les sociétaires faisant actuellement partie de la Société depuis vingt ans et n'ayant pas cinquante ans, âge exigé par la loi de 1898. J'estime que, pour cette catégorie de sociétaires, il serait possible, à titre transitoire, de les autoriser, s'ils l'exigent, à toucher une allocation calculée sur les mêmes bases que la pension. Un deuxième paragraphe de l'article le spécifierait ainsi :

« Les sociétaires entrés avant le 1er janvier 1901, qui auraient acquitté la cotisation sociale pendant vingt ans et n'auraient pas l'âge de cinquante ans, auront le droit, soit de se faire accorder, à titre provisoire, jusqu'à ce qu'ils aient cinquante ans, une allocation annuelle calculée d'après les mêmes bases que la pension, soit de continuer leur versement jusqu'à cinquante ans, de manière à élever ainsi le chiffre de leur pension. »

En ce qui concerne la demande de remboursement formulée par les sociétaires qui n'acceptent pas la modification apportée aux statuts primitifs, en principe elle ne paraît nullement justifiée. La société change son régime légal à la suite d'un vote de la majorité de ses membres ; la minorité n'a donc pas à invoquer ses préférences. Il convient en outre de remarquer qu'aucun intérêt ne se trouve lésé. Tous les sociétaires sont certains d'avoir, avec les avantages que donne la loi du 1er avril 1898, une pension beaucoup plus élevée que celle qu'aurait pu leur donner l'ancienne société, alors même, et ce n'était pas le cas, que cette pension eût été établie sur des bases normales et par des calculs réguliers. Seuls, les premiers adhérents perdront les répartitions fort élevées qui devaient leur revenir pendant quelques années. Mais c'est ce partage léonin, dont personne aujourd'hui ne conteste plus l'injustice, qui a motivé l'intervention du Gouvernement, et dont la mise à exécution, d'ailleurs, ne saurait en tout état de cause être toléré aujourd'hui. En fait et en droit, il n'y aurait donc pas lieu à remboursement. Toutefois, en présence de l'émotion qu'a soulevée cette affaire dans toute la France, des discussions auxquelles elle a donné lieu, des commentaires souvent erronés et même de mauvaise foi qui ont été produits en tenant compte qu'un certain nombre d'adhérents ont pu être trompés sur la réalité des promesses qui leur étaient faites, je ne verrais aucun inconvénient, à titre de mesure de conciliation et pour mettre fin à une situation regrettable qui dure depuis plus de six mois, à ce que les statuts continssent une clause prévoyant ce remboursement. Un dernier paragraphe pourrait le stipuler en ces termes :

« Tout sociétaire qui n'accepterait pas la transformation de la société en société approuvée conformément à la loi du 1ᵉʳ avril 1898 pourra, jusqu'au 31 mars 1901, réclamer la restitution des sommes qu'il a versées, les intérêts y afférents, et la part pouvant lui revenir dans les bénéfices résultant des dons, démissions et radiations. »

Indépendamment de l'article 19, certains articles ne sont pas conformes aux dispositions de la loi du 1ᵉʳ avril 1898 et donnent lieu à diverses observations.

Les articles 12 et 13, relatifs au placement des fonds seront ainsi modifiés :

« Article 12. — Les fonds seront placés comme l'indique l'article 20 de la loi du 1ᵉʳ avril 1898.

« Article 13. — Le bureau décidera chaque année la somme qui devra être placée au fonds de retraite inaliénable. »

Rédiger ainsi l'article 26 : « La société ne pourra se dissoudre que suivant les règles prescrites par l'article 11 de la loi de 1898 et, en cas de dissolution, la liquidation aura lieu suivant les dispositions de l'article 31. »

Et l'article 27 : « Aucune modification ne pourra être apportée aux statuts que par une délibération de l'assemblée générale et après approbation du ministre de l'Intérieur. »

Je vous prie de me renvoyer en quadruple exemplaire les statuts rectifiés conformément aux observations qui précèdent, afin que je puisse prendre l'arrêté d'approbation prévu par la loi de 1898.

Recevez, Monsieur l'administrateur, l'assurance de ma considération la plus distinguée.

Le président du conseil,
ministre de l'Intérieur et des Cultes.
WALDECK-ROUSSEAU.

A la suite de cette lettre, la question fut portée devant la Chambre par M. Georges Berry. A la séance du 1er février 1901, le député de Paris déposa un projet de résolution invitant le Gouvernement à surseoir à l'exécution de l'arrêté du 3 avril 1901. M. Waldeck-Rousseau ne s'opposa ni à l'urgence, ni à la discussion immédiate. Après des discours de MM. Barthou et Aimond, il exposa la situation de la Société aux points de vue des faits et du droit, en affirmant que si elle se soumettait aux exigences de la loi, elle rencontrerait toutes les sympathies et les encouragements du Gouvernement. La Chambre, par 500 voix contre 54, adopta une motion de M. Barthou, acceptée par le Gouvernement, et qui était ainsi conçue : « La Chambre, prenant acte des déclarations du Gouvernement de surseoir à l'exécution de l'arrêté pris à l'égard des *Prévoyants de l'Avenir* en vue de leur permettre l'étude de la réforme des statuts et la réunion d'une assemblée générale, passe à l'ordre du jour. »

M. WALDECK-ROUSSEAU, *président du Conseil, ministre de l'Intérieur et des Cultes*. — Je demande à la Chambre la permission, puisque ce débat est ouvert, d'en profiter pour expliquer très simplement, très brièvement et très clairement une situation qui a donné lieu à beaucoup d'interprétations que je crois erronées, et lui indiquer en même temps comment il paraît aujourd'hui très aisé de donner satisfaction à de très légitimes préoccupations. (*Très bien! très bien!*)

Et d'abord, il est nécessaire d'appeler l'attention de la Chambre, — car c'est l'explication même de l'attitude de l'administration — sur le régime sous lequel s'est fondée la société des Prévoyants de l'Avenir.

Elle s'est fondée en 1881, en vertu d'une autorisation de M. le préfet de police, autorisation qui est précisément celle que prévoit cet article 291 du code pénal dont il a été souvent question dans nos derniers débats : « Aucune association de plus de vingt personnes ne peut se former sans autorisation. »

C'est d'une autorisation administrative qu'il s'agit, et comme à cette époque les opérations de l'association devaient se limiter au département de la Seine, c'était M. le préfet de police qui avait compétence pour la donner.

Un peu plus tard, en 1887, la société dont le développement allait toujours grandissant a voulu — et elle a eu tout à fait raison — étendre ses opérations aux départements. Dès lors, l'autorisation de l'article 291 ne pouvait plus être donnée que par le ministre de l'Intérieur en vertu des pouvoirs administratifs que lui confère cet article.

Il n'est donc douteux pour personne, il ne sera contesté par personne, que l'Association des Prévoyants de l'Avenir se trouvait placée sous le régime de l'autorisation de l'article 291, ce qui implique immédiatement une conséquence que la Chambre aperçoit facilement. Lorsqu'une société se forme et est autorisée en vertu d'une loi, comme pouvaient le faire, par exemple, les sociétés de secours mutuels, avant la loi de 1898, cette société fonctionne, si je puis ainsi parler, sous la responsabilité de la loi. Mais lorsqu'au contraire elle existe en vertu d'une autorisation ou préfectorale ou ministérielle, il n'est que vrai de dire qu'elle fonctionne sous la responsabilité du ministre ou sous la responsabilité du préfet.

Voilà une première constatation que je tenais à faire et qui, je le crois, ne peut être l'objet d'aucune contradiction.

Il en est une seconde, — et ici encore je serai d'accord avec l'honorable M. Georges Berry, — c'est que précisément, comme il s'agissait d'une association qui demandait l'autorisation commune et banale de l'article 291, comme cette question d'autorisation devait être envisagée seulement au point de vue de l'ordre public, on n'a pas éprouvé la moindre hésitation. On a estimé — et je tiens à le dire hautement — qu'une association qui se proposait le but que poursuivaient les Prévoyants de l'Avenir ne pouvait que recevoir les encouragements de l'administration. (*Très bien! très bien!*) Il en est résulté qu'on a prêté moins d'attention à la rédaction de ses statuts qu'à l'esprit dans lequel l'association se formait.

J'entendais dire tout à l'heure — je recueille cette déclaration parce qu'elle exprime une opinion qui est aussi la mienne, — que non seulement l'administration n'était pas entrée dans le détail des statuts et n'en avait pas aperçu au début les conséquences finales, mais que les fondateurs eux-mêmes n'auraient pas aperçu, à l'origine, certaines de ces conséquences et certains des avantages particuliers qui allaient leur être procurés.

Ce n'est, en effet, que beaucoup plus tard qu'une étude approfondie de son fonctionnement a été faite, par cette raison que les questions de mutualité ne sont devenues des questions à l'ordre du jour, attirant l'attention de tout le monde, que postérieurement à la date même à laquelle s'était fondée la société des Prévoyants de l'Avenir.

Quel est donc le mécanisme de cette société? Je le prends tel que les études qui en ont été faites l'ont révélé et tel qu'il est d'ailleurs reconnu par ses meilleurs amis, s'il est vrai qu'il puisse y avoir de meilleurs amis d'une société de prévoyance.

Le mécanisme de la société repose sur l'accumulation des intérêts afférents à chaque cotisation pendant une durée de vingt années, ce qui revient à dire qu'on ne peut toucher d'intérêts ou de pension qu'après avoir payé des cotisations pendant vingt années à raison de 12 francs par an; à l'expiration de cette période, le sociétaire se trouve avoir versé 240 francs. La société ayant été fondée en 1880, c'était en janvier 1901 que devait avoir lieu la première répartition des dividendes. Mais au fur et à mesure qu'on se rapprochait de l'époque de la distribution des dividendes, on s'est occupé avec plus d'attention de ce qu'allait être ce dividende, et on a vu alors à quels résultats on allait arriver.

Aux termes des statuts, un sociétaire de l'origine, c'est-à-dire de 1880, allait toucher en 1901, pour une somme versée de 240 francs, une somme de 3.300 fr.; il y avait 300 sociétaires appartenant à cette catégorie.

En 1902, le nombre de ceux prenant part à la répartition serait un peu plus considérable; il serait d'environ 600, et chacun de ces sociétaires qui se trouveraient avoir versé 240 francs, plus une nouvelle annuité, toucherait 1.800 francs. Dans la troisième année, — je n'irai pas plus loin, — en 1903, ceux prenant part à la répartition seraient au nombre de 1,500 et toucheraient chacun 1.000 francs.

Et si la Chambre veut bien remarquer que le sociétaire de 1881 qui a touché 3.300 fr. en 1901 reste sociétaire et participant pour le second dividende de 1902, elle verra qu'un sociétaire d'origine, à raison du versement qu'il aurait fait et qui, en 1903, aurait été exactement de 264 francs, aurait touché 3.300 francs en 1901, 1.800 francs en 1902, 1.000 francs en 1903, soit, au total, plus de 6.000 francs. Je dis que c'est un résultat tellement peu en harmonie avec les règles qui président à la prévoyance que, très certainement, il n'avait été aperçu de personne au moment de la fondation.

Je vais plus loin. Si nous allons maintenant jusqu'à rechercher quel serait, au bout de dix années, par conséquent en 1911 ou en 1912, le fonctionnement de la société, on voit quelle disproportion énorme s'établirait entre les avantages fixés par les statuts pour les sociétaires faisant les mêmes sacrifices, suivant qu'ils auraient été inscrits en 1881 ou en 1891 et 1892; car, sans prétendre qu'on puisse déterminer avec une rigueur tout à fait mathématique l'évolution financière d'une société de prévoyance, on peut bien reconnaître que le dividende ordinaire qui sera distribué dans dix ans par exemple ne serait pas supérieur à 38 francs. — ce sont les évaluations qui ont été faites, — moins 12 francs de cotisation; et si on prolongeait le calcul, on arriverait à trouver des sommes moindres encore.

C'est là le mécanisme financier établi par les statuts des Prévoyants de l'Avenir, statuts qui, je le répète, avaient reçu l'approbation du Gouvernement, mais qui ne se trouvaient placés sous l'empire d'aucune loi permettant à cette société d'être une société autorisée, comme le sont d'autres sociétés qui rentrent dans le cadre de la loi de 1898.

A mesure que le temps s'est écoulé, les préoccupations sont devenues plus vives dans le sein de la société des Prévoyants de l'Avenir. Les assemblées générales ont été très houleuses, et je puis bien le dire, puisque certains dissentiments se sont traduits par des faits, et que ces faits se sont reproduits jusque sur la voie publique, il y avait un état de tension violente entre deux partis qui, dès ce moment, messieurs, ont pris leurs noms les plus exacts; les uns étaient les revisionnistes et les autres anti-revisionnistes; les uns voulant le maintien absolu des statuts, et les autres disant qu'il y avait lieu de les modifier dans le sens d'une répartition plus équitable, c'est-à-dire d'une répartition plus égale.

Cette situation, dès ce moment, a appelé l'attention des pouvoirs publics. Je trouve dans le dossier une lettre de M. le ministre du Commerce du 1er juillet 1892, écrite à la suite d'une délibération de la Commission de surveillance des assurances sur la vie au ministère du Commerce, et « appelant l'attention du ministre de l'Intérieur sur les inconvénients de ce fonctionnement ». Le même avis a été renouvelé le 22 mars 1895 par M. le ministre du Commerce de l'époque, signalant au ministre de l'Intérieur « que les statuts des Prévoyants de l'Avenir contenaient des clauses si dangereuses pour l'avenir, qu'elles permettaient de concevoir les plus graves appréhensions ».

Le 23 décembre 1898, le rapporteur de la loi de 1898 au Sénat formulait l'espoir que « les pouvoirs publics prendraient les mesures nécessaires pour éviter à la grande majorité des sociétaires les graves déceptions que leur réservait, dans l'avenir, l'application des statuts ».

Le 23 mars 1898, l'honorable M. Henry Boucher, alors ministre du Commerce, écrivait encore au ministre de l'Intérieur « pour rappeler le vœu émis par le rapporteur du Sénat et fixer son attention sur les inconvénients graves qui dans l'avenir pouvaient résulter de la prolongation du mécanisme qui avait été adopté par la société ».

Ces dissentiments étaient devenus plus bruyants encore quand s'est produite la délibération à laquelle tout à l'heure on faisait allusion, celle de la commission parlementaire d'assurance et de prévoyance sociales; et enfin, à la suite de cette délibération, le conseil supérieur de la mutualité émettait, à la date du 18 novembre 1900, à l'unanimité, un vœu tendant à ce que « le ministre de l'Intérieur se préoccupât de la situation créée à l'ensemble des participants des Prévoyants de l'Avenir et avisât aux mesures à prendre ».

On a eu parfaitement raison d'indiquer tout à l'heure quel est le chiffre considérable des intéressés.

Cette société a pris un développement merveilleux; elle compte aujourd'hui, pour ne pas donner de détails qui pourraient être erronés, plus de 250.000 à 260.000 membres. La question était de savoir s'il était de l'intérêt de l'avenir même de cette société, surtout de l'intérêt de l'universalité de ses membres, de maintenir, sous la responsabilité du ministre, cette distinction en catégories et ces avantages absolument inégaux qui étaients faits aux sociétaires de la première, de la seconde ou de la troisième année.

C'est dans ces conditions, après ces avertissements répétés, que j'ai dû examiner quelle était la situation de l'administration en face de la société des Prévoyants et quelle résolution lui était commandée. C'est ici que la Chambre comprendra l'utilité de l'observation que je lui ai faite et qui a consisté à lui montrer que ce qui allait se passer dans la société des Prévoyants, autorisée par arrêté ministériel, allait se passer sous la responsabilité même de l'administration, c'est-à-dire du ministre de l'Intérieur, et qu'une société qui a reçu l'autorisation de l'État, que ce soit celle du préfet de police ou celle du ministre, n'accomplit ses actes en quelque sorte que sous une certaine tutelle. Et, de même que l'autorisation ne doit être donnée que lorsqu'apparaissent dans le fonctionnement de la société des avantages qui permettent cette autorisation, de même, si le fonctionnement de cette société montre des inconvénients, il est du devoir de l'administration de s'en préoccuper et d'aviser.

Le Gouvernement n'a que deux moyens en tant que Gouvernement d'autoriser une association : l'autorisation qu'il donne de par l'article 291 et qui engage sa responsabilité, et celle qui résulte de la loi de 1898. J'ai pensé à ce moment-là qu'il ne m'était pas possible de laisser sous le régime de l'article 291, c'est-à-dire sous ma responsabilité, s'effectuer au 1er janvier 1901 le premier prélèvement, et je crois que la Chambre a reconnu l'opportunité de cette mesure puisque, aujourd'hui, les intéressés eux-mêmes admettent qu'il faut, pour que leur société vive et fonctionne dans des conditions normales, modifier profondément leurs statuts et qu'on arrive à nous proposer un maximum dont il est intéressant d'examiner le chiffre.

D'après la proposition de M. Berry, il faudrait que la société des Prévoyants de l'Avenir ou tout autre société similaire introduisît dans ses statuts une disposition aux termes de laquelle le montant des sommes distribuées chaque année ne pourra, sous aucun prétexte, être supérieur à une fois et demie le capital versé. Or, si on calcule ce que représente une fois et demie le capital versé qui est de 12 francs par an ou 240 francs pour vingt ans, on trouve précisément le chiffre de 360 francs ; c'est aujourd'hui ce que les Prévoyants de l'Avenir considèrent comme le maximum possible.

M. Gauthier (de Clagny). — Voulez-vous me permettre une très courte remarque, monsieur le Président du Conseil ?

M. le Président du Conseil. — Volontiers, mon cher collègue.

M. Gauthier (de Clagny). — Comme les Prévoyants de l'Avenir, aux termes de leurs statuts, doivent continuer à verser leurs cotisations mensuelles même après qu'ils ont commencé à participer à la répartition des bénéfices, le chiffre que vous indiquez est rigoureusement exact pour la vingtième année, mais il ne l'est plus pour la vingt et unième, la vingt-deuxième et les suivantes.

M. le Président du Conseil. — Assurément, et mon raisonnement n'en a que plus de force, puisque, quel que soit le nombre d'années pendant lesquelles ce versement sera effectué, le chiffre proposé par les Prévoyants de l'Avenir reste au maximum de 360 francs.

M. Gauthier (de Clagny). — Je n'ai formulé aucune critique; j'ai simplement présenté une observation pour souligner la proposition de M. Berry.

M. le Président du Conseil. — Je ne m'attarde pas sur le chiffre de 360 francs parce qu'on pourrait dire tout aussi bien 400 francs ou 500 francs; il y a là une question de mesure et de possibilité financière. (*Très bien! très bien!*)

Ce que je retiens, c'est cette constatation aujourd'hui unanime, toute nouvelle de la part de la direction, qui, sur tous les bancs de cette Chambre, je crois, rencontrait l'approbation, à savoir que, pour que la société fonctionne dans des conditions normales, il faut que les statuts soient modifiés, qu'un certain maximum, sur lequel, je le répète, je ne veux pas insister, soit établi.

M. Georges Berry. — L'observation de M. Gauthier (de Clagny) est inexacte, car il est certain que, pour la seconde année, les adhérents seront tellement nombreux, qu'ils n'auront même plus 360 francs.

M. Walter. — M. Gauthier (de Clagny) ouvrirait la

porte à un abus. Il permettrait de toucher la première année 360 francs, la deuxième 360 francs, plus 12, plus 6, soit 378 francs, et ainsi de suite.

M. LE PRÉSIDENT DU CONSEIL. — Je demande à la Chambre de ne pas s'arrêter à ces divergences de calculs; ils n'ont aucune espèce d'importance, c'est l'affaire de la réforme statutaire. Les statuts diront quel est d'après les ressources et les charges sociales, le bénéfice social qui sera produit.

Et comme l'honorable M. Georges Berry a introduit dans sa proposition cette combinaison — sur laquelle j'aurais un mot à dire tout à l'heure — d'une reconnaissance d'utilité publique par le Conseil d'État, si la majorité des sociétaires adopte cette méthode, s'ils se rendent devant le Conseil d'État, il aura à apprécier si le mécanisme statutaire nouveau est pratique et quel est le maximum qui doit être établi. Je ne voulais affirmer à la Chambre et lui montrer qu'une chose, c'est qu'il n'était pas possible au ministre de l'Intérieur, sous le régime de l'article 291 du Code pénal, de laisser s'accomplir un fait que tout le monde aujourd'hui considère comme étant de nature regrettable et fâcheuse pour la société elle-même.

Que la Chambre me permette de lui indiquer dans quelle mesure ce fait se serait produit, dans quelle mesure il aurait engagé l'avenir. Trois cents sociétaires prélevant 3.300 francs par tête en 1901, c'est 990.000 francs; l'année suivante, en 1902, le prélèvement monte à 1.080.000 francs; en 1903, il monte à 1.500.000 francs. Par conséquent, dans les trois premières années seulement, la distribution des dividendes aux catégories de sociétaires qui auraient eu la bonne fortune de s'inscrire en 1881, 1882 et 1883 aurait représenté une somme de 4.030.000 francs.

Je crois qu'en m'opposant à cette distribution sous la forme que je pouvais employer, j'ai rendu un véritable service à l'association. (*Applaudissements.*)

Que s'est-il produit après l'arrêté du 3 avril 1900 ? J'ai indiqué tout à l'heure l'économie de cet arrêté.

« Vous êtes placés, ai-je dit aux Prévoyants, sous le régime de l'article 291. Je n'entends pas et je ne puis garder la responsabilité de votre fonctionnement, parce que je le considère comme contraire à l'intérêt bien entendu de l'association. »

Sous quelle forme m'était-il permis — puisque je ne pouvais ni ne voulais maintenir l'autorisation donnée en 1881 — d'offrir à l'association de l'autoriser ?

Il suffit de se reporter à la loi de 1898 pour constater qu'afin que je pusse employer cette loi il était nécessaire de faire disparaître des statuts les inégalités prévues précisément par l'article 2. Car, s'il n'y a que deux causes d'exclusion de l'approbation ministérielle pour les sociétés de secours mutuels, l'une de ces causes est précisément que l'association soit contraire à la loi. C'est justement ce qu'on a démontré tout à l'heure en prouvant que l'association des Prévoyants de l'Avenir ne rentre pas dans le cadre de la loi de 1898.

Or, après que j'eus ainsi mis la société en demeure de me proposer une combinaison qui permît l'autorisation, il est arrivé qu'une résistance très vive s'est fait jour des deux côtés, chez les revisionnistes comme chez les anti-revisionnistes. Les anti-revisionnistes ont repoussé toute revision quelconque des statuts ; ils ont même été cause d'un incident que je fais connaître pour montrer que tout le monde n'a pas apporté dans la solution de ce conflit toute la bonne volonté désirable.

L'autorisation donnée en vertu de l'article 291 étant non pas retirée, mais suspendue, qu'a voulu faire le comité directeur des Prévoyants de l'Avenir? J'ai été informé par des affiches qu'on se proposait de passer outre et de distribuer le dividende — qui ne devait être liquidé que le 1er janvier 1901 — au mois d'août, c'est-à-dire par anticipation de plus de cinq mois.

Il m'a fallu par conséquent adresser une notification au directeur et aux administrateurs pour leur interdire de faire cette distribution.

Un peu plus tard on est venu me dire : « Il faut donner à la société le temps de réfléchir, de se retourner, lui accorder un délai. » J'ai accordé le délai par un nouvel arrêté qui a prorogé jusqu'au 1er novembre la limite qui avait été fixée à l'association des Prévoyants de l'Avenir pour régulariser sa position.

Il faudra que je dise quelques mots pour montrer ce qui, dans le projet de résolution de M. Berry, est acceptable et ce qui, à mon sens, ne l'est pas; car il y a une chose que nous ne pouvons pas faire, c'est d'indiquer la résolution à laquelle l'assemblée générale des actionnaires devrait s'arrêter.

Les sociétaires ayant été convoqués en réunion par section le 31 octobre, on a procédé au vote, et je tiens, ici, à rectifier quelques erreurs qu'a commises l'honorable M. Georges Berry.

Qui a posé la question qui devait être soumise à l'assemblée générale? Ç'a été le comité anti-revisionniste, l'administration de la société en un mot. Sous quelle forme posait-on la question aux Prévoyants de l'Avenir? On leur posait ce dilemme : ou le *statu quo* ou une société commerciale. Je n'ai pas besoin d'insister pour montrer quels auraient été et quels seraient encore les dangers d'une association commerciale. S'il plaît aux Prévoyants de l'Avenir de former une société commerciale, ils le diront.

Mais une association commerciale comporte des opérations souvent hasardeuses; des placements de capitaux et, — qu'on me permette de le dire en employant le mot dans un sens légitime, — des spéculations qui peuvent être dangereuses pour une société de prévoyance. De telle sorte que dire aux sociétaires : vous allez choisir entre le *statu quo* et la société commerciale, c'était un peu la carte forcée, qu'on me passe cette expression, et c'était les amener à choisir celle des deux solutions qui leur paraissait la moins dangereuse.

Comme il s'agit d'une société autorisée, comme l'autorisation de l'article 291 existait et existe encore, j'avais le droit de demander au directeur de l'association de proposer aux sociétaires une troisième solution. Et cette solution c'était de se ranger, s'ils le jugaient utile, sous la loi de 1898 qui, si elle impose aux sociétés des règles assez étroites, leur procure aussi certains avantages. Leurs capitaux, en effet, au lieu d'être placés à 3 fr. 25 peuvent l'être à 4 fr. 50, et elles peuvent bénéficier des subventions que donne l'Etat. C'est dans ces conditions que le vote a eu lieu.

Le dépouillement n'a pas été fait arbitrairement au ministère de l'Intérieur et sans contrôle. J'ai pris soin de faire convoquer les membres du comité directeur à ce dépouillement. Ils se sont réfugiés dans l'abstention. Il y a été procédé dans des conditions dont on ne suspectera certainement pas la bonne volonté et les garanties.

Voici maintenant les résultats obtenus : 1,138 sections ont émis un vote ; 681 sections se sont prononcées pour la loi de 1898, 331 sections se sont prononcées pour la forme commerciale et 120 ou 125 sections — je n'ai pas le chiffre sous les yeux — se sont prononcées pour le *statu quo*. Il y avait par conséquent plusieurs partis dans les votants : ceux qui voulaient le *statu quo*, en petit nombre, ceux qui voulaient une association commerciale, très en minorité par rapport à ceux qui voulaient se soumettre à la loi de 1898.

Le comité directeur est alors sorti de son abstention pour nous dire : Mais vous comptez mal ! il ne faut pas compter par section, il faut compter par tête. On a répondu : A merveille ! comptons par tête. Et alors, faisant le total de chacun des scrutins auxquels il avait été procédé dans chacune des sections, on est arrivé aux chiffres suivants : 124.000 suffrages pour la loi de 1898, 90,000 pour la forme commerciale.

Par conséquent, c'est la préférence pour la loi de 1898 qui est apparue.

Je ne prétends pas du tout que ce vote lie à jamais la société, mais je devais cette observation et cette constatation à la Chambre parce que l'honorable M. Berry nous propose une motion dans laquelle il est dit qu'un sursis sera accordé sous réserve d'abord que le maximum sera d'une fois et demie les versements, et ensuite que la société des Prévoyants de l'Avenir se pourvoiera devant le Conseil d'Etat pour obtenir la déclaration d'utilité publique.

C'est ici que je me permets, monsieur Berry, de vous faire une objection à laquelle, je crois, vous allez vous rendre. Je comprends bien que vous invitiez le Gouvernement à ne pas constituer l'association en flagrant délit de contravention à l'article 291 en lui retirant l'autorisation qui fait qu'elle n'est pas délictueuse. Cela, je puis le faire ; la Chambre peut me le demander, et elle va voir que je n'ai pas attendu l'injonction d'ailleurs très courtoise de M. Berry pour m'y rendre. Mais ce que ni le Gouvernement ni la Chambre ne peuvent faire, c'est d'accepter une motion qui subordonne précisément l'acte ministériel qu'on me demande à une résolution déterminée d'avance que l'association des Prévoyants de l'Avenir devrait prendre. L'association se réunira en assemblée générale pour savoir s'il y a lieu de modifier ses statuts. Elle aura à choisir entre beaucoup de combinaisons : elle peut prendre la combinaison commerciale, elle peut former une société civile, chercher une combinaison qui ne nécessite l'intervention d'aucuns pouvoirs publics; elle peut demander l'application de la loi de 1898, ce qui permettra au Gouvernement de l'autoriser si elle le veut. Elle peut également se pourvoir devant le conseil d'Etat pour obtenir la déclaration d'utilité publique. Mais nous n'avons pas à imposer une solution.

M. GAUTHIER (de Clagny). — C'est ce qu'elle demande.

M. LE PRÉSIDENT DU CONSEIL. — J'entends bien un honorable collègue me dire : C'est ce qu'elle demande. A merveille, si c'est ce que l'assemblée générale demande! Nul ne songera à s'opposer à ce que la société se mette en instance devant le Conseil d'Etat pour obtenir la reconnaissance d'utilité publique.

Ainsi, Messieurs, je n'avais pas attendu cette injonction pour considérer que, si j'avais le droit strict de dire : « Vous n'avez pas obéi aux injonctions au 1er novembre ou au 1er décembre, donc aujourd'hui vous êtes en contravention », je n'ai jamais pensé que, si tel était mon droit, ce fût là mon devoir strict. Un procès ayant éclaté dans des conditions que je vais indiquer tout à l'heure, mon premier soin a été de faire connaître à l'administrateur judiciaire que mon plus vif désir était de le voir réunir une assemblée générale dans le plus bref délai possible.

Il n'est pas douteux que lorsqu'un ministre de l'Intérieur provoque une assemblée générale d'une société qui est autorisée par l'article 291, c'est que, jusqu'à l'assemblée générale, il lui maintient l'autorisation. (*Très bien ! très bien !*) Il serait bizarre que, ministre de l'Intérieur, j'invitasse une société, qui serait à l'état de délinquant, à commettre une contravention nouvelle.

Bien entendu, je n'ai jamais songé à des poursuites possibles en vertu de l'article 291 et je n'en provoquerai pas jusqu'au moment où une assemblée des sociétaires se sera réunie et aura délibéré. Voilà ce que je puis faire, ce que j'ai décidé de faire, ce qui donne pleine satisfaction, je crois, à l'honorable M. Berry.

Je dois faire comprendre à la Chambre, car il ne faut pas qu'il y ait de malentendu, ce que comporte l'invitation qu'il m'adresse : c'est, si je ne me trompe, de surseoir à l'exécution de l'arrêté. Eh bien ! quelle sera la portée du sursis à l'exécution de l'arrêté ? Il est bien entendu que jusqu'à l'assemblée générale des sociétaires, ils n'ont rien à redouter ; leur association n'a pas été et ne sera pas dissoute : mais je ne peux rien faire de plus et l'action gouvernementale est la seule que je puisse suspendre.

Je vais dire à la Chambre un mot du procès qui s'est engagé.

Un certain nombre de sociétaires, voyant le comité central effectuer des prélèvements — c'est au moins la raison qu'ils ont donnée de leur action en justice — afin que ces prélèvements pussent permettre de constituer une société commerciale, alors que le scrutin avait eu lieu dans les conditions que l'on sait, se sont pourvus devant la justice en référé et ont demandé la nomination d'un administrateur judiciaire, celui précisément avec lequel j'ai correspondu pour indiquer combien il me semblait nécessaire de parvenir, dans le plus bref délai possible, à la réunion d'une assemblée générale.

L'administrateur judiciaire a été nommé à la requête de ces demandeurs; les antirevisionnistes, le comité directeur, ont répondu en formant devant le tribunal une instance ayant pour but de faire rapporter l'ordonnance qui nommait l'administrateur provisoire. Et alors ceux qui avaient obtenu la nomination de l'administrateur provisoire ont riposté en réclamant la dissolution de la société et, subsidiairement, en demandant que l'administration provoquât une assemblée générale chargée de statuer ou sur la dissolution, ou sur la modification des statuts.

Il est bien clair — j'ai à peine besoin de le dire — que je ne peux rien absolument dans cet ordre de faits, qui sont du domaine purement judiciaire, et que, par conséquent, l'engagement que je prends à la tribune, d'autant plus volontiers qu'encore une fois il répond à une pensée que j'ai déjà fait connaître, est celui-ci : Les Prévoyants de l'Avenir auront toute liberté pour aller à une assemblée générale, pour y arrêter les résolutions qu'ils jugeront les meilleures, et, suivant la résolution qu'ils auront à prendre, ou bien le Gouvernement interviendra si les statuts nouveaux comportent l'approbation, ou il n'interviendra pas si son approbation n'est pas nécessaire. S'ils choisissent, comme je l'ai dit tout à l'heure, une forme de société qui ne comporte l'approbation de personne, tout sera dit; s'ils choisissent cette forme de société qui les ferait entrer dans le cadre de la loi de 1898, ce qui est encore leur droit, ils pourront demander l'autorisation du Gouvernement, et il n'est pas douteux qu'ils l'obtiendront, si leurs statuts sont en harmonie avec la loi de 1898. S'ils préfèrent une troisième forme, c'est-à-dire la société étrangère à la loi de 1898, mais bénéficiant de la déclaration d'utilité publique, ils porteront leur demande devant le conseil d'Etat. Le conseil d'Etat examinera les statuts tels qu'il les auront établis et donnera, ou ne donnera pas suivant son appréciation, la déclaration d'utilité publique nécessaire au fonctionnement de la société.

Voilà le programme qui est ouvert aujourd'hui aux Prévoyants de l'Avenir. Par conséquent, messieurs, je crois que tout ce débat, qui était très utile, parce qu'il a permis à chacun ici et qu'il permettra à beaucoup d'autres, qui ne sont point dans cette assemblée, de connaître exactement les faits, — tout ce débat peut se ramener à ces deux idées. Il y a eu, en 1881, une conception excellente dans son esprit, une conception de prévoyance à laquelle tout le monde doit applaudir, qui n'a pas été assez juste au point de vue du fonctionnement financier, parce qu'elle était nouvelle ; ce sont les Prévoyants de l'Avenir qui ont ouvert le chemin dans lequel beaucoup de sociétés se sont engagées ; le jour où il s'est agi de réaliser par des actes et des faits cette conception primitive, il est apparu qu'il y aurait une disproportion par trop grande entre la situation de ceux qui s'étaient inscrits dès le début en 1881, et celle de ceux qui s'inscrivirent plus tard, en 1892, et qu'il convenait de rétablir l'harmonie entre deux catégories de souscripteurs également intéressantes.

Sans doute, dans les sociétés qui ne relèvent pas de la loi de 1898, il n'est pas nécessaire d'observer les lignes mathématiques que cette loi a tracées ; mais il faut cependant rendre hommage à un principe qui domine toute la prévoyance : c'est qu'il serait souverainement blessant de voir qu'un versement fait pendant le même nombre d'années donne à des sociétaires des avantages qui sont, je ne dirai pas exorbitants, mais tout à fait en disproportion avec les avantages accordés à d'autres. Et c'est tellement juste que ceux-là mêmes qui s'étaient montrés les plus irréductibles au début ont trouvé qu'une modification était nécessaire.

Telle est la situation qui a motivé l'intervention du ministre de l'Intérieur pour le passé. Quant à l'avenir, il est dans les mains des Prévoyants eux-mêmes. C'est à eux de délibérer, de se concerter, de trouver la forme la plus pratique pour le bon fonctionnement de leur société, et je répète ce que j'ai déjà dit à la Chambre : je puis lui affirmer que, dans cette voie, ils ne rencontreront jamais que les sympathies et les encouragements du Gouvernement. (*Vifs applaudissements sur divers bancs.*)

Quelque temps après la discussion de la Chambre, les Prévoyants de l'Avenir se réunirent en assemblée générale pour reviser leurs statuts. Deux courants d'opinion partageaient la Société : l'un tendait à placer l'association sous le régime de la loi de 1898, l'autre demandait que, revisant la clause relative au partage des revenus du fonds social, elle continuât à fonctionner dans les mêmes conditions qu'auparavant[1]. C'est cette dernière opinion qui prévalut. Mais des instances judiciaires introduites de divers côtés empêchaient la Société de fonctionner. C'est dans ces conditions que M. Gustave Rouanet, à la séance du 22 octobre 1901, déposa la proposition de loi suivante : Ajouter à l'article 37 de la loi du

1. Discours de M. Rouanet, Chambre, 22 octobre 1901.

1er avril 1898 un cinquième paragraphe ainsi conçu :
« Les sociétés de prévoyance qui ne se proposent pas l'un des buts énumérés à l'article 1er (assurances contre la maladie, le décès, l'accident, la vieillesse), et qui promettent simplement à leurs membres une part du revenu du capital social, sous réserve que chaque part distribuée ne pourra dépasser une fois et demie le capital versé, continueront à vivre sous le régime des arrêtés ministériels qui leur ont permis de se constituer et à bénéficier des exemptions de droit dont elles ont profité jusqu'à ce jour. »

Le président du Conseil demanda aussitôt la parole :

M. WALDECK-ROUSSEAU, *président du Conseil, ministre de l'Intérieur et des Cultes.* — Je voudrais justifier d'un mot la proposition que je viens faire à la Chambre de renvoyer la motion de M. Rouanet à la Commission d'assurance et de prévoyance sociales.

Il y a déjà quelque temps, l'honorable M. Rouanet est venu m'entretenir des difficultés renaissantes qui pesaient sur une solution éminemment désirable et à laquelle le Gouvernement était prêt à s'associer. Je n'ai pas eu de peine, malheureusement, à démontrer à M. Rouanet que, dans l'état actuel des conflits judiciaires qui s'étaient élevés, il m'était impossible soit d'accorder une autorisation qu'on ne pouvait pas me demander, soit d'appuyer devant le Conseil d'Etat une demande de déclaration d'utilité publique, qui, en présence de ces procès, ne pouvait pas être formulée.

Je reconnais par conséquent qu'il y a urgence à chercher le remède le plus efficace à une situation qui ne peut pas indéfiniment se prolonger. Je demande simplement le temps matériel nécessaire pour examiner la proposition de l'honorable M. Rouanet et m'assurer qu'elle coupe court aux difficultés qu'il a lui-même constatées ; je prends bien volontiers l'engagement de faire savoir, d'ici deux ou trois jours au plus, à la Commission d'assurance et de prévoyance sociales, l'opinion du Gouvernement. Si la proposition de M. Rouanet est de nature à trancher les difficultés, le Gouvernement s'y associera pleinement. (*Très bien! très bien! à gauche.*)

M. LE PRÉSIDENT. — La parole est à M. Rouanet.

M. GUSTAVE ROUANET. — Je prends la parole pour ajouter simplement que je ne tiens pas à la formule que j'ai déposée...

M. LE PRÉSIDENT DU CONSEIL, *ministre de l'Intérieur et des Cultes.* — Elle peut être fort bonne.

M. GUSTAVE ROUANET. — Je la crois bonne, car c'est par suite de la suppression du paragraphe 5 de l'article 37 que se sont ouvertes les difficultés qui se sont aggravées depuis; mais si on trouve une autre solution, je ne demande pas mieux que de m'y rallier. (*Interruptions au centre et à droite. — Très bien! très bien! à gauche et à l'extrême gauche.*)

Ce qui importe avant tout, c'est que le conflit judiciaire ne s'éternise pas et que les sociétés de prévoyance puissent reprendre leur fonctionnement normal.

M. LE PRÉSIDENT DU CONSEIL. — Je crains que l'honorable M. Rouanet m'ait mal compris. Je n'ai pas du tout considéré que sa formule fût défectueuse; il me l'a communiquée au moment où nous entrions en séance; je n'ai par conséquent pu faire que cette seule réserve, qu'avant de me prononcer il m'était nécessaire d'en faire un examen rapide.

Il est possible que la formule de M. Rouanet soit bonne : je répète que, dans ce cas, le Gouvernement l'adoptera. (*Très bien! très bien! à gauche et sur divers bancs.*)

La proposition de loi de M. Rouanet, après un accord intervenu entre le Gouvernement et la Commission d'assistance et de prévoyance sociales, fut adoptée par la Chambre des députés dans sa séance du 10 décembre. Sur une question de M. Gauthier (de Clagny), M. Waldeck-Rousseau déclara que la rédaction proposée à la Chambre avait pour but de placer la Société des Prévoyants de l'Avenir et autres sociétés similaires sous l'empire d'une loi nette et définie, celle de 1901 sur les associations. Il n'était pas douteux, ajoutait-il, qu'ainsi disparaissaient tous les procès engagés contre la Société.

La proposition de loi vint devant le Sénat à la séance du 30 janvier 1902. M. Lourties présenta un amendement permettant aux sociétaires qui n'accepteraient pas la transformation de la Société de réclamer la restitution des sommes versées par eux. Cet amendement combattu par M. Strauss, rapporteur, et par le président du Conseil, fut retiré par son auteur, et le Sénat adopta le projet.

(La loi a été promulguée au *Journal officiel* le 3 février 1902.)

Voici le discours prononcé par M. Waldeck-Rousseau en réponse à celui de M. Lourties :

M. LE PRÉSIDENT DU CONSEIL. — Messieurs, j'ajouterai, si le Sénat veut bien le permettre, quelques très courtes observations à celles qui ont été présentées par M. le rapporteur pour lui demander d'écarter l'amendement de M. Lourties.

Notre honorable collègue a apporté à la tribune des considérations extrêmement justes sur le rôle éminemment utile joué, au point de vue de la prévoyance, par les sociétés de secours mutuels ; il vous a indiqué combien, à son sens, il serait préférable, pour ceux qu'anime cet esprit de prévoyance, de s'adresser aux sociétés de secours mutuels et de faire avec ces sociétés les opérations de retraites pour la vieillesse qui sont prévues notamment par la loi de 1898.

Je n'ai pas besoin de faire de profession de foi en matière mutualiste ; je suis un mutualiste très résolu, j'ajouterai même pratiquant ; mais le Sénat n'ignore pas qu'à côté des incontestables services rendus par les sociétés de secours mutuels, il en est d'autres très importants, eux aussi, rendus par d'autres associations ; les sociétés de secours mutuels n'étant pas encore parvenues à assurer des pensions d'un chiffre suffisamment élevé, d'autres institutions se sont fondées, qui ont également pour but de favoriser les idées de prévoyance.

Parmi ces associations, celle des Prévoyants de l'Avenir tient, à coup sûr, la première place, et par son importance et par le nombre de ses adhérents. Il n'est pas possible de méconnaître l'intérêt qui s'attache à une société de ce genre et je crois que tout le monde est unanime pour reconnaître qu'il est indispensable de lui donner un régime légal.

Cela m'amène immédiatement à dire dans quelles conditions et sous l'empire de quelles préoccupations j'ai demandé à la Chambre de voter le texte qui est aujourd'hui soumis au Sénat et que je le prie d'adopter. La question est de savoir s'il existera, pour une association qui comprend près de 300.000 membres, un statut légal, défini, ou si, au contraire, quelque invraisemblable que cette proposition paraisse, il faut convenir que, à l'heure actuelle, il est impossible d'imaginer une issue par laquelle l'association des Prévoyants de l'Avenir puisse entrer dans la légalité. On a rappelé dans quelles conditions j'ai dû prendre un arrêté ministériel retirant à cette association l'autorisation qui lui avait été donnée. Je n'ai cédé, dans cette circonstance, qu'à la conviction pressante que l'intérêt même de l'association commandait, en raison de certaines stipulations de ses statuts, une intervention immédiate. Je voyais, en effet, — et je n'étais pas le seul à l'apercevoir, — le péril que devait faire courir à cette société d'abord, et ensuite, par la répercussion de l'événement, à toutes les œuvres de prévoyance, le fonctionnement d'un mécanisme certainement imprévoyant, et qui ne répondait pas à la pensée des fondateurs. Il était, en effet, facile de voir, — et c'était l'expérience seulement qui avait dégagé cette vérité, — que les avantages concédés aux premiers fondateurs étaient de telle nature qu'ils menaçaient de tourner contre l'ensemble des sociétaires. Sans rappeler autrement les chiffres, je me bornerai à dire qu'au bout de dix années les premiers fondateurs, surpris eux-mêmes, j'en suis convaincu, de ce résultat, arrivaient à prélever, en deux, trois ou quatre ans, des sommes variant entre 4.000, 5.000 et 6.000 francs.

Il en résultait fatalement un appauvrissement de la masse, et par là même un véritable danger pour les sociétaires venus plus tard, pour ceux qui n'étaient que des ouvriers de la deuxième heure, mais dont, certainement, le patrimoine d'épargne devait être sauvegardé.

A ce moment, — c'est une observation que je tiens à produire devant le Sénat, — de même qu'il n'entrait pas dans mon esprit, ni la pensée de faire brutalement disparaître une institution de cette importance, ni même l'intention de lui imposer des statuts, je devais me demander comment on pouvait offrir aux Prévoyants de l'Avenir ce que j'appelais tout à l'heure un régime légal, à une époque où déjà les articles 291 et 292 du Code pénal pouvaient être considérés comme n'appartenant plus à notre législation. Je me trouvais en présence de la loi de 1898, — j'écrivis au liquidateur-séquestre qui avait été nommé pour lui dire : « Il est nécessaire d'accorder un délai à l'association, ce délai sera de six mois ; mettez ce temps à profit pour réunir l'assemblée générale, appelez son attention sur l'utilité de modifier les statuts de la société. » En même temps, je suggérais une solution qui était, à mon sens, bonne et juste : elle consistait, si l'assemblée générale réunissait sur ce point une majorité, à placer l'association sous le régime de la loi de 1898.

Plus tard, lorsque la Chambre a été saisie d'une proposition de l'honorable M. Georges Berry, j'ai tenu le même langage et j'ai indiqué que le sort des Prévoyants de l'Avenir devait tout d'abord être remis dans leurs mains, qu'ils formaient une association apte à délibérer, que je m'étais efforcé et que je m'efforcerais encore de faciliter la réunion d'une assemblée générale, à laquelle il appartiendrait d'élaborer des statuts. Et, envisageant alors toutes les hypothèses, je disais à la Chambre : « Si la forme choisie par l'assemblée générale n'implique aucune approbation du Gouvernement, tout est dit et la société par là même fonctionnera régulièrement.

« Si, au contraire, la résolution de l'assemblée générale nécessite une intervention gouvernementale, je n'ai pas besoin de dire que la demande d'autorisation sera accueillie avec faveur. »

J'ajoutais enfin : « Si l'association préfère se pourvoir devant le Conseil d'Etat et solliciter la reconnaissance d'utilité publique, le Gouvernement appuiera cette demande de reconnaissance. »

La vérité, c'est que la bonne volonté du Gouvernement et celle de l'association elle-même se sont trouvées paralysées par une série de difficultés judiciaires créant une situation inextricable.

En effet, une instance s'était ouverte, — je serai très bref dans l'exposé que je veux soumettre au Sénat, mais c'est justement cette situation judiciaire qui explique le projet de loi — une instance s'était ouverte à la requête d'un certain nombre de Prévoyants de l'Avenir. Ils invoquaient le vote de l'assemblée du 21 octobre 1900, et soutenaient que — par le fait de ce vote — les Prévoyants se trouvaient constitués en société de secours mutuels soumise à la loi de 1898, et, subsidiairement, ils demandaient la convocation d'une assemblée générale.

Les défendeurs, dans une demande reconventionnelle, soutenaient une autre thèse. Ils disaient : « Nous ne sommes pas une société de secours mutuels; nous sommes une société civile ordinaire, pouvant naître, se former et fonctionner sans autorisation et sans avoir à revendiquer le bénéfice d'une législation spéciale. »

Sur ces diverses prétentions, le tribunal rendait, le 19 mars 1901, un jugement qui, n'adoptant ni le système des demandeurs ni celui des défendeurs, disait : « Vous n'êtes ni une société de secours mutuels ni une société civile; vous êtes une société de prévoyance de forme tontinière, et, cela étant, vous auriez dû demander et obtenir l'autorisation prévue par la loi de 1867. Vous ne l'avez ni demandée ni obtenue, vous tombez par conséquent sous l'application des articles 291 et 292 du Code pénal. »

Immédiatement, ce jugement est frappé d'appel; puis intervient la loi de 1900, et le liquidateur, M. Gros, désireux de mettre fin à une situation qui pèse lourdement sur l'association et au point de vue des frais et au point de vue de son fonctionnement, croit trouver une solution : il se rend à la préfecture de police, il y dépose un exemplaire des statuts des Prévoyants de l'Avenir afin, dit-il, de remplir les formalités imposées par la loi du 1ᵉʳ juillet 1901. Non content de cette formalité qui n'eût pas suffi pour assurer la bonne marche des affaires de la société, non content de dire : « Nous formons une association ordinaire », il se pourvoit devant le Conseil d'État pour demander la reconnaissance d'utilité publique. Mais alors les sociétaires qui ne partagent pas ses vues saisissent immédiatement le juge des référés : on ne peut pas, prétendent-ils, procéder de la sorte; la société des Prévoyants ne constitue pas une association tombant sous l'application de la loi de 1901, puisque le tribunal a jugé qu'elle était une association à forme tontinière, et le juge des référés rend, messieurs, à la date du 13 août 1901, une ordonnance faisant défense au liquidateur de donner suite à ses démarches, par la raison qu'en effet la société, aux termes d'un jugement sans doute frappé d'appel, est une association à forme tontinière. De sorte que voilà tout immobilisé et paralysé.

Que pouvait faire le Gouvernement pour venir en aide à l'association? Lui dire : Vous allez passer sous le régime de la loi de 1867?

Mais c'est précisément un des points les plus contestés et, à l'heure actuelle, encore soumis à l'appréciation de la cour d'appel.

Pouvait-il dire : Revenons aux articles 291 et 292 du Code pénal?

Ils venaient d'être abrogés par la loi du 1ᵉʳ juillet 1900.

C'est alors que, par une conclusion qui me paraît extrêmement logique, j'ai considéré qu'il fallait prendre comme point de départ cette idée que les associations qui avaient été autrefois placées sous le régime des articles 291 et 292, maintenant abrogés, devaient être placées, si leur nature le permettait, sous le régime de la loi de 1901 qui venait d'être substituée à ces articles.

J'ai eu l'honneur de présenter cette solution à la Chambre des députés.

Une objection se fit immédiatement jour dans tous les esprits : mais la loi de 1901 est-elle accessible à toutes les associations sans distinction? Nous devions tenir compte de cette objection et, pour y répondre, nous devions d'abord établir à quelle condition une association de prévoyance peut entrer dans le cadre général de la loi de 1901.

C'est, à mon sens, à la condition que l'association ne soit pas une société de spéculation, et qu'elle ne se propose que de retirer les bénéfices ordinaires et normaux résultant de la prévoyance, c'est-à-dire les bénéfices qu'on peut se proposer de recueillir au moyen de l'épargne et en mettant en commun, sinon une forme de l'activité humaine, tout au moins une vertu civile qui est une forme de cette activité et qui est la prévoyance.

Il n'était donc pas possible — au moins je l'ai cru et la Chambre a paru adopter cette opinion — d'admettre que certains fondateurs obtinssent d'autres avantages que ceux qui résultent précisément de l'épargne mise en commun, et qu'ils pussent recueillir un bénéfice, que je n'appellerai pas commercial, mais qui, en réalité, est le résultat d'une opération devant aboutir à un certain lucre. Autoriser les premiers fondateurs à s'attribuer une part infiniment supérieure à celle des autres, — cela reviendrait à récompenser le zèle qu'ils avaient mis à organiser l'affaire.

Il fallait des prévisions plus conformes aux lois ordinaires de la prévoyance; c'est pourquoi nous n'avons admis le régime de la loi de 1901 pour les associations de ce genre et notamment pour les Prévoyants de l'Avenir, qu'autant que la part versée à chaque sociétaire, sans aucune espèce d'exception possible, ne pût excéder une fois et demie le montant du versement, ce qui correspond, à titre d'idée générale, à une opération de pure prévoyance.

Mais s'il nous a paru possible et nécessaire d'assigner aux associations de prévoyance une limite qu'elles ne pourraient pas dépasser si elles voulaient se placer sous le régime de la loi de 1901, comme j'ai déjà eu l'occasion de le dire au Sénat, il ne nous a pas paru possible de reviser leurs statuts, d'y introduire les clauses qui nous paraîtraient les meilleures, les plus intelligentes, et les mieux marquées au coin de la sagacité, car nous aurions fait alors une toute autre opération que celle que nous nous étions proposée. Au lieu d'offrir à des associations d'un type déterminé le régime de la loi de 1901, nous serions entrés dans la voie de l'approbation par le Parlement des statuts de ces associations.

Et alors ce n'est pas seulement le visa du Parlement qu'il aurait fallu demander; chacun des articles des statuts de la société aurait dû être soumis à votre contrôle; vous auriez dû les discuter et chacun de nous aurait pu modifier tel ou tel article dans un sens qui lui aurait paru plus logique. Dès lors, ce n'était plus faire aux Prévoyants l'application de la liberté en matière d'association; c'était les contraindre à soumettre à l'approbation du Parlement les dispositions statutaires à l'abri desquelles ils entendent se placer.

J'ajoute que, de toutes les stipulations statutaires.

celles auxquelles le pouvoir législatif a le moins le droit de toucher, ce sont celles réglant les conditions de présence dans l'association et fixant par voie de conséquences les résultats que chacun est en droit d'en espérer.

Ce sont là des stipulations qu'il n'appartient qu'aux parties de régler.

La loi de 1901, que nous indiquons comme pouvant les régir dans des conditions déterminées, a sauvegardé ce que l'ordre public imposait de sauvegarder.

Dans son article 4, il est dit en effet que tout membre d'une association d'une durée illimitée peut en tout temps se retirer de l'association à la condition d'avoir rempli tous ses engagements, c'est-à-dire d'avoir versé toutes ses cotisations.

Voilà une règle qui est d'ordre public, parce qu'en effet on ne peut pas admettre qu'on s'enchaîne à perpétuité. Mais il ne s'agit pas de dire que les Prévoyants de l'Avenir qui croient être entrés dans une affaire qui ne répond pas à leurs desiderata pourront s'en retirer, il s'agit de permettre à ceux qui s'en retireront de reprendre tout ce qu'ils ont apporté. Or, il est visible qu'entre chacun des membres de cette association il s'est formé un engagement synallagmatique. Je me suis engagé à verser, pendant dix ans, des fonds dans l'association, parce que tous ceux qui y entraient sous la même loi que moi-même prenaient le même engagement, et j'ai un droit acquis sur toutes les sommes qui ont été ainsi versées et qui peuvent m'être attribuées en vertu du jeu des risques qui sont la loi des parties. De quel droit le Parlement irait-il dire à une association : Vous allez mettre dans vos statuts que tous ceux des membres qui sont fatigués du contrat qu'ils ont souscrit pourront le rompre ?

Remarquez bien que si, comme le disait tout à l'heure l'honorable M. Lourties, les sociétaires sont unanimes à penser qu'on doit introduire une clause qui permette à chacun de s'en aller, non pas en retirant les bénéfices capitalisés, mais seulement la totalité de ces versements, le pacte que nous leur donnons, la loi sous laquelle ils vont se trouver placés et qui leur permet justement d'introduire dans leurs statuts toutes les améliorations désirables, va jouer sans la moindre difficulté.

Je suis bien loin d'avoir la même opinion que l'honorable M. Lourties, et je crois que c'est l'immense majorité, pour ne pas dire la quasi-totalité des Prévoyants de l'Avenir qui considèrent que l'on ferait par là une brèche considérale et dangereuse à la règle sociale. Lorsque j'ai eu l'honneur d'être entendu par la Commission, l'honorable M. Lourties disait : « Il y a au moins 50.000 prévoyants de l'avenir qui demandent à pouvoir se retirer de la sorte. »

Mais est-ce une raison pour dire, dans la loi qui est en discussion, que ces 50.000 adhérents pourront se retirer demain? Pouvons-nous mesurer les conséquences d'une pareille stipulation, savoir si nous ne dérangerons pas le fonctionnement de l'association tout entière?

Ce sont là, je le répète, des questions qui sont d'ordre statutaire et dont le jugement appartient, par conséquent, aux sociétaires.

Voilà les considérations pour lesquelles je crois que l'amendement de M. Lourties doit être rejeté.

Il n'est que temps, en vérité, que les Prévoyants de l'Avenir retrouvent le calme, je ne dis pas le calme absolu : dans une association qui compte 300.000 membres, il faut bien admettre qu'il se trouvera parfois des dissidents. Mais ce que nous devons nous efforcer de donner à cette association, c'est un régime légal, stable, bien défini, qui lui permette, dès demain, de suivre le cours de ses opérations, de faire face à ses engagements.

J'ajoute qu'à mon sens la mutualité ne devrait rien craindre des associations de même nature qui sont visées dans la même loi. La mutualité, comme tout ce qui représente une grande idée, cherche à attirer à elle tous les efforts et elle a parfaitement raison. Rien n'est plus légitime que sa propagande.

Il ne faut pas seulement y souscrire moralement : il faut aussi y aider. Mais je crois qu'elle se tromperait si elle ne comprenait pas que plus on prévoit, plus on est amené à prévoir. Il en est de la prévoyance comme de l'activité commerciale : tout ce qui fait éclore une branche d'activité humaine profite à toutes les autres, et il n'est pas étonnant que ceux qui ont fait une opération de prévoyance, celle que permet précisément la loi dont le Sénat est saisi, puissent songer à faire quelque chose de plus et qu'ils se disent : C'est très bien de pouvoir, au bout de dix années, retirer de l'association une somme de 100, 150 ou 200 francs ; il ne serait pas mauvais non plus de m'assurer contre les risques de maladie. Par conséquent, ils tourneront les yeux du côté des sociétés qui font ce genre d'opérations.

De même, il faut bien admettre que la moyenne des rentes qui peuvent être servies par les sociétés de secours mutuels ne dépassant jamais 60 francs, le mutualiste le plus zélé tourne ses regards, lui aussi, du côté d'une institution annexe et demande une majoration de sa pension à une société dont ce sera précisément le but.

En résumé, je ne crois pas que nous fassions rien dont les mutualités puissent souffrir, et il me paraît qu'au contraire nous accomplirons un acte qui profitera très largement à une œuvre extrêmement intéressante, en votant le texte qui est aujourd'hui soumis à vos délibérations. (*Applaudissements.*)

SOCIÉTÉS
DE PRÉVOYANCE ET DE SECOURS MUTUELS

Les discours qui suivent ont été prononcés à des fêtes ou réunions données par diverses sociétés de prévoyance et de secours mutuels.

Mutualiste très résolu, et même pratiquant, ainsi qu'il le déclarait au Sénat, M. Waldeck-Rousseau éprouve le plus vif plaisir à se rencontrer avec les membres de ces sociétés. Sa sollicitude pour les associations de solidarité fraternelle s'est manifestée dès son entrée dans la politique. Il disait à la Chambre, en 1883, que la prévoyance est le premier besoin, la première nécessité d'une société laborieuse [1]. Mais il demandait que l'Etat, tout en s'imposant des sacrifices personnels, cherchât à éveiller, provoquer, développer l'initiative individuelle dans la prévoyance. Le premier devoir est de ne pas exiger des travailleurs de faire des sacrifices sans leur garantir des résultats. Le développement des sociétés de secours mutuels avait été entravé jusque-là par l'incertitude qui régnait sur les résultats de l'épargne. Il fallait que les associations constituassent, au profit de leurs membres, un droit certain au triple avantage d'une retraite pour la vieillesse, d'un capital, en cas de décès, pour leurs veuves ou leurs enfants, et d'une pension venant se cumuler, au besoin, en cas d'accident, avec la pension de retraite.

1. Discours du 15 mars 1883, voir QUESTIONS SOCIALES, p. 19.

C'est de ces idées que s'était inspiré M. Waldeck-Rousseau en déposant, dès 1882, un projet de loi qui a été la première base de la loi de 1898, la charte actuelle des sociétés de secours mutuels.

On sait qu'en ces dernières années, grâce à cette loi, l'essor des associations de prévoyance a été considérable. C'est ainsi que l'accroissement annuel moyen du nombre des sociétés, qui n'était que de 268 en 1897, de 261 en 1898, a été de 1.119 en 1899, et, en 1890, de 1.141 ! Le ministère de l'Intérieur avait, il est vrai, appliqué la nouvelle loi d'une façon large et libérale, provoquant la création des sociétés dans toutes les agglomérations urbaines et rurales.

(Il y a, à l'heure actuelle, — statistique de 1901 — 15.000 sociétés, comprenant 2.500.000 mutualistes, possédant un avoir de 400 millions. 150 millions sont destinés aux pensions de retraite des vieux sociétaires atteints par l'âge.)

Banquet des mutualistes.

Les présidents des sociétés de secours mutuels de France offrirent un banquet à M. Waldeck-Rousseau pour le remercier des services qu'il a rendus à l'œuvre de la mutualité. Ce banquet eut lieu, le 26 octobre 1901, avec le concours d'un grand nombre de mutualistes et de membres du Parlement. Plusieurs discours furent prononcés au cours de cette fête. Voici celui de M. Waldeck-Rousseau en qui le secrétaire de la Fédération avait salué « le chef aimé dont tous les mutualistes admirent le courage».

Mesdames, Messieurs,

Ma première parole sera pour exprimer combien je regrette de ne pas voir à sa place votre excellent secrétaire général et pour exprimer le vœu qu'il se rétablisse promptement. Il sait trop bien quels sont les services qu'il a déjà rendus et ceux qu'il peut encore rendre pour que, dans cette considération, il ne trouve pas un encouragement et un stimulant à une prompte guérison.

J'ai été très touché et un peu confus des éloges qui m'ont été décernés tout à l'heure : je n'ai point les qualités qu'on me prête. On a eu toutefois raison de dire que, dès la première heure de ma vie politique, mon attention s'est tournée vers toutes les questions de prévoyance et d'assistance sociales et que, soit au au Parlement, soit au dehors, cette attention ne s'est jamais ni affaiblie ni découragée. Aussi m'est-il particulièrement agréable de me trouver aujourd'hui au milieu de vous, dans cette assemblée de présidents de sociétés de secours mutuels dont l'œuvre sera la gloire la plus pure du siècle qui vient de finir et qui marque une étape véritablement admirable, accomplie dans la voie du progrès et de la paix sociale.

C'est, en effet, aux sociétés de secours mutuels que l'on devra tout d'abord ce premier rapprochement des hommes, ce premier éveil de la solidarité qui ne permettra point de dire que tant d'efforts sucessifs dans les temps passés, tant de beaux rêves d'union et de fraternité ne soient que de décevantes chimères.

On a rappelé tout à l'heure les appréhensions que le projet de création des retraites ouvrières avait éveillées chez les sociétés de secours mutuels. Je voudrais, messieurs, les apaiser et montrer qu'à mon sens ce projet, dans sa forme actuelle, et tel qu'il sortira des délibérations du Parlement, n'est pas de nature à nuire à leur fonctionnement, mais bien plutôt à développer l'essor qu'elles ont déjà pris.

Quelle sera la situation de la mutualité devant la loi des retraites ouvrières?

Nous avons voulu que les sociétés de secours mutuels fussent, s'il leur plaisait de l'être, un des principaux organes de cette nouvelle institution. Les retraites ouvrières pourront être constituées, en effet, par l'intervention ou de la Caisse nationale des retraites pour la vieillesse, de la Caisse nationale des retraites ouvrières, ou enfin par l'intervention des mutualités.

Non pas que chaque mutualité soit obligée de s'engager dans cette voie, — nous avons voulu que leur liberté demeurât entière, — mais s'il leur plaît d'être l'un des organes de ce nouveau mécanisme, que doivent-elles en attendre, soit au point de vue du maintien de l'institution elle-même, soit au point de vue des progrès de cette institution ?

On a exprimé tout à l'heure la crainte que le ministère de l'Intérieur ne perdît la direction des sociétés de secours mutuels, qui est à coup sûr une de ses plus belles parures. Je tiens à rassurer immédiatement les mutualistes contre cette éventualité.

Si une mutualité veut faire des opérations de retraites ouvrières, il lui faudra justifier sans doute qu'elle a la surface, la solidité nécessaires ; toutes les fois qu'on entreprend avec un tiers une opération, n'est-on pas obligé, en effet, de faire pareille preuve ? Mais, cette preuve faite, les sociétés qui auront voulu concourir à ce nouveau progrès resteront ce qu'elles sont, rien ne sera changé à leur fonctionnement, elles resteront placées sous le même contrôle administratif, et pour avoir accru leur action, leur intervention dans l'organisation de la prévoyance, elles n'auront que plus de titres à rester attachées au ministère de l'Intérieur.

On a dit encore : Mais est-ce que l'article 23 n'aura pas pour effet de priver les sociétés de secours mutuels, au regard des versements qu'elles effectueront, de la bonification d'intérêt qui leur est accordée par la loi?

Je réponds, d'accord avec tous les auteurs du projet : Non, il n'en est pas ainsi, bien au contraire, et c'est sur ce point précisément qu'appelant votre attention, je voudrais vous montrer quelles ressources nouvelles la mutualité peut trouver dans le libre exercice de l'option qui lui est offerte.

Si une société de secours mutuels veut faire des opérations de retraites ouvrières au profit de ceux de ses membres qui se trouvent dans l'une des catégories prévues, c'est elle qui recevra leurs versements, mais elle recevra en outre le versement égal qui doit être effectué par l'exploitant, et lorsqu'elle fera à la caisse des retraites le versement des cotisations affectées à leur constitution, elle continuera de profiter de la bonification dans les conditions mêmes qui sont indiquées par la loi de 1898.

Qu'adviendra-t-il alors? Il adviendra que l'ouvrier fera le raisonnement bien simple que voici : Si je verse directement à la Caisse nationale des retraites ouvrières, l'argent que je lui apporte ne sera majoré que de l'intérêt de 3. p. 100, et si je prends comme intermédiaire la société de secours mutuels, ma contribution produira 4 1/2 p. 100.

Et alors se présentent à la mutualité de multiples combinaisons, toutes excellentes.

La première consisterait à appliquer la majoration d'intérêt à la retraite, et la retraite serait d'autant plus forte que la somme versée serait capitalisée à 4 1/2.

Une autre, non moins intéressante, consisterait à appliquer une partie de la majoration d'intérêt au dégrèvement des cotisations pour frais de maladie.

Il y a encore une considération qu'il ne faut pas perdre de vue, c'est que les mutualités qui auront procédé de la sorte seront déchargées du service de l'invalidité prématurée qui, le cas échéant, reste entièrement à la charge de l'Etat bien qu'il ait déjà majoré à 4 1/2 le taux de la capitalisation de la retraite.

J'ai été très frappé tout à l'heure d'une excellente formule ; c'est l'une de celles qui ont été employées dans l'un de vos congrès : la liberté dans l'obligation.

Eh bien! oui, obligation de travailler à se constituer une retraite, mais liberté d'acquitter cette obligation entre les mains de la société de secours mutuels; et, par conséquent, bien loin d'amoindrir la portée de son action et l'efficacité de son intervention sociale, le projet de loi, à mon sens, aurait au contraire pour résultat de l'accroître sensiblement.

Voilà les considérations qui me sont inspirées par quelques-uns des très sages avis qui ont été émis, et croyez bien que j'emporterai de cette réunion non pas seulement le souvenir ému de l'accueil que j'y ai trouvé, mais encore le désir très sincère de méditer sur toutes les paroles que j'ai entendues.

Il ne me faudra pas faire un grand effort, croyez-le bien, pour ramener une fois de plus ma pensée sur les sociétés de secours mutuels. Je suis avec attention, avec une attention qui m'est rendue facile par les travaux statistiques de mon collaborateur M. Barberet, tout le mouvement de la mutualité, et je suis frappé du spectacle que présente non pas un de ces épanouissements soudains, et qui par cela même qu'ils sont soudains ne sont pas toujours durables, mais une marche ascensionnelle que rien n'arrête, qui est continue, progressive, et qui, de jour en jour, donne de meilleurs résultats.

SOCIÉTÉS DE PRÉVOYANCE ET DE SECOURS 171

Lorsque, en 1882, j'ai déposé un très modeste projet de loi qui, fort heureusement, repris par des mains plus habiles, a été admirablement revu, corrigé et augmenté, et qui a fini par aboutir à la loi de 1898, qui est votre charte, mon attention s'était portée surtout sur le chiffre un peu trop minime de retraite que les sociétés de secours mutuels peuvent constituer. Si l'on envisage votre œuvre dans son ensemble, elle est énorme, car, de quelques centaines de mille francs en 1869, vous êtes passés à plus de 5 millions de retraites en 1898, et de même qu'autrefois le nombre des retraites n'était que de 2.300, il est aujourd'hui de plus de 40.000.

Mais si le nombre des retraités s'est accru dans une proportion si frappante, on le disait tout à l'heure, le chiffre de la retraite n'a pas sensiblement augmenté : il était de 69 fr. 40 en 1869, il est de 71 fr. 27 en 1898, et ce chiffre est probablement le même à l'heure actuelle.

Eh bien ! c'est de ce côté et en vous servant de tous les adjuvants que peuvent vous apporter les circonstances et les législations nouvelles, c'est de ce côté, à mon sens, que vous devez porter tous vos efforts, et faire sentir une fois de plus la fécondité de votre action mutuelle.

Dans beaucoup de vos réunions, dans vos banquets, on a fait apparaître l'extraordinaire développement de la mutualité. Je ne veux rien ajouter à un tableau qui a été tracé de main de maître ; mais pourquoi ce succès ? Il tient, messieurs, à une raison maîtresse : c'est qu'on ne fonde aucune institution durable si elle ne répond pas à une de ces vocations primordiales et, pour parler plus simplement, à un de ces instincts humains aussi anciens que l'homme lui-même, plus obscurs au début, très rudimentaires, presque latents, mais certains et impérissables.

Je crois que l'homme est né prévoyant. Cette proposition ne pourra pas être taxée de téméraire ; n'enseigne-t-on pas que tous les êtres animés obéissent avant tout à l'instinct de la conservation? Or, la prévoyance c'est l'instinct de conservation chez l'être doué de raison.

J'oserais affirmer, et cependant les documents font absolument défaut, — il n'y avait pas de statistique à cette époque, — qu'aux temps préhistoriques, nos ancêtres les plus lointains ont été prévoyants, qu'ils ne jetaient pas dans la poussière des plaines ou dans les broussailles des bois ce qui restait, leur faim assouvie, de la proie qu'ils avaient abattue, des fruits sauvages qu'ils avaient cueillis; ils gardaient pour le lendemain. Garder pour le lendemain, c'est le premier mot de la prévoyance.

Puis, à mesure que la civilisation s'est fait jour, à mesure que, les hommes se rapprochant les uns des autres, les rapports se sont multipliés, à mesure que la valeur des choses a été représentée par un signe tangible, facilement conservable, susceptible de s'accroître par l'économie, ils ne se sont plus contentés de prévoir le lendemain, ils ont épargné en vue d'un avenir plus lointain ; et quand, à côté de ce sentiment de la prévoyance, s'éveilla enfin un autre sentiment plus noble encore, celui de la solidarité, alors on a voulu épargner non seulement pour soi, mais pour les autres : c'est de l'épargne réciproque qu'est née la mutualité.

Mais, pourrait-on dire : comment y a-t-il tant d'imprévoyants? car le propre d'un instinct, c'est d'être universel. Autant demander comment il se fait que tant d'hommes tournent contre eux-mêmes leurs propres efforts et deviennent leurs pires ennemis !

L'instinct même veut être aidé, il lui faut les moyens de se manifester, des conditions favorables à son développement. et, dans un état de civilisation éloigné de l'état de nature, il faut qu'il trouve sa garantie dans la législation elle-même. Or, ce n'est pas à vous que je l'apprendrai, notre législation mutualiste date de 1850.

Mais le défaut de prévoyance tient encore à deux causes.

La première, c'est un défaut de culture morale suffisante.

La seconde, c'est, il faut bien le dire et le reconnaître, la dureté du combat pour la vie qui, certes, n'anéantit pas l'instinct de la prévoyance, mais qui supprime le pouvoir d'épargner.

Eh bien ! ce sera l'honneur du siècle dernier d'avoir abordé de front le double problème bien complexe, mais qui s'impose de plus en plus à l'attention de tous, d'élever le niveau moral des hommes et d'améliorer par un effort commun et sincère les conditions mêmes du travail.

Telle a été la grande préoccupation des hommes de 1848, ces véritables fondateurs de la mutualité; telle a été la grande préoccupation de la troisième République, des dernières législatures, de la législature actuelle, et j'affirme que nulle part, en aucun temps, en aucun pays, l'histoire le montrera, on n'a eu le spectacle d'un effort égal à celui qui s'est déployé particulièrement dans ces dernières années pour atteindre le double but que je montrais tout à l'heure.

C'est parce que l'effort a été persistant, continu, c'est à raison de son ardeur même que tant de systèmes se sont fait jour, ardents, absolus, souvent exclusifs.

Plus tard, l'analyse exacte, la réflexion consciente dégageront de tant de méthodes diverses, aujourd'hui aux prises, ce qu'elles contiennent de vérité.

Toujours est-il que par un heureux privilège les sociétés de secours mutuels ont traversé ces crises, ces controverses, ces conflits de doctrine, je ne dirai pas seulement sans en avoir reçu aucune blessure, mais encore en ralliant l'unanimité des combattants; et dans tous les partis, dans toutes les fractions de tous les partis, ce fut à qui apporterait sa contribution et son effort pour rendre meilleure leur législation et créer cette loi de 1898.

Il en ressort un enseignement précieux : en toutes choses, il existe un minimum de progrès qui, pour les uns, représente l'absolu et l'extrême limite de ce qui peut être réalisé, pour les autres le relatif et un premier pas fait dans la voie de ce qui peut être obtenu.

Lorsque des hommes sont assez sages pour ne pas se décourager, les uns parce que d'autres veulent davantage, et ceux-ci parce que les uns ne veulent pas assez, alors on sort de l'agitation stérile : on entre dans la voie des solutions. C'est à dégager ce minimum de progrès que doit s'employer toute l'attention, je ne dis pas seulement des gouvernements, mais de tous les hommes politiques. C'est la véritable façon de servir le progrès social que de lui faire parcourir, étape par étape, la longue route au bout de laquelle on peut entrevoir, dans un avenir sans doute lointain, l'accomplissement de l'idéal humain et le vœu de la sociologie moderne.

La caractéristique de toutes vos réunions est qu'on

en sort raffermi et largement récompensé du peu qu'on a pu faire.

Beaucoup de ceux qui ont entrepris de réaliser quelque œuvre nouvelle s'interrogent avec anxiété ; ils ne se retournent qu'avec crainte vers le passé ; ils se demandent si la moisson qu'ils ont semée germera. Vous ne connaissez pas de pareilles incertitudes : vous pouvez regarder votre passé avec un légitime orgueil, vous devez envisager l'avenir avec la plus sereine confiance.

C'est dans ce sentiment que je lève mon verre à l'Union des présidents de sociétés de secours mutuels !

La Prévoyance commerciale.

Le 23 février 1902 eut lieu, à la Sorbonne, l'assemblée générale annuelle de la « Prévoyance commerciale ». Cette Société mutuelle d'assurance se composait, à cette date, de 2.453 membres participants et de 1.028 pensionnés, dont le montant des pensions s'élève à 145.666 fr. Au 31 décembre 1901, son capital s'élevait à 4.618.353 fr., marquant une plus-value de 295.032 fr. sur le précédent exercice. M. Waldeck-Rousseau, qui présidait la réunion, prononça le discours suivant :

MESDAMES, MESSIEURS,

Je ne veux pas laisser s'achever cette belle réunion sans vous avoir exprimé, en quelques mots et sans long discours, combien je suis touché de l'accueil si cordial que j'y ai rencontré.

A vrai dire, je n'assiste jamais à une réunion comme celle-ci, à une de nos assemblées de mutualistes et de prévoyants sans y puiser de précieux encouragements et des raisons chaque jour plus fortes d'avoir confiance dans l'avenir pacifique, économique et social de notre belle France. (*Applaudissements.*)

En effet, il m'est permis de voir, année par année, je pourrais dire mois par mois et presque chaque jour, se développer et s'étendre par un progrès qui jamais ne s'arrête, cet admirable mouvement inspiré aussi bien par le calcul le plus pratique que par l'esprit de la solidarité la plus généreuse et qui porte de plus en plus les hommes vers les œuvres de prévoyance, qui les amène à s'unir afin de s'assurer les unes aux autres, et par une force mutuelle, un avenir moins précaire et une vieillesse plus tranquille. (*Applaudissements.*)

C'est à la loi de 1852 que nous devons ce grand mouvement, et, aujourd'hui que l'horizon s'est singulièrement élargi, ces dimensions peuvent nous paraître étroites, presque mesquines.

Il faut cependant, Messieurs, se tourner vers cette législation dans un sentiment de grande reconnaissance.

Préparée par la Constituante, préparée par la République de 1848, elle a été le premier abri de la mutualité. C'est elle qui nous a ouvert la route, qui a facilité les premiers pas et suscité les premières initiatives.

Tout aussitôt on voit s'éveiller la prévoyance, elle va d'abord au plus pressé : les secours en cas de maladie.

Bientôt c'est l'assurance en cas de décès qui s'institue dans certaines associations plus entreprenantes. Mais ce n'est pas assez encore. Lorsque la vieillesse sera venue, que deviendront les sociétaires dont la main n'aura plus la force de tenir l'outil, tous ceux, trop nombreux hélas! pour lesquels travailler et vivre sont les deux termes indissolubles d'un même problème? Et alors les associations de secours mutuels ajoutent aux secours en cas de maladie, aux assurances en cas de décès, un article nouveau de leur programme, et ce sont les retraites pour la vieillesse.

Votre Société est principalement une Société de retraites. C'est votre premier objet et c'est peut-être un peu pour cette cause que je ne songe jamais à elle sans un certain sentiment de préférence. Et c'est qu'en effet, dès 1882, je m'étais préoccupé de voir que les Sociétés de secours mutuels, qui faisaient tant de choses, ne se préoccupaient peut-être pas suffisamment de cette question des retraites et c'est pour susciter cette initiative nouvelle que j'ai déposé alors un projet de loi bien hâtif, bien incomplet, qui a été repris et perfectionné par les hommes les plus compétents, et qui est devenu la grande et belle loi de 1898. Elle repose sur une idée éminemment juste : elle laisse à toutes les associations qui voudront se former la liberté entière, complète; elle réserve le concours prévoyant de l'Etat à celles de ces associations qui auront fait leurs preuves, qui adopteront des statuts dont l'efficacité est vérifiée par l'expérience ; et c'est pourquoi l'on a vu tour à tour se fonder, également prospères, des sociétés qui ne sont en rien sujettes ou soumises à la tutelle de l'Etat et d'autres, au contraire, qui ont accepté, oh! je ne ne dirai pas cette tutelle, je dirai, d'un mot bien plus juste, la collaboration de l'Etat.

De ce nombre est la Prévoyance commerciale, et elle a, dans une très juste mesure, su combiner ce qu'on pourrait appeler les dispositions classiques de la loi de 1898 avec celles que peut suggérer l'imagination la plus heureuse.

Lorsqu'en 1899 j'ai dû examiner et approuver votre dernier règlement, j'ai été tout particulièrement frappé de l'ingéniosité du mécanisme que vous aviez créé et, pour mieux dire, de sa flexibilité.

C'est ainsi qu'en créant des parts de retraites, vous avez, par exemple, permis à vos sociétaires d'avoir, non pas seulement une, mais plusieurs parts de retraites, et s'il s'en trouve qui ont trop présumé de leurs forces et qui doivent borner leurs désirs et leurs ambitions, par une disposition extrêmement habile et heureuse, ils peuvent reporter sur la première part de retraites tout ce qu'ils avaient versé à l'actif de la seconde.

De même encore, vous avez voulu qu'un sociétaire, obligé d'atermoyer, au lieu d'encourir la déchéance rigoureuse qui pèse sur lui dans certaines associations, pût différer l'heure de la liquidation de sa part de retraite.

Et c'est ainsi que j'ai constaté combien l'esprit commercial, l'esprit des affaires, vous avait amenés d'une façon heureuse à modifier ce qu'il y a d'un peu rigide peut-être dans les types administratifs et dans les modèles que la loi de 1898 et le règlement qui l'a appliquée ont proposés à vos suffrages.

Aujourd'hui, alors que votre Société ne remonte qu'à 1881, elle a un actif que l'on vous disait tout à l'heure et qui est bien près d'atteindre cinq millions ; elle distribue près de 150.000 francs de pensions, et ce n'est pas seulement par le mécanisme que vous avez adopté que des résultats de ce genre sont chaque jour obtenus : partout autour de vous un même instinct de prévoyance varie les formules.

A côté des associations de secours mutuels, qui sont restées plus particulièrement attachées aux secours en cas de maladie, d'autres associations ont fait comme vous-mêmes et ont adopté comme objet principal la constitution des retraites.

D'autres poursuivent une œuvre non moins intéressante, dans laquelle il s'est produit des tâtonnements auxquels on a fait allusion tout à l'heure, mais qui n'en donnera pas moins des résultats très heureux. Je parle des Sociétés qui se sont formées en vue de la capitalisation. C'est ainsi que, côte à côte, se juxtaposent les modèles les plus divers.

Et laissez-moi vous dire que je n'en suis pas effrayé, loin de là.

La mutualité, qui est une vieille institution, regarde volontiers de tous côtés quelles sont les créations nouvelles qui surgissent et j'ai eu l'occasion de lui dire en maintes circonstances qu'il ne fallait pas prendre ombrage de voir tant d'institutions nouvelles se fonder.

Lorsque les chemins de fer se sont créés, ils ont permis de vérifier cet axiome qu'en créant des moyens de transport on crée des voyageurs. Je suis, de même, convaincu qu'en créant des instruments d'épargne, on crée des prévoyants, on augmente la somme, déjà considérable, de ceux dont la pensée a commencé de se tourner vers l'avenir.

J'ajoute, enfin, que ce n'est plus aujourd'hui une petite élite seulement qui s'organise en vue de combattre les pires fléaux de l'humanité. Les mutualistes, les prévoyants sont devenus une légion. Il y en avait en 1898 environ 1.800.000 : il y en a aujourd'hui plus de deux millions. Il y a trente ans, le nombre des recrues de la mutualité était de 15 à 20.000 par année; depuis cinq années, le nombre de ces recrues varie de 80 à 100.000 nouveaux adhérents. (*Applaudissements.*).

Ce sont là des faits qui constatent quelque chose de

plus qu'un progrès. Ils constatent un événement, une transformation sociale, lente, mais pacifique et féconde, et de laquelle, à la vérité, il est difficile de calculer tous les effets.

Eh bien! je répète, messieurs, comme je le disais en commençant, qu'il est impossible de contempler l'œuvre immense qui s'est accomplie dans cet ordre d'idées, sans en concevoir un très juste et très légitime orgueil. On dépeint souvent notre pays comme essentiellement inconstant et mobile.

Assurément, il n'en est pas qui soit entraîné plus naturellement vers tous les progrès, qui ait un culte plus haut de l'idéal ; mais il n'en est pas non plus où le goût du travail, le sens de l'épargne et l'harmonie qui réunit tous les intérêts sociaux établissent un équilibre plus indestructible et plus à l'abri des événements passagers. (*Applaudissements.*)

On pourrait dire aussi que le moindre souffle ternit la surface des eaux, y soulève une houle passagère, mais que le fleuve n'en continue pas moins de suivre le cours qui l'emporte. De même, au travers de beaucoup de vains tumultes, notre France s'achemine tranquillement, victorieusement, vers un avenir qui est le bien, qui est le mieux, qui est la justice et la vérité. (*Applaudissements.*)

Il me reste enfin, mesdames et messieurs, à remplir un devoir qui m'est particulièrement agréable.

L'année dernière, M. le Président de la République avait le plaisir de se trouver au milieu de vous. Il a bien voulu me charger, d'une façon toute spéciale, de vous dire quel souvenir ineffaçable il avait gardé de cette réunion et de vous apporter, une fois de plus, l'expression des souhaits qu'il forme pour la prospérité de votre association. (*Applaudissements.*)

Ligue nationale
de la Prévoyance et de la Mutualité.

La Ligue nationale de la Prévoyance et de la Mutualité invita à son banquet annuel, le 26 février 1902, MM. Waldeck-Rousseau, président du Conseil, Decrais, ministre des Colonies, Henri Brisson, etc. M. Lourties, président de la Ligue, rappela les services rendus à la mutualité par M. Loubet et par M. Waldeck-Rousseau, et M. Arboux, secrétaire général de la Ligue, parla des progrès de la mutualité. Le Président du Conseil prononça ensuite ce discours :

MESDAMES, MESSIEURS,

Je veux tout d'abord vous exprimer à quel point j'ai été touché de l'accueil si cordial — je pourrais dire si amical — que j'ai trouvé au milieu de vous. Je me réjouis d'avoir, plus heureux cette année que l'année dernière, pu assister à votre banquet annuel et constater une fois de plus l'élan admirable, toujours soutenu et toujours croissant, dont la mutualité donne chaque jour des preuves nouvelles.

Tout à l'heure, monsieur le président, vous avez rappelé une des épreuves traversées par la Ligue nationale de la prévoyance et de la mutualité. Vous avez dit comment, ayant demandé la reconnaissance d'utilité publique, elle s'était heurtée à un refus. En entendant votre argumentation si pressante, si suggestive, si nourrie de faits et d'arguments, je me disais : Pourquoi faut-il que l'on ait oublié d'inviter le Conseil d'État ? Je suis en effet persuadé que vous auriez su le convaincre, et cette persuasion se justifie par cette constatation que, si je n'avais pas été acquis d'avance à votre cause, vous m'auriez convaincu moi-même.

Je crois qu'en montrant à cette haute assemblée les services que vous avez rendus, la tutelle officieuse que vous avez si longtemps et presque seuls exercée, les conseils que vous avez donnés à tant de mutualités, la propagande par laquelle vous avez fait germer ces associations sur tous les points du territoire, il ne sera pas impossible de lui prouver que mieux vaut parfois zèle que richesse ; et j'espère, pour ma part, en apportant la même insistance dont vous donniez tout à l'heure les marques, réussir à le déterminer. Je souhaite donc autant que vous que cette association, qui, comme vous le disiez avec tant d'humour, a passé si rapidement de la cave au grenier, trouve dans la déclaration d'utilité publique un étage plus confortable.

Et maintenant j'éprouve, je dois l'avouer, l'embarras de l'orateur qui se rend compte qu'au moment où il prend la parole, il n'y a vraiment plus rien à dire. Après le discours de mon ami Lourties et après celui de M. le Secrétaire général de la Ligue, vais-je vous parler à mon tour des progrès de la mutualité ? A vrai dire, vous les suivez d'un œil jaloux et rien de ce qui les caractérise ne vous échappe. Comme nous, avant nous peut-être, vous vous êtes réjouis de ce fait que, sur trente-huit millions de Français, il y en avait déjà plus de quatre millions acquis à la mutualité.

Ferai-je comme certains orateurs auxquels vous voulez bien donner l'hospitalité, en vous assurant de l'intérêt que je porte à votre œuvre ? Mais, sans être des Burgraves, comme on le disait tout à l'heure, nous sommes les uns et les autres de trop vieux mutualistes pour n'avoir pas appris de longue date à nous connaître. Eh bien ! messieurs, j'ai donné beaucoup de conseils à la mutualité. Oh! je ne fais pas allusion à mes fonctions peu laborieuses de président de son contentieux. J'ai pu, il y a vingt ans, donner d'utiles conseils à la mutualité. Je me suis efforcé de lui montrer les voies dans lesquelles il convenait qu'elle s'engageât. J'ai appelé son attention sur la nécessité qu'il y avait pour elle de s'occuper du grand problème des retraites. J'ai été entendu, car cette question a fait de grands progrès. J'ajoute que ma conviction intime est que, dans un avenir prochain, les sociétés de secours mutuels deviendront, pour la plupart des intéressés, l'instrument préféré, parce qu'il est en même temps l'instrument préférable de la constitution des retraites ouvrières.

Je n'ai donc, aujourd'hui, plus rien à vous apprendre, si ce n'est, peut-être, un des services que vous rendez, sans l'apercevoir suffisamment, à notre grand pays.

On envisage généralement la mutualité dans son but statutaire et dans les résultats directs et immédiats qu'elle se propose : rendre moins précaire la condition de ceux qui sont les moins favorisés de la fortune, secourir la maladie, rendre le chômage moins cruel, assurer la vieillesse dans une large mesure, conjurer les effets désastreux de la disparition du chef de famille. Ce sont assurément là de grands et admirables résultats, mais vous rendez encore un autre service. En rassemblant des hommes qui ne se connaissent pas toujours assez, en les amenant à se mieux connaître, vous ajoutez à cette première et grande collectivité qui est la patrie, à celle plus modeste et plus prochaine qui est le pays natal, et à celle tout intime qui est la famille elle-même, une collectivité nouvelle et des raisons nouvelles de nous aimer les uns les autres : l'association.

Je suis persuadé, messieurs, qu'une confiance réciproque, que l'estime des citoyens d'un pays les uns pour les autres sont une garantie essentielle de sa force et de sa gloire. C'est pourquoi les paroles qui divisent, les excitations et les haines, tout ce mauvais levain de barbarie, tous ces ferments corrupteurs de nos forces vives, sont un des pires fléaux qui menacent notre humanité.

Oh! je sais bien que, dans le langage que l'on entend et dans certaines paroles, il faut faire une très large place à la convention, aux apparences, à ces lois particulières de la polémique qui permettent d'user de toutes les armes et de dire d'un adversaire politique tout le mal nécessaire pour prouver simplement qu'on ne partage pas ses opinions.

Il ne faut pas prendre certaines déclamations au tragique.

Je connais tel homme politique dont on dit beaucoup de mal et qui n'en est pas très ému, non pas par stoïcisme ou indifférence, mais, si j'ose dire, par sagacité. C'est parce qu'il est persuadé que ceux qui l'accusent chaque matin de tout sacrifier aux plus basses ambitions et d'être un mauvais citoyen gagnent leur existence comme ils le peuvent et ne croient pas un mot de ce qu'ils écrivent...

Mais si, à vrai dire, certains poisons sont en vérité trop grossiers pour que les esprits réfléchis en puissent être atteints, il n'en est pas moins vrai que les esprits plus superficiels, moins éclairés et plus impressionnables, ne sont pas à l'abri de leurs ravages. C'est pour cela qu'à côté de tant de causes qui divisent il est bon qu'il y ait des institutions, comme la vôtre, qui réunissent et qui rétablissent entre les hommes cette grande et amicale solidarité dont on parlait si bien tout à l'heure.

C'est là, messieurs, les services que rendent nos

associations de mutualité. Elles nous apprennent à ne pas nous payer de vaines apparences. Elles ne tiennent pas compte des opinions ou, pour mieux dire, elles nous enseignent que la sincérité des unes et des autres permet la confiance réciproque ; et cette confiance est assez forte pour n'être point rompue par leur diversité.

C'est, messieurs, dans ces sentiments de confiance pour les mutualités et dans ce sentiment de gratitude pour les services qu'elles ont rendus que je veux lever mon verre à mon tour au président de la Ligue nationale de la prévoyance et de la mutualité. Mais je veux associer un autre toast à celui-là et, pour montrer combien M. Lourties m'a convaincu, je bois à la future Ligue nationale de la prévoyance et de la mutualité reconnue d'utilité publique.

L'Union du Commerce et de l'Industrie.

Le 20 avril 1902, au Trocadéro, la Société philanthropique l'Union du Commerce et de l'Industrie tint son assemblée générale sous la présidence de M. Loubet, Président de la République. Cette Société compte plus de 20.000 membres ; son actif social est de 2.349.000 francs ; elle possède un compte de pensions, de retraites supplémentaires qui est de 361.204 francs. (*Statistique d'avril 1902.*)

M. Waldeck-Rousseau s'adressa en ces termes aux membres de l'Assemblée :

Monsieur le Président de la République,
Mesdames, Messieurs.

Plus heureux cette année que je ne l'avais été l'année dernière, il m'a été permis de répondre à la nouvelle invitation que votre grande Association a bien voulu m'adresser. Je lui en exprime ma plus profonde gratitude.

S'il est vrai, comme on l'a rappelé tout à l'heure, que, dans la mesure de mes forces et pour ma très faible part, j'ai contribué à l'admirable essor que la mutualité a su prendre dans ces vingt dernières années, il n'est pas pour moi de récompense plus haute, meilleure et plus précieuse, que la sympathie que les mutualistes ont bien voulu me témoigner dans chacune de leurs réunions.

On rappelait tout à l'heure qu'en 1892 M. le Président de la République avait voulu se rendre au milieu de vous en simple mutualiste. C'est à ce titre également que depuis trois années j'ai été heureux d'assister à toutes les assises ou solennelles ou familières de la mutualité, et je ne veux pas devant vous d'autre recommandation que celle qui peut s'attacher à la qualité de mutualiste, non pas seulement théoricien; mais pratiquant résolu. (*Applaudissements.*)

Messieurs, la mutualité restera le fait social le plus considérable qu'ait enregistré le XIX° siècle ; elle le défendrait au besoin devant l'histoire, et la gloire qui lui en revient, ne fera, j'en suis assuré, que grandir au fur et à mesure qu'on en verra se multiplier les merveilleux effets.

La mutualité, en effet, est bien son œuvre. En 1789, il existait à peine treize associations, confréries plutôt que Sociétés, ayant aperçu les ressources et les bienfaits de la réciprocité dans la prévoyance. En 1820, il n'existait encore que 130 Sociétés de secours mutuels; en 1844, on n'en comptait que 256. C'est cependant par ces débuts modestes, timides et en quelque sorte ignorés, que s'est préparée la plus admirable évolution économique, celle dont nous pouvons aujourd'hui constater l'importance et qui témoigne de la supériorité de l'action sur le rêve et de l'effort comme de l'action individuels sur les conceptions trop abstraites, trop générales. Ce sera, je crois, l'honneur de la période historique qui commence à la fin de la Restauration et qui s'étend jusqu'à nos jours, que d'avoir concentré l'attention des hommes sur la recherche des moyens les plus propres à rendre moins dur, moins incertain, moins précaire, ce qu'on a appelé le combat pour la vie. C'est le grand problème qui retient et qui captive tout d'abord les esprits les plus élevés et les plus généreux. Chacun d'eux s'ingénie à trouver des formules meilleures, à jeter les bases d'un édifice plus harmonieux, croit-il, que celui qui, de siècle en siècle, abrite les générations modernes.

Chaque jour on voit éclore des méthodes nouvelles, des systèmes nouveaux, des plans de réformation et de rénovation. Tous se succèdent inspirés du même esprit philanthropique et tous, hélas! semblent condamnés au même échec, en sorte qu'un observateur ou superficiel, ou sceptique, ne manquerait pas de conclure que le sort de l'homme est définitivement fixé, qu'il est condamné à subir toujours les mêmes servitudes et à porter la même chaîne, toujours aussi lourde.

Mais pendant qu'à la surface apparente des choses tant d'efforts n'aboutissent qu'à des échecs, un travail silencieux s'élabore. L'œuvre que nous allons tout à l'heure voir naître, grandir, se développer définitivemement, est ébauchée. Un petit nombre d'hommes appartenant à un même métier, à une même corporation, se réunissent ; ils entreprennent de se venir en aide ; ils parlent peu de fraternité ; mais ils font mieux que d'en parler, ils la mettent en pratique ; ils conviennent, moyennant une cotisation modique, de s'assurer tout d'abord contre le pire des fléaux qui menace le travailleur, j'ai nommé la maladie. La formule exacte des sociétés de secours mutuels est maintenant trouvée. L'activité qu'elles déploient, les résultats qu'elles obtiennent, fixent l'attention. On suit leur exemple. L'association mutuelle entre dans ce que j'appellerai le mécanisme normal de la vie ; elle entre bientôt dans la législation elle-même. Puis, c'est la Caisse nationale des retraites pour la vieillesse qui est fondée ; peu à peu on voit s'instituer dans la pratique les assurances en cas de décès, les pensions de retraites, les secours à la vieillesse ; aujourd'hui, enfin, c'est à pas de géant que la mutualité poursuit sa marche.

En voulez-vous une preuve éclatante ?

Pour ne citer que les chiffres de la dernière statistique, celle arrêtée au commencement de 1902, il y a en France 2.750.000 mutualistes auxquels il faut joindre 450.000 membres honoraires. Quand on contemple ces résultats, si on réfléchit surtout qu'ils ont été pour la plus grande part conquis en moins de trente années, on a le droit de dire sans être téméraire que la mutualité aura, dans l'ordre social, accompli la révolution pacifique la plus féconde qu'aient jamais enregistrée les annales d'un peuple. (*Applaudissements*).

Messieurs, dans ce grand mouvement, votre association a pris une large place ; elle n'a pas cessé de se développer. Non seulement le nombre de ses associés a grandi, mais le cercle de son action s'est peu à peu élargi, et voici, on le montrait tout à l'heure, que déjà la loi de 1898 vous semble trop étroite. Vous voudriez aller au delà des prévisions et des limites qu'elle a assignées à l'établissement des pensions.

Je me borne à vous dire que le Parlement est déjà saisi de la question et qu'à coup sûr il n'est point de gouvernement, point de parti politique, dont elle ne mérite l'attention et qui ne tienne à honneur d'ouvrir à la mutualité les voies les plus larges et en même temps les plus sûres. (*Applaudissements.*)

Votre association, par ses statuts, par l'objet qu'elle s'est assigné, ressemble à presque toutes les mutualités et pourtant j'y aperçois un aspect qui m'a frappé très vivement et sur lequel je me reprocherais de ne pas insister en terminant ces courtes paroles.

Il est impossible de n'être point frappé du nombre considérable de vos membres honoraires. Si on consulte la petite brochure où se trouve la liste de tous vos associés, on y rencontre les noms de presque tous, je pourrais dire de tous les chefs de maisons dont vous êtes les collaborateurs intelligents et dévoués. Qu'est-ce à dire ? sinon que chez vous l'esprit de solidarité et de fraternité ne s'arrête pas à ces frontières imaginaires et artificielles qui sépareraient le patron de l'employé, le chef de maison de ses commis, qu'il n'est pas vrai que lorsque le patron a payé à l'employé son traitement, il ait rempli vis-à-vis de lui tout son devoir et qu'il n'est pas vrai davantage que lorsque l'employé après avoir rempli sa tâche, franchi le seuil du magasin du bureau, il n'y a plus rien de commun entre lui et cette maison dont la destinée cependant est entièrement associée à la sienne.

Il n'est pas vrai que tous les rapports des hommes se réduisent à échanger contre de l'argent un peu de leur travail, un peu de leurs produits : ils appartiennent tous à la même famille, et, suivant la grande parole de l'antiquité, rien de ce qui est humain ne doit leur être étranger.

Il n'y a pas deux humanités, il n'y en a qu'une dont chaque membre, vis-à-vis de tous les autres, a identiquement les mêmes devoirs. (*Applaudissements.*)

C'est là un exemple qui montre que la mutualité ne tend pas seulement à rendre meilleures les conditions matérielles de la vie : elle élève l'esprit, elle élargit les cœurs, et elle rend à la paix sociale l'incomparable service d'apprendre aux hommes à se connaître, à s'estimer, à s'aimer et non à se déchirer et à se haïr. C'est là une considération digne de retenir l'attention de tous.

La principale force des peuples tient à leur niveau moral, à leur culture morale, et s'il faut se réjouir à la pensée que l'avenir appartient à la mutualité, c'est parce qu'en rendant les hommes meilleurs elle rendra aussi la patrie plus forte, plus grande, plus glorieuse. (*Double salve d'applaudissements.*)

Association fraternelle des Employés et Ouvriers des Chemins de fer Français.

Le 9 juin 1900 eut lieu la dernière séance du Congrès tenu à Paris par les 160 délégués de l'Association fraternelle des employés et ouvriers des chemins de fer français. M. Waldeck-Rousseau, se rendant à l'invitation qui lui avait été adressée par le bureau de l'Association, assista à une partie de cette réunion. Salué à son arrivée par le président de la Société, il répondit en ces termes :

MESSIEURS,

Je suis extrêmement touché des paroles qui viennent de m'être adressées, et je veux tout d'abord remercier

SOCIÉTÉS DE PRÉVOYANCE ET DE SECOURS 191

votre bureau d'avoir bien voulu me permettre d'assister à votre réunion avant qu'elle prît fin.

Je tenais en effet beaucoup, non pas seulement au nom du Gouvernement, mais aussi en mon nom personnel, à vous apporter le témoignage de la sympathie que votre Association mérite à tant de titres.

Elle restera une des plus magnifiques démonstrations de ce que peut le sens juste, élevé et pratique, de la solidarité.

Il n'y a guère que vingt ans que votre Association est fondée et déjà elle a près de six mille pensionnaires. C'est assez montrer avec quelle intelligence et avec quelle application vous avez poursuivi le but que vous vous étiez proposé.

Il y a malheureusement aujourd'hui tant d'agitation, tant de préoccupations ; nous avons trouvé devant nous tant de problèmes à résoudre que nous poursuivons plutôt — et cela est naturel — les difficultés qui restent encore à vaincre que celles qui ont déjà été vaincues.

Je suis cependant persuadé que lorsque plus tard on examinera l'œuvre accomplie dans ces vingt dernières années, on reconnaîtra combien a été intelligente et avisée l'œuvre de la classe ouvrière et on saluera les grands et précieux résultats qui ont été le fruit de ces efforts.

Puis, faisant allusion à un banquet que l'Association devait donner le soir même et qui avait été contremandé au dernier moment faute d'un local, le président du Conseil a dit qu'il se serait fait un plaisir d'y prendre part :

Mais, a-t-il ajouté, j'espère que ce ne sera que partie remise, et je vous demande comme un témoignage de confiance, et même un peu comme un gage d'amitié, la première fois qu'il s'agira de vous réunir à Paris, de vouloir bien penser à moi comme votre fourrier.

Cette allocution fut accueillie par des applaudissements répétés et des cris chaleureux de : Vive Waldeck-Rousseau! Vive la République!
Le président du Conseil alors s'écria :

— Oui, Messieurs, Vive la République et vive la Fraternelle!

Ces paroles provoquèrent de nouveaux applaudissements.

L'année suivante, le 8 juin 1901, M. Waldeck-Rousseau, selon sa promesse, accepta de présider un banquet qui réunit un millier de membres de l'Association. Au dessert, il prononça le discours suivant au milieu des bravos et des acclamations :

MESDAMES, MESSIEURS,

Il y a un an, à pareille époque, vous avez bien voulu interrompre vos travaux pour recevoir ma visite, et c'est dans la salle même où pressés autour de petites tables, que je vois encore, les délégués de vos sections élaboraient leurs rapports, que nous avons pour la première fois fait connaissance.
J'ai pris alors l'engagement de revenir au milieu de vous, ramené non pas par une fonction essentiellement éphémère, mais par l'estime et la sympathie profonde que votre association sait inspirer à tous ceux qui la connaissent.

La fonction a persisté en dépit d'une tradition déjà longue, et c'est pour moi un grand plaisir de venir aujourd'hui vous apporter non pas seulement l'expression personnelle d'un intérêt bien légitime, mais l'assurance de la sollicitude profonde du Gouvernement républicain pour l'œuvre admirable que vous avez entreprise et que vous poursuivez avec tant de succès.

Messieurs, il y a cinquante ans à peine, si quelques audacieux s'étaient avisés de dire qu'une association de plus de 100.000 membres pourrait un jour se former, qu'elle obéirait, non pas à quelques instincts égoïstes, mais au sentiment le plus élevé de la prévoyance et de la solidarité, que son élan, bien loin de décroître avec les années, ne ferait que grandir, qu'elle saurait s'assigner à elle-même les règles les plus sages, les plus pratiques et les plus prudentes, et qu'elle apporterait dans la direction de cette entreprise et dans la gestion d'un budget de plusieurs millions une sagesse, une exactitude, une justesse de vues que pourraient lui envier les financiers les plus habiles, on n'eût point manqué de parler d'entreprise chimérique. Or, de cette prétendue chimère, vous avez fait la plus vivante des réalités et vous avez donné un exemple de plus de tout ce qu'il est permis d'attendre de cet admirable mouvement de mutualité qui sera l'honneur du siècle qui vient de finir.

Ceux qui auront à juger ce siècle, avec l'impartialité qui est l'œuvre du temps et non point avec les impatiences ou les injustices qui sont le fait des polémiques contemporaines, seront frappés sans nul doute de tant d'événements contradictoires, de tant d'élans soudains auxquels ont succédé malheureusement tant de reculs, d'une si prodigieuse somme d'efforts trop souvent contrariés ou demeurés stériles. Ils n'en seront pas surpris s'ils veulent bien considérer que la Révolution française n'a pas été un dénouement, mais le point de départ et le début d'une transformation profonde et totale, qu'elle a bien pu de ses mains géniales pétrir le creuset, y jeter les éléments en fusion d'un monde nouveau, mais qu'il est resté à l'avenir la redoutable tâche de fabriquer le moule où toutes les idées, tous les principes, toutes les institutions sociales, politiques et individuelles, doivent trouver enfin leur forme définitive; et si parfois le moule est trop étroit, ou trop faible, ou trop imparfait, ce n'est point l'ouvrier qu'il faut accuser, c'est à coup sûr l'énormité de l'ouvrage. (*Applaudissements.*) Les historiens de l'avenir reconnaîtront que ce siècle, si tourmenté, n'en a pas moins été vraiment grand, et s'il leur apparaît tel, ce sera, n'en doutez pas, parce qu'il a su mettre merveilleusement en valeur cette vertu et cette richesse essentiellement françaises : l'art d'épargner et l'art de prévoir.

Certes, l'esprit d'économie et l'esprit de prévoyance ont existé de tout temps, et de tout temps aussi le travailleur français ou plutôt les travailleurs français — l'employé, l'ouvrier, le cultivateur — se sont montrés ingénieux dans leurs œuvres, durs pour eux-mêmes, mais avides de conquérir pour ceux-là surtout qui les entourent et qui leur succéderont une parcelle de sécurité et une garantie d'indépendance. C'est, messieurs, ce génie national dont nous apercevons l'œuvre merveilleuse chaque fois qu'un événement soudain met au jour la solidité de cette richesse française faite — M. le ministre des Finances le sait bien — non pas de l'économie des grands capitalistes, mais du labeur des humbles et des petits. (*Applaudissements.*) C'est lui, messieurs, qui a permis de combler en quelques années le gouffre béant de cinq milliards creusé par la guerre, c'est lui qui a obtenu de faire de la France le plus grand réservoir de numéraire et de lui assurer dans le monde entier une situation prépondérante qui ne peut plus lui être disputée. (*Applaudissements.*)

Le progrès, la nouveauté, c'est d'avoir transformé l'épargne individuelle en un agent d'assistance mutuelle, d'aide réciproque et de prévoyance commune. Ce sont les petites sociétés de secours mutuels, les humbles sociétés de secours mutuels, antérieures à 1850, qui, les premières, ont ouvert la voie; elles ont été les initiatrices, elles ont été un champ d'expériences, et elles ont permis par ce qu'on appelait tout à l'heure une leçon de fait et de choses, de constater que l'épargne, jusque-là individuelle, soumise à la loi de la pluralité des contribuants et de la pluralité des participants, donne des résultats plus immédiats et meilleurs.

L'effort s'est généralisé; ce qui avait été un phénomène presque local est devenu un fait universel, et la loi de 1850, qui semblait téméraire dans ses prévisions et à laquelle quelques-uns avaient reproché d'avoir tracé un cadre trop large à l'initiative française, s'est trouvée trop étroite; il a fallu que celle de 1898 vînt rendre aux groupes épars, isolés, n'ayant point en eux-mêmes la consistance suffisante, l'incomparable service de leur offrir une méthode, une formule toute prête, suggérée par l'expérience et certaine dans ses résultats.

Mais on devait souhaiter mieux : on pouvait espérer que d'autres sociétés plus hardies, servies par les circonstances, et, en quelque sorte préparées à cette œuvre par leur recrutement professionnel, rechercheraient quelque chose de plus, adopteraient un statut moins impersonnel, mieux adapté aux facultés et aux besoins de leurs adhérents, créeraient de leurs propres mains, par leur propre initiative, un mécanisme plus complet et se permettraient d'atteindre un idéal plus vaste. C'est précisément ce qu'a fait l'admirable Association des employés et ouvriers des chemins de fer français.

Tout à l'heure, votre président disait : « Je ne veux pas vous infliger le supplice des chiffres. » Il y en a qui sont en vérité si éloquents, si consolants, qu'il ne faut pas passer à côté d'eux par paresse ou par indifférence ; et, comme il est assez ordinaire qu'on lise les discours des ministres pour y trouver des sujets de critique, qu'ils éveillent par là même une certaine curiosité, eh bien ! je demande à l'Association la permission de lui prêter le secours de ma publicité.

On rappelait tout à l'heure dans quelles conditions elle s'est fondée. C'est Burger qui a été l'initiateur de cette grande œuvre ; elle a été reconnue d'utilité publique en 1889, et voici qu'à l'heure où je parle elle compte exactement 100.652 membres. Mais le chiffre sur lequel j'insiste et qu'il faut souligner, c'est celui de vos 13.000 sociétaires, aujourd'hui retraités, et il est impossible de ne pas mettre en lumière aussi ce chiffre de retraites payées, que font apparaître vos rapports, et qui s'élève à 3.181.000 francs.

Vous avez eu la très ingénieuse pensée de diviser le chiffre de la retraite en deux parties : l'une invariable, qui est proportionnelle à l'effort accompli, l'autre subordonnée aux recettes de la société, à l'élasticité de son budget, et qui vient accroître la première. Vous avez fait en sorte qu'en cas d'incapacité de travail la retraite complète soit acquise avant cinquante ans, pourvu que le sociétaire ait pendant dix ans fourni à

SOCIÉTÉS DE PRÉVOYANCE ET DE SECOURS

l'Association sa cotisation. Voici, messieurs, des faits tellement remarquables qu'ils méritaient, je crois, une mention particulière.

Mais vous faites quelque chose de plus : la moitié de la pension est reversible, et, si un sociétaire vient à décéder après dix ans de présence et sans avoir droit cependant à la retraite, la veuve et les orphelins peuvent à leur choix retirer la moitié du capital versé par le sociétaire leur auteur ou recevoir une retraite proportionnelle. (*Applaudissements.*)

Je ne parle pas des secours ordinaires ou extraordinaires en cas de maladie, car je m'attache surtout à ce qui fait l'originalité de votre œuvre, mais je ne veux pas terminer cette énumération sans dire à quel point vous avez été heureusement inspirés en employant une partie de votre capital à cette œuvre éminemment sociale, éminemment pratique, éminemment prévoyante, qui est l'œuvre de la construction des maisons à bon marché.

Il n'en faut pas davantage, je crois, pour montrer quel a été l'essor pris par votre Association, quel est le rôle admirable qu'elle joue dans l'ensemble des associations de prévoyance, et je crois qu'une grande partie de ce résultat doit être attribuée à cette circonstance que tout atteste aujourd'hui dans ce banquet, à savoir que dans votre corporation on n'a pas seulement le juste sentiment de ses droits, on a le sentiment très juste de ses devoirs.

Vous avez appris sans peine que toute amélioration sociale ne peut être que le résultat d'un effort plus intense ; et à vrai dire, messieurs, la science de la vie, quelles que soient les généreuses conceptions suggérées aux penseurs par un noble souci du progrès de l'humanité, la science de la vie, restera immuable, en

17.

un point tout au moins, c'est que la société ne saurait rendre à l'homme que dans la mesure où il lui a donné ou prêté. La science sociale, le devoir social, c'est de rendre plus fécond ce prêt quotidien qu'il fait chaque jour à la société de son effort, de son intelligence ou de son art, et c'est de mettre dans les relations qu'il a avec elle plus de raison en même temps que plus de justice.

Messieurs, vous n'avez qu'à persévérer dans la voie où vous vous êtes engagés. Nous n'avons point de conseils à vous faire entendre : tout le monde ici peut prendre des leçons. En lisant le rapport de votre conseil d'administration, j'y ai trouvé ces lignes qui ont arrêté mon attention et que je vous demande la permission de vous relire :

« Éclairer les esprits, fortifier les volontés, élever les cœurs, tel est le but auquel il importe de consacrer nos efforts. »

On ne pouvait pas, messieurs, imaginer une plus belle et une plus noble formule et il est impossible de faire sentir d'une façon plus vive les services énormes que vous rendez au progrès social.

C'est donc, messieurs, dans une pensée de grande cordialité, de fraternité, laissez-moi le dire, que je lève mon verre à l'Association fraternelle des employés et ouvriers des chemins de fer français. (*Applaudissements prolongés.*)

Fédération professionnelle
des mécaniciens et chauffeurs.

Invité au banquet donné, le 25 juin 1900, par la Fédération professionnelle des mécaniciens et chauffeurs, M. Waldeck-Rousseau y prononça ce discours :

MESDAMES, MESSIEURS,

Il me semble qu'après un banquet et avant un bal un long discours serait un discours trop long. D'ailleurs il n'est pas nécessaire de beaucoup de paroles pour exprimer des sentiments sincères.

Je garderai de cette journée, de votre fête du travail, de ce banquet, un souvenir impérissable et reconnaissant.

S'il fallait une récompense aux hommes politiques qui se sont attachés à quelqu'une des réformes que la Révolution a laissées aux temps modernes le soin d'accomplir, je n'en aurais point rêvé de plus ample, de plus haute, que les manifestations qui m'ont montré devant moi, autour de moi, déjà si grandes et si fortes, ces associations auxquelles j'ai pu contribuer à donner cette charte de liberté et ce titre d'affranchissement qu'appelaient depuis si longtemps les vœux de la classe ouvrière. (*Applaudissements unanimes.*) La loi à laquelle je fais allusion a été longtemps disputée, on peut dire chèrement achetée; mais il faut oublier toutes ces difficultés et n'en retenir qu'un enseignement : lorsqu'on croit qu'une entreprise est juste et nécessaire, il faut fermer l'oreille à toutes les déclamations, ne point regarder à ses pieds, ne pas compter les cailloux dont la route peut être semée, mais attacher son regard vers le point lumineux qui marque le but à atteindre. (*Vive adhésion et applaudissements.*)

S'il fallait, messieurs, une preuve que l'œuvre que nous avons accomplie était bonne, nulle démonstration ne saurait être plus forte que celle qui nous est apportée par l'exemple de votre Association. Il n'en est pas de plus grande, de plus puissante non seulement par le nombre, mais encore par les exemples qu'elle a su donner, aussi bien que par ses ressources. Il n'en est pas, non plus, qui ait montré plus d'esprit d'ordre, plus d'attachement à cette vérité fondamentale qui veut qu'il n'y ait pas de progrès durable conquis en dehors des voies légales et pacifiques. (*Applaudissements prolongés.*)

Ce n'est pas seulement en créant des cours professionnels que vous avez été, dans le sens le plus élevé du mot, des éducateurs d'hommes, c'est encore par l'enseignement moral, par la discipline librement acceptée, fermement pratiquée. Et, à vrai dire, messieurs, votre profession est par elle-même essentiellement éducatrice. Vous vivez chaque jour dans le danger et vous n'avez pas à compter seulement avec le sentiment du péril personnel, des milliers de vies humaines sont dans vos mains et vous devez les sauvegarder à force de volonté et à force de courage. (*Applaudissements.*)

C'est, messieurs, parce que votre tâche est lourde qu'elle doit être limitée, limitée dans la proportion qu'exigent et la raison et l'humanité, et la justice personnelle, et le souci de l'intérêt public. (*Applaudissements.*)

M. le Président a fait allusion tout à l'heure à la circulaire du 4 novembre 1899. Je sais quel sentiment de sollicitude l'avait dictée. Nous avons dû reconnaître que son interprétation sur certains points n'avait pas répondu aux intentions du Gouvernement.

Vos représentants, avec cette haute raison, avec cette grande sagesse qui président toujours à vos réclamations, ont bien voulu me donner un grand témoignage de confiance dont je leur suis personnellement reconnaissant, et venir m'expliquer déjà un certain nombre des objets sur lesquels notre attention devait être particulièrement éveillée.

Je me suis entretenu avec mon collègue, M. le ministre des Travaux publics, et je puis dès à présent vous assurer que, sur un certain nombre de questions tout au moins déjà, vous avez cause gagnée. (*Vifs applaudissements.*)

D'abord, les heures de réserve ne doivent pas être assimilées à des repos.

Sur un second point encore il nous a paru nécessaire, et la chose a été faite, d'indiquer à toutes les Compagnies que, les vingt-quatre heures ordinaires de repos décadaire ne devaient pas pour un motif ou pour un autre être diminuées, que, lorsque les roulements sont chargés, ces vingt-quatre heures sont elles-mêmes insuffisantes et qu'elles doivent être augmentées dans la limite du travail qui a été fourni. (*Applaudissements.*)

Il est encore d'autres sujets sur lesquels notre sollicitude a été éveillée. J'ai demandé à l'honorable M. Guimbert de bien vouloir donner à vos réclamations la formule la plus claire et la plus précise ; et, comme vous avez sur les théoriciens l'avantage de la pratique, je l'ai prié d'indiquer également quelle était la méthode la plus sûre pour que les instructions qui seront données ne soient pas méconnues.

Vous pouvez donc être assurés que toutes les réclamations que vous aurez à faire valoir seront examinées. Si je demeure convaincu de leur justesse, et laissez-moi vous dire que je ne demande qu'à l'être, c'est moi qui me ferai votre interprète auprès du Gouvernement : je défendrai votre cause et je suis bien persuadé que je gagnerai votre procès. (*Vifs applaudissements.*)

C'est, messieurs, dans cette pensée d'une collaboration nécessaire entre les pouvoirs publics et un grand service comme celui auquel vous appartenez que je vous demande la permission de boire cordialement, du fond du cœur, au nouveau légionnaire, M. Lafargue (*applaudissements*) et à M. Lorang, et d'une façon plus générale à la Fédération des mécaniciens et chauffeurs des chemins de fer et de l'industrie. (*Salve d'applaudissements, bravos répétés.*)

Association des voyageurs de commerce.

Le 10 juillet 1900, avait lieu, à Paris, le banquet de l'Association des Voyageurs de Commerce; M. Waldeck-Rousseau y assistait, ainsi que M. Deschanel, président de la Chambre des députés. Dans l'allocution qu'il prononça au dessert, le président du Conseil exprima les sentiments d'amitié qui l'avaient conduit au milieu des voyageurs de commerce, sachant que leur Association a, depuis longtemps, donné des preuves de son utilité. Puis, il demanda à être admis dans l'Association en qualité de membre honoraire.

Voici en quels termes il formula cette demande :

MESSIEURS,

Tout à l'heure, en écoutant le tableau que votre président dressait de la profession de voyageur, je me suis rappelé que j'ai été un peu votre collègue.

En effet, lorsque, vers 1885, je suis rentré au Palais, je me suis aperçu que la clientèle parisienne s'était enfuie à tire-d'aile en mon absence. Alors j'ai fait la province (*rires et applaudissements*), et, de cour en cour, de tribunal en tribunal, j'ai fait à peu près mon tour de France. Eh bien ! je souhaite que ces modestes services vous inspirent l'idée de créer une nouvelle catégorie de membres honoraires. Si j'ai été un voyageur peu durable, j'ai été, du moins, un voyageur très convaincu, et c'est à ce titre que j'exprime le vœu qui ne sera peut-être pas trouvé trop indiscret, d'entrer dans cette catégorie nouvelle des membres honoraires de votre Association. (*Vifs applaudissements.*)

L'assistance, consultée, admit M. Waldeck-Rousseau par acclamation en qualité de membre honoraire.

IV

LA POLICE

"HISTOIRE DU CORPS DES GARDIENS DE LA PAIX"

En 1896, parut en librairie l'*Histoire du corps des gardiens de la paix*, ouvrage dû à la collaboration de MM. Lépine, préfet de police, Rey et Féron. Sur la demande de M. Lépine, M. Waldeck-Rousseau voulut bien écrire la préface du livre. Nous croyons intéressant de reproduire ici ce morceau, où se trouve finement analysée la physionomie des gardiens de la paix de Paris.

L'histoire du corps des gardiens de la paix intéressera tous ceux que l'histoire de Paris passionne à si juste titre, parce qu'en elle se résume la genèse de notre France, et se reflètent tous les événements qui l'ont faite ou puissante ou débile, tour à tour triomphante ou meurtrie, unie, déchirée, mutilée, agrandie, toujours généreuse et fière, douée en tout cas d'une force latente dont les effets survivent aux pires catastrophes et dont le travail mystérieux, inaperçu, ne cesse point de préparer, fût-ce aux époques les plus troublées, les réparations du lendemain.

Mais ce n'est pas pour appeler l'attention sur cet aspect, si attachant qu'il soit, de l'œuvre de MM. Rey et Féron, que M. Lépine est venu me demander une préface. Préfet de police, administrateur chez lequel perce le soldat, c'est à ses gardiens de la paix qu'il songeait; c'est à eux que j'ai songé en prenant l'engagement que je m'efforce de tenir. Placé pendant deux ans en un poste qui m'a permis d'apprécier les services de cette armée empruntée à l'armée, je remplis un devoir en rendant hommage, et à l'organisation de la police de Paris, et au dévouement toujours prêt, toujours modeste et presque toujours obscur, de ceux qui la composent.

Un moraliste a dit : « Si les hommes se sont mis en société, c'est pour n'avoir pas à faire eux-mêmes leur police. » Cet aphorisme exprime bien l'une des tendances les plus caractéristiques de la civilisation, mais il ne laisse pas assez entendre qu'elle ne s'est développée que lentement et à mesure que l'éducation intellectuelle transformait les habitudes, la vie, la société elle-même.

Ce n'est pas seulement aux premiers temps de la barbarie féodale, c'est pendant tout le moyen âge que l'homme doit avant tout compter sur lui-même. Il est élevé dans la pensée que c'est à lui de pourvoir à sa conservation. Batailleur par destination et par nécescessité, chacun porte, noble ou manant, une arme apparente ou cachée, toujours prêt à se défendre. Il y a bien le guet, celui des bourgeois, puis celui du roi, mais il ne suffit pas à sa tâche. Ceux qui se hasardent à sortir après le couvre-feu s'en rapportent plus à leur initiative et à leur savoir-faire qu'à son tardif secours.

Ces mœurs, la dureté de ces temps préparent d'ailleurs des générations singulièrement fortes, toujours prêtes pour la guerre qui est alors un état de choses à peu près permanent. Ainsi se forme et s'établit un atavisme qui, traversant les âges, ne permettra pas que le courage cesse d'être la première des vertus françaises.

Cette combativité survit aux premiers jours de la Renaissance, elle ne s'apaise que lentement, quand le goût des arts et des lettres, les premières révélations de la science, l'expansion du commerce ouvrent aux esprits des horizons nouveaux, rendent l'existence plus précieuse et plus douce, quand l'idée pour s'épanouir exige impérieusement un organisme social où la paix publique et la sécurité individuelle soient fortement garanties. Dès lors, l'institution de la police se perfectionne en même temps que s'accroît la culture des esprits.

Dans une société appelée à demander chaque jour à la science des révélations nouvelles, à conserver son rang dans un monde où se succèdent les révolutions économiques, l'individu veut, avant tout, être affranchi du soin de veiller à sa défense.

C'est là le service essentiel que rend la police.

Les gardiens de la paix, qui la représentent à Paris, accomplissent si naturellement leur devoir qu'ils ne jugent pas avec tant d'orgueil la tâche qu'ils accomplissent. Et cependant, si Paris travaille et pense, si l'ingénieur peut s'absorber dans ses recherches, l'artiste dans ses créations, le poète dans ses rêves, si la rue est paisible, si de fugitives effervescences sont aussitôt apaisées, cette tranquillité, cet ordre parfait, cette facilité de la vie, nous les leur devons.

« *Vigilat ut quiescant* », cette vieille devise pourrait aujourd'hui se traduire librement : ils veillent pour que nous travaillions.

Le rôle du gardien de la paix est, d'ailleurs, singulièrement complexe. Sa surveillance ne s'étend pas seulement à l'ordre de la rue, il concourt à assurer presque tous les services sans lesquels Paris cesserait d'être Paris : celui des théâtres, celui des voitures, celui des promenades, celui des marchés, et ce service, plus délicat encore que tous les autres, qu'on pourrait appeler le service des foules. C'est alors surtout qu'il lui faut déployer d'inépuisables ressources de patience et de fermeté, car si nous trouvons excellent que son action s'exerce sur les autres, notre naturel indépendant s'étonne toujours qu'elle s'exerce sur nous. Le gardien de la paix connaît ce travers, ne prend pas au tragique ce défaut de caractère et résoud les difficultés en se renfermant dans sa consigne.

Choisi dans les rangs de l'armée parmi les meilleurs et les plus irréprochables, soldat par la tradition et par l'uniforme, connaissant son quartier, bientôt connu de lui, sachant fermer les yeux sur les peccadilles, énergique quand un intérêt sérieux est menacé, agissant à visage découvert, payant de sa personne, il a, par tant de qualités, conquis la confiance de Paris.

S'il fallait expliquer ce fait si naturel, autrement que par un sentiment de justice, il suffirait de parcourir cette troisième partie de l'ouvrage de MM. Rey et Féron qui s'appelle le Livre d'or des gardiens de la paix, et la liste déjà longue de ces héros tombés à leur poste de combat ou pour la défense de l'ordre ou pour celle de la patrie : « Robert, tué le 13 octobre 1870, en portant secours au lieutenant Lherminier; Simon, mort aux avant-postes, le 1er novembre 1870; Rocxin, tué en cherchant à désarmer un fou furieux; Lebeault, mort en soignant les cholériques... » Tous les genres de courage, toutes les formes du dévouement passent devant le regard ému de celui qui parcourt ces pages. Le livre reste ouvert et chaque semaine y voit inscrire de nouveaux noms.

Ces braves méritent bien d'avoir leur histoire!

Il faut remercier M. Lépine, MM. Rey et Féron de la leur avoir donnée. Le souvenir des nobles actions doit être pieusement gardé, non seulement comme une part de gloire nationale, mais aussi comme un ferment généreux qu'on ne confie pas inutilement à l'avenir.

ASSOCIATION AMICALE ET DE PRÉVOYANCE
DE LA PRÉFECTURE DE POLICE

M. Waldeck-Rousseau, durant la durée de son ministère, se fit un devoir d'assister chaque année aux réunions de l'Association amicale et de prévoyance de la Préfecture de Police. Dans les allocutions qu'il prononça à cette occasion, évoquant les principaux événements publics de l'année écoulée, il loua les gardiens de la paix, soit de leurs services pendant l'Exposition universelle, soit de leur dévouement aux jours troublés de l'été 1899, et, en général, de leur courage quotidien.

Messieurs [1],

J'ai voulu, comme tous mes prédécesseurs, assister à la réunion de l'Association amicale et de prévoyance de la Préfecture de police, et montrer par là, s'il était nécessaire, une fois de plus que rien de ce qui touche à cette grande institution ne saurait laisser indifférents ceux qui ont appris à la connaître, c'est-à-dire à l'estimer. (*Bravos, applaudissements.*)

En fondant cette Association, vous avez su mettre en pratique ces principes de solidarité et de prévoyance que la dernière partie du siècle qui s'achève aura vu

1. Assemblée générale du 3 décembre 1899.

du moins se dégager, comme une certitude de progrès social, de tant de rêves généreux, nobles, élevés, mais d'une réalisation, hélas ! bien lointaine. La solidarité, c'est le devoir de toute la grande famille humaine ; mais elle risque, si on la maintient dans ses larges proportions, de demeurer une formation un peu trop abstraite et qui n'est pas susceptible d'une prompte réalisation.

Elle est au contraire d'une application facile (et le rapport que nous venons d'entendre suffit à le montrer), si elle fait appel à ceux qu'un même lien, une sorte de parenté professionnelle a déjà su réunir. On rappelait tout à l'heure qu'il y a quelque trois ans, si je ne me trompe, l'homme éminent que le sentiment d'un grand devoir à remplir a replacé à votre tête (*applaudissements*), venait me demander à moi qui ne suis cependant guère écrivain, une préface pour un livre, le *Livre d'or des Gardiens de la paix* ; j'avais pendant plus de deux années fait l'expérience de leur dévouement ; j'avais pu apprécier leur belle discipline, leur ferme attachement au devoir, et je pense que si M. Lépine a bien voulu me prendre comme collaborateur, c'est que dans la vie privée comme dans la vie publique, j'ai toujours été heureux de dire quel grand et consolant souvenir j'avais gardé de notre collaboration. (*Applaudissements.*)

Je ne pensais pas, messieurs, à ce moment, que bientôt il me faudrait mettre encore ce dévouement à l'épreuve. Des circonstances politiques, des événements graves, les plus graves peut-être que la République ait traversés dans ces derniers temps, nous ont amené à demander aux gardiens de la paix un nouvel et plus grand effort.

Le Gouvernement a dû réclamer d'eux quelque

chose de plus que le courage : ce sang-froid, cette fermeté qui, pendant plus de trente jours[1], ne se sont démentis, ni devant les provocations, ni devant la fatigue. Le 20 août[2], ils ont eu à tenir tête à tout ce que Paris peut rassembler d'éléments de désordre, et 137 d'entre eux étaient blessés, dont plusieurs grièvement. Qu'il me soit permis de dire ici que ce jour-là ils ont rendu un incomparable service, non pas seulement à la cause de l'ordre, mais à la cause de la République. (*Applaudissements prolongés*.)

Je ne viens pas les encourager à faire leur devoir, ce serait inutile ; mais je veux leur dire que toutes les fois qu'ils feront leur devoir, ils seront soutenus par leur chef. (*Applaudissements*.)

— « Nous le sommes », s'écrie l'un des assistants.

Et leur chef sait bien qu'il sera soutenu par le Gouvernement. (*Applaudissements*.)

Je veux enfin, messieurs, exprimer les mêmes sentiments de gratitude pour tous les collaborateurs, pour tous les dévouements qui font de la Préfecture de police une grande maison laborieuse et sûre, le moteur, pourrait-on dire, et comme le grand ressort de tous les services qui assurent dans une cité de plus de deux millions d'habitants la paix, l'ordre, la salubrité, son pacifique développement.

Il me sera, messieurs, fort agréable de reporter à M. le Président de la République, l'expression des sentiments dont tout à l'heure on se faisait pour

---

1. Allusion au siège du fort Chabrol.
2. Il y avait eu, le dimanche 20 août 1899, une émeute dans certains quartiers de Paris. C'était à l'époque où, par suite des violences exercées pendant l'affaire Dreyfus, la rue était souvent troublée. Le ministère Waldeck-Rousseau n'était au pouvoir que depuis quelques semaines.

lui l'interprète et je termine en souhaitant à votre Association la prospérité qui attend toutes les entreprises bien conçues et bien conduites, surtout, messieurs, quand elles reposent sur ce noble sentiment auquel vous avez fait une place dans votre raison sociale et qui s'appelle l'amitié. (*Nouvelle salve d'applaudissements.*)

Monsieur le Président,

En relisant vos statuts, il m'a bien semblé voir que vous comptiez des membres honoraires. Si la fonction de président du Conseil ne constitue pas une incompatibilité, je suis bien heureux de poser ma candidature à cette dignité. (*Applaudissements.*)

M. Vel-Durand. — Monsieur le Président, le président de l'Association n'a pas qualité pour enregistrer seul une pareille candidature; permettez-moi de la mettre aux voix en votre présence même, et de demander que ceux qui veulent bien l'agréer lèvent la main.

(*Tous les sociétaires lèvent la main.*)

A l'unanimité, Monsieur le Président, vous êtes proclamé membre honoraire. (*Applaudissements.*)

Messieurs [1],

Il ma été, croyez-le bien, extrêmement agréable de saisir l'occasion qui m'était offerte de me trouver une seconde fois au milieu de vous, de constater les progrès

1. Réunion du 2 décembre 1900.

accomplis par votre Association et le merveilleux essor qu'elle tend de plus en plus à prendre.

Vous êtes, en effet, aujourd'hui, plus de 5.600 sociétaires ; votre actif dépasse 1.600.000 francs. Je suis persuadé, laissez-moi en faire le vœu, que l'année prochaine nous saluerons votre second million.

Ces résultats, à vrai dire, ne me paraissent par surprenants, parce que l'assistance mutuelle est d'autant plus facile et d'autant plus féconde qu'elle fait appel à des hommes qui remplissent les mêmes fonctions et qui accomplissent les mêmes devoirs. Il en résulte, en effet, une sorte d'affinité naturelle et une vocation véritable pour la mutualité.

Mais, cette vocation, il faut la mettre en œuvre, il faut lui donner une organisation, pour tout dire en un mot, une bonne administration. C'est là que la difficulté commence et, si elle a été si heureusement surmontée, je suis convaincu d'être votre interprète en en reportant l'honneur et le mérite aux administrateurs éminents, au président dévoué de votre Association, à tous ceux dont l'habileté s'est montrée égale au grand dévouement. (*Applaudissements.*)

Après avoir constaté ce que vous avez su faire pour la bonne direction de vos propres affaires, je mentirais à mon propre sentiment si je ne constatais pas aussi, et une fois de plus, ce que vous avez fait pour l'intérêt public.

Cette année encore, il a fallu que le Gouvernement demandât aux gardiens de la paix un très grand effort, à raison de notre Exposition universelle. Il n'est pas besoin d'être un très grand observateur pour reconnaître que les gardiens de la paix travaillent d'autant plus que la population parisienne est moins absorbée par le travail, et l'on peut dire avec exactitude que les grands jours de fête de Paris sont les grands jours de travail des gardiens de la paix. Mais, il y a, à vrai dire, entre la population parisienne et eux un contact si bien établi, une solidarité si intime, il y a d'un côté tant de confiance, et, de l'autre tant de dévouement, que ce qui est le plaisir des uns devient aisément la récompense des autres. (*Applaudissements.*)

Je suis convaincu, messieurs, que, dans la lourde tâche que vous avez eue à remplir, et tout spécialement cette année, lorsqu'il vous a fallu donner à l'œuvre dont je parlais tout à l'heure un concours actif, vous avez été soutenus par le sentiment qui n'a jamais cessé de vous animer : par un juste orgueil national, et je sais, en effet, que toutes les fois qu'il s'agira de contribuer à un succès qui peut augmenter le lustre, la grandeur et le prestige de notre pays, il n'est pas d'effort qui coûte aux gardiens de la paix de Paris! (*Applaudissements répétés.*)

Je tiens enfin à vous rendre ce témoignage, à dire très publiquement et pour que cela soit entendu partout — ce sera votre meilleur encouragement — que nulle part, en aucun pays, on n'aurait pu, à l'occasion d'un aussi immense rassemblement de foule et au milieu de tant de difficultés, organiser le bon ordre et la sécurité dans la circulation aussi bien que vous l'avez fait, grâce au zèle que vous avez déployé sous la direction éclairée de tous vos chefs. (*Vifs applaudissements.*)

Je ne m'attendais pas, messieurs, à entendre de la bouche de M. le Président l'annonce de la précieuse récompense que je viens de recueillir au milieu de vous; rien ne pouvait me toucher davantage que de voir se resserrer entre nous un lien qui, de ma part, était, de longue date, fait de respect, de gratitude et de reconnaissance. Je n'avais, à vrai dire, pour assister à vos réunions jusqu'ici qu'un titre qui, pour être éminent, est un peu fragile; et lorsque, pour espérer de se retrouver au milieu de vous, il faut compter être président du Conseil, c'est faire un calcul qui serait, maintes fois, téméraire. (*Sourires.*) Vous m'avez donné un titre plus solide, une raison plus durable de demeurer votre collaborateur. Soyez assurés que, quels que soient les événements, je me tiens désormais pour garanti contre ces incertitudes, et que la place de président honoraire que vous avez bien voulu m'accorder ne sera jamais par moi laissée vide au milieu de vous. (*Longue salve d'applaudissements.*)

MESSIEURS,[1]

Je ne méritais point de remerciements pour m'être rendu à votre appel. M. le président de votre Association et M. le préfet de police vous disaient tout à l'heure que les soins, les charges et les travaux d'un président du Conseil sont nombreux; je n'en disconviens pas, mais la fonction entraîne aussi des compensations, et il n'en est pas à coup sûr de plus douces pour moi que de me trouver au milieu de vous.

J'ai été très heureux de venir constater de nouveau la prospérité de votre Association, et rendre hommage, une fois de plus, au dévouement infatigable du corps des gardiens de la paix à qui nous ne cessons de demander chaque jour de plus nombreux services.

L'année dernière je vous disais, à cette même place: « Nous saluerons bientôt le deuxième million de votre

1. Réunion du 1er décembre 1901.

Association »; il est aujourd'hui dépassé et c'est vers le troisième que votre Association va se mettre en marche avec cette régularité et cette sage progression qui sont l'une de ses caractéristiques.

Vous avez raison de dire, mon cher président, qu'une œuvre qui progresse d'une façon constante, régulière, méthodique, est plus durable que celle qui connaît les brusques élans. Et ce qui me frappe dans le développement de votre association, c'est que s'il ne procède pas par larges bonds, il ne se ralentit jamais : chaque année vous réalisez un progrès nouveau et l'on peut dire que vos progrès, s'ils sont patients, sont pour ainsi dire sans limite.

Ce n'est pas seulement à votre association, c'est aussi au corps des gardiens de la paix, qu'il m'est agréable d'apporter le tribut de mes félicitations.

Par un phénomène assez rare, il m'est permis de me trouver ici pour la troisième fois ; cela veut dire que, depuis plus de deux ans et demi, je vous ai vus à l'œuvre ; mon témoignage n'est point, par conséquent, un témoignage superficiel ou de circonstance. Oh ! les conditions dans lesquelles nous nous sommes connus, messieurs, étaient bien différentes de celles dans lesquelles nous nous retrouvons aujourd'hui ; ce fut dans des jours particulièrement troublés et difficiles ; il fallait à chaque instant ou maintenir l'ordre ou le rétablir ; vos chefs vous ont alors trouvés résolus, patients, toujours dans leur main, ne comptant point avec les longues factions de nuit et mesurant vos heures de service, non point au règlement, mais aux circonstances. Je n'oublierai point, pour ma part, ces journées et ces soirées pleines d'anxiété, où, renseigné d'instant en instant, je suivais, de trop loin à mon gré, le cours des événements, jusqu'à l'heure où votre chef venait m'en rendre compte; il me parlait beaucoup de vous, il me disait : « Ce sont de braves gens ». Il ne me parlait pas de lui, mais je savais bien que, là où il y avait un danger à courir, aucun de vous n'aurait obtenu qu'il ne fût pas à la première place [1].

Puis, messieurs, des temps meilleurs sont venus, plus calmes, mais pour vous non moins laborieux : Paris recevait le monde entier, lui offrait son hospitalité. Il vous a trouvés prêts pour cette nouvelle tâche; il vous a vus pleins d'entrain, renseignant, dirigeant, protégeant cette foule cosmopolite, venue des quatre coins du globe; parmi ces visiteurs, il en fut plus d'un qui fit du fonctionnement de nos services de police un examen jaloux: eh bien! j'invoque leur témoignage et je dis bien haut que pour la régularité, pour la bonne méthode, pour la tenue, nous n'avons rien à envier à aucune capitale.

Nous avons enfin connu, messieurs, au cours de ces derniers mois, une ère de tranquillité dont bien peu de périodes ont présenté le spectacle; et nous constatons aujourd'hui, comme le faisait tout à l'heure M. le préfet de police, que cet effort considérable que vous aviez précédemment donné, tantôt dans l'agitation et tantôt dans les fêtes, a été pour vous une sorte d'enseignement supérieur des devoirs de votre fonction, de la dignité avec laquelle il faut la remplir, de la patience qu'il faut y déployer; très certainement votre instruction est devenue plus complète.

Je dois immédiatement ajouter que le mérite des perfectionnements de votre instruction revient pour une bonne part à vos excellents chefs qui se sont atta-

---

1. M. Lépine. Il avait été rappelé à la préfecture de police par M. Waldeck-Rousseau le jour même de la constitution du ministère de défense républicaine.

chés tout à la fois à développer chez vous les connaissances techniques et à cultiver votre esprit. Ce sont là des résultats excellents et dont il est bien permis de s'applaudir.

On le rappelait, il y a un instant, même dans les périodes de tranquillité et de calme, les périls, la mort souvent tragique ne suspendent pas toujours pour vous leur menace. Cette année, dans les deux derniers mois seulement, M. le préfet de police me signalait plus de 230 actes de dévouement à l'actif des gardiens de la paix; il serait trop long de les énumérer; ce qu'il faut dire, c'est que, partout où il y a un danger à braver et un service à rendre, il y a aussi un gardien de la paix; voici Bailly, par exemple, qui, pour arracher une femme au gouffre creusé par le courant sous le pont Marie, se jette dans le fleuve; il disparaît; une minute se passe, une heure mortelle! Il n'y a plus d'espoir qu'il reparaisse; et alors c'en est un autre, c'est Marnas qui se jette à son tour à la Seine, sans illusion, peut-être sans espoir, et pourquoi? Parce que le devoir veut qu'on aille au-devant de la mort pour essayer de sauver un camarade.

Eh bien! messieurs, il était naturel que le chef du Gouvernement, que le ministre de l'Intérieur se joignît à ceux qui accompagnaient sa dépouille funèbre. Je vous disais l'année dernière qu'un lien s'était formé entre nous : rien n'est plus vrai, et je crois que si une circonstance m'eût empêché ce jour-là de me mêler à vos rangs, vous auriez pu considérer que dans ce cortège il manquait un membre de votre grande famille.

Vous vous affirmez chaque jour de plus en plus comme un corps d'élite et vous êtes les dignes gardiens de cette grande et belle ville qu'est Paris. Elle n'a pas seulement ses beautés et ses splendeurs, elle a aussi ses tristesses et ses misères, personne ne le sait mieux que vous.

Aussi, quand il s'est agi d'améliorer le service de l'hospitalisation, pendant les durs hivers, on s'est adressé à la police de Paris, et, du jour où ce service lui a été confié, les asiles de nuit ont cessé d'être trop étroits. Plus récemment, j'ai eu à me préoccuper des moyens les meilleurs pour secourir à temps, sur l'heure, sur la minute, certaines détresses qui ne peuvent pas attendre; c'est encore du côté des gardiens de la paix que j'ai tourné les yeux et je les connais assez pour savoir qu'en pareille circonstance, ils ne trouveront jamais que leur tâche est trop compliquée ou trop lourde.

Je termine, messieurs, en répétant que je suis heureux d'avoir à vous apporter, au nom du Gouvernement, le tribut des justes félicitations qui vous sont dues.

V

QUESTIONS DIVERSES

LE RÉGIME FISCAL DES SUCCESSIONS

Sénat. *Séance du 17 janvier 1901.* — Le Sénat discutait une réforme considérable et depuis longtemps réclamée par le pays : l'impôt sur les successions. Le projet de loi défendu par le Gouvernement portait qu'à l'avenir les droits de succession seraient liquidés sur la part nette recueillie par chaque ayant-droit, déduction faite des dettes tant civiles que commerciales du défunt, et, en même temps, il prescrivait un nouveau mode d'assiette pour la perception des droits en cas de transmission distincte de l'usufruit et de la nue propriété. Pour balancer le dégrèvement que comportait cette réforme, une recette équivalente était demandée à un système de tarifs gradués de manière à réduire les charges imposées aux petits héritages, à augmenter celles des moyens, puis celles des gros. Le système était basé sur le principe de la dégression.

Le projet de loi fut brillamment défendu devant le Sénat par M. Caillaux, ministre des Finances. M. Waldeck-Rousseau intervint au cours des débats pour répondre à

M. Prevet, qui accusait le Gouvernement de vouloir faire passer dans la législation française l'impôt progressif.

(La loi, votée par le Parlement, fut promulguée le 26 février 1901).

M. LE PRÉSIDENT DU CONSEIL. — Messieurs, je ne pensais pas avoir l'honneur de prendre la parole devant le Sénat dans cette discussion, et je croyais avoir seulement à m'excuser de ne point intervenir plus activement dans un débat de cette importance.

Le Sénat sait que, retenu dans une autre chambre par une discussion non moins importante[1], il m'était en effet difficile de ne pas laisser à M. le ministre des Finances, qui s'en est acquitté d'ailleurs et s'en acquittera avec une autorité à laquelle tout le monde rendra hommage, le soin de défendre les propositions du Gouvernement.

Ce n'est pas, à vrai dire, tout le discours de l'honorable M. Prevet qui m'amène à la tribune. Il a été tout à la fois politique et financier. Sur le terrain financier, je crois que soit M. le rapporteur, soit M. le ministre des Finances auront des réponses intéressantes à soumettre au Sénat. Mais, bien que M. Prevet se soit défendu de donner à cette discussion la moindre tendance politique, il n'a point échappé, au moins à une partie de cette Assemblée, qu'elle lui fournissait une occasion de faire au Gouvernement, je ne dirai pas un procès de doctrine, mais un procès de tendances.

Plus d'une fois déjà, en dépit des gages que nous avons donnés aux doctrines les plus saines, et qui sont celles de la grande majorité du parti républicain, on a accusé le Gouvernement d'arrière-pensée, et j'ai

1. Il s'agit de la discussion de la loi sur les associations.

plus d'une fois été conduit à dire qu'il faudrait enfin montrer par quels actes nous aurions manqué aux principes qui d'ordinaire nous mettent tous d'accord.

Mais, messieurs, dans ce débat, combien je suis à l'aise quand je songe que je viens défendre la propriété contre les appétits féroces, contre les guerres de classes, en compagnie d'hommes politiques qui s'appellent M. Poincaré, M. Cochery, M. Ribot, M. Méline, M. Deloncle et tant d'autres ?...

Et, en vérité, si je rappelle ces noms respectés de tous, c'est bien moins pour invoquer immédiatement un appui qui n'est pas sans utilité que pour placer le Sénat en face de ce qui s'est produit depuis 1894.

On a beaucoup parlé de ce qui est arrivé en 1894, de ce qui s'est passé en 1898. Il est exact qu'en 1894 le projet a soulevé de l'étonnement et provoqué de nombreuses hésitations. S'il fallait examiner un peu *ex abrupto* les raisons d'être de cet étonnement et de cet état d'esprit, on les trouverait peut-être dans un phénomène qui n'est pas particulier aux lois fiscales. Je crois que toute idée nouvelle court, dans notre pays comme dans tous les autres, un danger d'une nature particulière et qu'on pourrait appeler le péril du baptême nécessaire des mots.

Il y a, dans le langage courant, un certain nombre d'appellations qui constituent — on peut employer aujourd'hui ce mot sans soulever aucune indignation (*Sourires à gauche*) — le bagage de la critique. Il a un certain nombre d'étiquettes, un certain nombre de compartiments : il faut que l'idée nouvelle reçoive l'une de ces appellations et qu'elle entre dans l'un quelconque de ces compartiments.

Or, comme on a vu qu'il n'était pas possible de dire que l'impôt proposé par M. Poincaré répondait à la définition et à la conception habituelle de l'impôt proportionnel, on en a conclu que, puisque cette case ne lui convenait pas, il était nécessaire de le placer dans l'autre, et on a dit : « impôt progressif ».

Je suis obligé de citer un peu de mémoire, mais je me rappelle assez exactement la discussion qui fut soumise à la Chambre, et dans laquelle M. Poincaré tint un rôle si important; il s'efforça de montrer que toute progression n'était pas le système progressif, et ce fut, si je ne me trompe, à un homme qui s'appelait Léon Say, qu'il emprunta cet aphorisme, à savoir qu'il y a une progression qui est la conséquence nécessaire de la proportionnalité.

M. LE COMTE DE MAILLÉ. — Ce n'est pas mal imaginé, cela !

M. HERVÉ DE SAISY. — C'est la progression sans la progression !

M. LE PRÉSIDENT DU CONSEIL. — Qu'est-ce que cela voulait dire ?

Cela voulait dire, contrairement à l'opinion de M. Prevet, qu'il faut examiner la fiscalité, l'impôt dans son ensemble, et que s'il se trouve qu'un impôt appelé proportionnel ne le soit pas, si l'on est en présence d'un fait qui constitue ce que j'appellerai la progression en sens inverse (*très bien ! — c'est cela ! à gauche*), il faudra bien chercher à protéger le contribuable contre cette erreur, contre cette atteinte portée au principe dont on se prévaut.

Voyons, messieurs, cherchons un exemple. Si un employé qui a 1.800 francs de traitement, et un propriétaire qui a 18.000 francs de rente payent exactement la même charge pour ce que j'appellerai une même fonction, pour l'accomplissement d'un acte utile et même nécessaire, pour l'achat de quelque chose qui est de première utilité ou nécessité, n'est-il pas évident que l'impôt suit vis-à-vis de ces deux contribuables une marche absolument inverse à celle qu'il faudrait peut-être lui voir suivre ? Et alors, comme il faut que l'impôt soit proportionnel, à quelles conséquences arrive-t-on? Mais à celles qu'admettait l'illustre économiste dont je citais le nom tout à l'heure, à savoir que puisque, dans le domaine de l'impôt, la proportionnalité pour un contribuable est violée sur un point, il faut rétablir l'équilibre à son profit en établissant à son profit, sur un autre point de la fiscalité, une autre décharge, et par là même — le mot est encore de M. Léon Say — une surcharge au détriment d'un autre contribuable plus favorisé.

De sorte qu'à vrai dire, messieurs, on peut arriver à penser qu'en dehors de ce qu'on est convenu d'appeler l'impôt proportionnel, — je prends les mots bien entendu dans leur sens inflexible et absolu — il pourrait bien y avoir des impôts de compensation, on pourrait presque dire de réparation.

Si mes souvenirs sont exacts, — car je dois avouer au Sénat que je suis mal préparé pour soutenir cette discussion dans tous ses détails — M. Poincaré faisait encore valoir un autre argument.

Il montrait ce qu'est l'impôt progressif; or, chacun de nous le sait, l'impôt progressif s'attaque, je dirais volontiers quand même, abstraction faite de toute circonstance, à l'accroissement de la fortune, et chaque unité de 100 francs, par exemple, qu'elle soit la première, la deuxième ou la centième, qu'elle représente en tout 100 francs ou 100 millions, payera un taux d'autant plus élevé, qu'elle se trouvera englobée dans un patrimoine plus riche. Ce qui revient à dire qu'il faut, par le jeu de l'impôt progressif, poursuivre la fortune dans tous ses développements et arriver à lui retrancher ce que, suivant les rigueurs d'une école ou d'une autre, on jugera comme étant exorbitant et dépassant la possession permise.

Or, établir un impôt en commençant par dire : « Voici le maximum, voici le plein de ce qui doit être payé », et en consentant ensuite des réductions, suivant la modicité de l'émolument héréditaire, n'est-ce pas aboutir à une négation ou tout au moins au contraire de l'impôt progressif que je montrais tout à l'heure? Si l'on examine attentivement le projet lui-même, on voit qu'une même somme de 100 francs, dans le système qu'on a appelé fort justement et fort ingénieusement le système des tranches, ne paye pas plus dans un gros que dans un petit héritage, et que c'est seulement une tranche d'héritage différente qui paye un impôt différent; dès lors, ne sommes-nous pas bien éloignés de l'impôt progressif?

Ces considérations, que je réunis à la hâte et peut-être un peu confusément, ce sont celles qui se sont dégagées pour l'ensemble du Parlement, non pas seulement du phénomène de la discussion, mais du phénomène souvent beaucoup plus utile de la cristallisation, du dépôt des idées qui suit de grands débats; sans que chacun de nous y réfléchisse, il se fait un travail mental dont il profite, et c'est ce qui permet d'expliquer un événement qui commande la politique du Gouvernement. Comment, ce sont des collectivistes honteux qui, au nombre de 411, ont voté, au mois de novembre dernier, la proposition que nous vous soumettons! Comment, l'honorable M. Cochery, jadis ministre des Finances, aujourd'hui président de la commission du budget, est un collectiviste honteux! (*Rires approbatifs à gauche.*)

Prenez garde, M. Prevet, de grossir aux yeux des naïfs des périls qui n'ont aucune réalité ! Comment se fait-il que, autour d'eux, se rencontre cette légion de collectivistes non plus honteux, mais effrontés (*nouvelle hilarité sur les mêmes bancs*) qui vient dicter au Parlement les lois de la majorité?

Je ne veux pas décomposer un scrutin; il y a peu de convenance dans une Chambre à dire : « M. un Tel a voté telle loi dans tel sens, donc c'est une loi conservatrice. » Non, une loi est conservatrice en elle-même ; mais il est permis d'invoquer, comme nous le faisons au palais, l'opinion des docteurs. Quand deux plaideurs chevauchent les principes avec trop d'animosité et se jettent à la tête l'un de l'autre des accusations peut-être un peu vives, on aime à se retourner vers les docteurs et à leur dire : Qu'en pensez-vous?

Parmi les 411 députés dont je parle, on admettra bien qu'il y a quelques docteurs ès sciences politiques où ès sciences économiques (*rires à gauche*) et, pour n'en citer qu'un dont le nom fait également autorité, pense-t-on que M. Delombre, qui a joint son vote à celui de ses 410 collègues, soit un collectiviste ouvert, caché, honteux ou trop hardi? Comment se fait-il qu'il se soit joint à l'unanimité du parti républicain pour voter cette réforme?

Il y a eu, messieurs, onze républicains des plus honorables, des plus justement honorés, qui ont éprouvé le besoin de dégager leur responsabilité et qui, pour le faire, ont envoyé à la tribune de la Chambre l'honorable M. Fachard.

En dehors de ces onze députés, c'est, je puis le dire, l'unanimité du parti républicain dans la Chambre qui a donné son vote au projet actuel. (*Très bien! très bien! à gauche.*)

Le Gouvernement a donc raison de le dire au Sénat : voilà une réforme dont la clef a été trouvée ici même, proposée par M. Cochery, adoptée par la majorité du Sénat et de la Chambre. Ceux qui voulaient aller plus loin et ceux qu'au premier abord ces idées avaient fait hésiter et réfléchir — et ce n'est pas moi qui m'en étonnerai — se sont ralliés à cette solution.

Elle est aujourd'hui la solution du parti républicain. Le Gouvernement l'avait mise dans son programme et c'est pourquoi il se permet, par ma voix, d'insister de la façon la plus pressante auprès du Sénat pour que cette réforme ne vienne pas échouer devant lui.

Je voudrais, messieurs, répondre enfin à une considération de M. Prevet qui n'a pas laissé que de me frapper. Il a parlé de ce qu'on doit à ce pays d'épargne et de vaillance laborieuse : « Prenez garde d'ébranler sa confiance, a-t-il dit, prenez garde en tuant la propriété, de tuer cette confiance, de tuer le crédit ! »

Personne n'imaginera, messieurs, qu'entourés du cortège dont j'ai parlé tout à l'heure, nous puissions songer volontairement soit à blesser la propriété, soit à tuer la confiance ! Non !... Et quelque chose me rassure. Toute propriété est respectable quelle qu'elle soit. Je ne suis pas de ces aveugles qui considèrent qu'une grande fortune est un agent social inutile ! Les plus grandes fortunes comme les plus petites exercent sur l'économie sociale une influence bienfaisante, parce qu'elles produisent et font travailler. (*Assentiment sur un grand nombre de bancs.*) Mais s'il fallait entre les fortunes manifester un sentiment de préférence, j'en exprimerais un qui, j'en suis certain, nous serait commun à tous : ce qu'il faut ménager surtout, c'est la petite fortune qui tend à devenir la fortune moyenne ! C'est celle autour de laquelle, et par le travail dont on parlait tout à l'heure, va surgir non pas la richesse tout d'abord, mais une plus grande aisance, et, plus tard peut-être, la richesse. C'est cette petite fortune qui permet à ses détenteurs de se soustraire à la loi d'airain, à cette loi de fer qui met obstacle à leur développement familial. Est-ce que cette petite fortune est menacée par le projet de loi qui vous est soumis? En aucune façon! Car après avoir fixé le plein de l'impôt, elle prend soin d'en rendre le poids plus léger, à mesure que l'émolument héréditaire est moindre. On a eu raison de dire qu'une petite succession peut échoir à un gros capitaliste, et c'est ce qui montre, entre parenthèses, que nous sommes bien loin de la conception progressive (*c'est cela! à gauche*) mais il faut bien convenir que le plus souvent la petite fortune viendra échoir au petit patrimoine et que, s'il est peu habituel que ceux qui ont le bonheur de posséder d'immenses héritages et de nombreux millions fassent une succession de quelques centaines de francs, il est encore bien plus exceptionnel que ceux qui ne possèdent que leur salaire ou les économies d'employé ou d'ouvrier qu'ils ont pu faire héritent de plusieurs millions. Par conséquent, en allégeant le poids des charges imposées aux petits héritages, on peut dire que dans la plupart des cas on vient en aide à la formation et au développement de la fortune moyenne, et par là même on favorise aussi le développement économique et démocratique qui doit appeler toute notre attention.

Voilà, messieurs, les raisons qui ont fait penser au Gouvernement que ce vote était nécessaire et qui lui donnent la confiance que le Sénat voudra bien le suivre dans cette voie. (*Très bien! très bien! et applaudissements à gauche.*)

LES DESSINS LICENCIEUX

Chambre des députés. *Séance du 24 décembre 1901.* —
Au cours de la discussion du budget de l'Intérieur,
M. d'Estournelles appela l'attention du président du
Conseil sur « les progrès inquiétants d'une industrie
nouvelle » : les exibitions de gravures licencieuses,
obscènes ou grossières qui s'étalent à la devanture de
la plupart des marchands de journaux. Le président du
Conseil répondit qu'en ce qui concernait l'outrage aux
mœurs il fallait appliquer sévèrement la loi de 1898.
Quant à la caricature politique, la justice ne peut être
mise en mouvement que sur la plainte de la partie intéressée.

M. le Président du Conseil, *ministre de l'Intérieur.*
— Messieurs, la question de l'honorable M. d'Estournelles n'appelle de la part du Gouvernement qu'une
courte réponse. Il a fait allusion d'abord à des dessins
inconvenants, outrageants pour les mœurs, obscènes
en un mot, pour employer les expressions de la loi
de 1898.
Tout le monde sera d'accord pour reconnaître que
la loi de 1898 doit être appliquée et je n'hésite même
pas à dire à la Chambre que la nécessité de cette
application apparaît de plus en plus depuis que, et
cela remonte à un certain temps, l'industrie de l'outrage aux mœurs par les images semble avoir pris un

extraordinaire développement. Il y a là, en effet, pour les regards et l'éducation des enfants et des jeunes gens un danger perpétuel qu'il faut diminuer et restreindre dans la mesure du possible. (*Très bien! très bien!*)

A ce point de vue, je peux dire à l'honorable M. d'Estournelles que la police, car c'est à propos de la police que la question s'est produite, fait tout son devoir, qu'elle n'a jamais manqué de dresser des procès-verbaux et de saisir les dessins qui lui paraissaient rentrer dans la catégorie que je viens d'indiquer et, sur mon invitation expresse, il n'y a pas plus de deux jours que le préfet de police a renouvelé les instructions qui avaient été précédemment données.

Quant aux dessins qui, n'étant pas seulement satiriques, seraient outrageants pour les représentants de puissances étrangères, je considère que la loi de 1884 a été parfaitement prudente et sage; elle a voulu, en effet, que la justice ne pût être mise en mouvement que sur la plainte de la partie intéressée.

Le Gouvernement n'a jamais été l'objet d'aucune demande, d'aucune plainte de ce genre et il y aurait, je crois, de sa part, une souveraine imprudence à intenter des poursuites qui ne sont pas demandées par ceux-là mêmes qu'elles concernent. (*Applaudissements.*)

On a eu raison de dire que si l'on entrait dans cette voie officieuse, que si l'on manifestait un zèle qui pourrait être parfois intempestif, le Gouvernement français serait susceptible de ne pas voir son exemple suivi partout. (*Nouveaux applaudissements.*)

Je n'ai pas à dire que le Gouvernement français réprouve tout ce qui peut être offensant pour les représentant de puissances voisines et amies. Mais quant à aller plus loin et à mettre la justice en mouvement par un excès de zèle, ce ne serait pas seulement une faute de tact, ce serait une violation de la loi. (*Applaudissements.*)

SUR LA SUPPRESSION
DES COURSES DE TAUREAUX

Chambre des députés. *Séance du 8 juin 1900.* — Des courses de taureaux organisées dans plusieurs villes, à Roubaix, à Deuil (Seine-et-Oise), avaient provoqué des protestations générales dans la presse. Le président du Conseil fut questionné à ce sujet par M. le député Dubois, qui lui demanda quelles mesures il comptait prendre pour empêcher que des arènes fussent élevées dans l'intérieur de Paris ou des départements voisins.

M. Waldeck-Rousseau, *président du Conseil, ministre de l'Intérieur et des Cultes.* — Messieurs, je vais répondre très brièvement à l'honorable auteur de la question qui m'est posée, et je crois lui avoir dès à présent donné satisfaction dans toute la mesure où il était en mon pouvoir de le faire.

Le Gouvernement a en effet épuisé à l'égard des courses de taureaux dans les départements voisins de Paris toutes les armes qui étaient à sa disposition. Je n'apprends pas à la Chambre qu'en matière de spectacles le droit d'autorisation et toutes les sanctions résultant des mesures préventives ont disparu; l'administration ne peut donc faire qu'une chose, et elle l'a faite : s'opposer à ce qu'on donne un spectacle quelconque dans un édifice qui ne présente pas toutes les garanties de solidité.

C'est parce que la plupart des arènes qui avaient été construites, il y a quelques mois, prêtaient à de fortes critiques que nous avons pu, pendant un certain temps, empêcher qu'il s'y donnât aucun spectacle et notamment des courses de taureaux.

Mais les entrepreneurs ont perfectionné leur matériel et il est devenu impossible d'interdire l'ouverture des salles en raison du peu de solidité.

A partir de ce moment, quelle était la seule législation à notre disposition? C'était la loi Grammont, celle dont la critique a été faite à l'occasion d'un projet dont la Chambre est saisie et qui — je le signale, vous en comprendrez l'intérêt — est aujourd'hui même à l'état de rapport.

La loi Grammont considère la mise à mort du taureau et les mauvais traitements infligés aux chevaux comme une contravention; elle permet seulement d'appliquer une amende, quand la contravention a été commise. Par conséquent, si on se place en face de l'éventualité d'une course de taureaux, on voit — et ce n'est pas une vérité à démontrer puisque la Chambre a pris en considération le projet de loi auquel je faisais allusion tout à l'heure — on voit, dis-je, que l'autorité administrative n'a pas le pouvoir de l'interdire, et c'est justement ce pouvoir qu'on vous demande désormais pour elle.

Mais lorsque des désordres se sont produits, alors on sort de la législation particulière, je ne dirai pas à la tauromachie, mais aux spectacles. Du moment que des désordres graves se sont produits à l'occasion des courses de taureaux de Deuil, du moment qu'il est devenu évident pour l'administration que de nouveaux désordres ne manqueraient pas de se produire, alors nous avons le droit d'user de l'article 99 de la loi municipale de 1884. C'est en usant des pouvoirs que les préfets tiennent de cet article que M. le préfet de Seine-et-Oise a été immédiatement invité à prendre un arrêté qui, dans l'intérêt de l'ordre et par conséquent abstraction faite de toute question spéciale, a interdit toutes les courses de taureaux dans le département de Seine-et-Oise. On les a également interdites dans le département de la Seine; et si elles ne sont pas encore interdites dans le département de Seine-et-Marne, c'est qu'il n'est pas à la connaissance de l'administration qu'aucun édifice propre à ces sortes de spectacles y ait été jamais préparé. (*Très bien! très bien!*)

Par conséquent nous avons fait ce que nous pouvions faire. Permettez-moi d'ajouter, bien qu'il s'agisse d'une question, que la solution, la plus naturelle, je dirai volontiers la seule solution, me paraît être pour la Chambre de mettre à l'ordre du jour de ses délibérations le projet de loi dont elle est saisie, et qui armera définitivement le Gouvernement. (*Applaudissements.*)

SUR LA VITESSE DES VOITURES AUTOMOBILES

Chambre des députés. *Séance du 28 juin* 1901. — A la suite de nombreux accidents causés par des voitures automobiles, le président du Conseil fut questionné sur « les mesures qu'il comptait prendre pour mettre un terme aux dangers que faisait courir aux habitants des villes et des campagnes » l'excès de vitesse des dites voitures.

M. Waldeck-Rousseau, *président du Conseil, ministre de l'Intérieur et des Cultes.* — Lorsque l'honorable M. Gauthier (de Clagny) m'a fait connaître son désir de me poser une question déterminée par le lamentable accident qui s'est produit hier, je lui ai déclaré que je l'acceptais immédiatement.

En effet, je comprends et je partage l'émotion qu'un pareil fait a nécessairement causée dans tout le public. (*Très bien! très bien!*)

J'ai déjà été saisi une première fois, il y a environ huit ou neuf mois, de la question de l'autorisation des courses d'automobiles sur route — car, bien entendu, personne n'a la pensée de les interdire sur des champs spéciaux qu'il appartient aux sociétés d'organiser. (*Très bien! très bien!*) Mon premier mouvement, et, en vérité, je regrette aujourd'hui de ne pas y avoir cédé, avait été de les interdire, et j'y eusse cédé s'il ne s'était agi que de sport ou d'agrément.

Mais on a fait valoir, et il y avait quelque chose de juste dans ces considérations, que l'automobolisme a développé une très grande industrie qui occupe un très grand nombre d'ouvriers, et qu'à condition de prendre des précautions que l'on jugeait pour ainsi dire infaillibles, il ne fallait pas, sur l'heure, interdire certaines épreuves qui pouvaient faire ressortir l'excellence des produits de l'industrie française.

Je vais mettre la Chambre à même d'apprécier les précautions minutieuses imposées aux organisateurs des quelques courses, en petit nombre d'ailleurs, qui ont été autorisées.

Il faut d'abord apposer, huit jours avant la course, dans toutes les communes traversées, des affiches annonçant la date de la course et l'heure approximative de l'arrivée. La seconde mesure consiste à neutraliser — je vais m'expliquer sur le sens de cette expression — les centres où il y a une agglomération. Cela revient à dire que le parcours, dans ces centres, est déduit de la course, et l'arrêté modèle que les préfets ont reproduit dans leurs propres arrêtés porte que la vitesse, dans les agglomérations, ne peut pas dépasser 20 kilomètres.

Sur divers bancs. C'est trop!

M. LE PRÉSIDENT DU CONSEIL. — Je disais à la Chambre que c'est un maximum et, dans la plupart des cas, on est arrivé à abaisser la vitesse jusqu'à celle d'un homme au pas. (*Très bien! très bien!*)

On a également exigé que chaque véhicule, à l'approche d'une agglomération — ville ou village — fût précédé d'un cycliste-pilote, et que des drapeaux fussent plantés à l'entrée de tous les centres représentant une population quelconque.

Eh bien! ce qui s'est produit hier et ce qui s'était produit quelques jours auparavant a démontré deux choses : tout d'abord, c'est qu'il est excessivement difficile, dans un parcours qui peut atteindre un millier de kilomètres, d'assurer l'exécution de ces dispositions, si sévères et si minutieuses qu'elles soient; il suffira en effet que, dans une petite ville ou dans un village, on ait méconnu ces prescriptions pour qu'un accident soit possible.

En outre, si on juge que ces mesures sont insuffisantes, à quoi va-t-on être conduit? A un régime plus rigoureux pour les habitants, pour la circulation; il faudra exagérer les précautions et interdire le parcours des routes, arrêter le trafic et le transport pendant une période de temps déterminé. (*Bruit sur divers bancs.*)

Ce n'est donc pas dans l'exagération des précautions, qui dégénérerait fatalement en une vexation injuste pour la population, que l'on peut chercher un remède. Ce remède, quel est-il donc? J'indique à la Chambre de la façon la plus nette, la plus catégorique, la résolution à laquelle le Gouvernement s'est arrêté: aucune course d'automobile à une vitesse supérieure à la vitesse ordinaire de circulation ne sera autorisée ni sur les routes nationales, ni sur les routes départementales, ni sur les chemins communaux. (*Vifs applaudissements*).

J'ajoute, après mûre réflexion, que je ne crois pas porter ainsi le moindre préjudice à l'industrie des automobiles. La preuve, que les fabricants ont maintenant à faire, ce n'est point qu'ils peuvent créer des engins susceptibles de développer plus de 100 kilomètres à l'heure, mais des engins pratiques, susceptibles de fournir un service régulier et prolongé avec le minimum de réparations possible. (*Très bien! très bien!*)

S'il leur plaît, par conséquent, d'utiliser nos routes pour organiser ce que j'appellerai des concours de résistance. (*très bien! très bien!*), pour démontrer que leurs machines peuvent faire plus de trajet et de transport les unes que les autres, à merveille! Si, au contraire, ils veulent organiser des courses de vitesse, il leur appartient, par tous les moyens qui sont à leur disposition, de se créer à eux-mêmes des champs d'expériences. (*Applaudissements*). Mais j'affirme à la Chambre que les routes, qui sont la propriété du public et qui servent à la circulation générale, ne serviront plus de théâtre à de pareilles expériences. (*Nouveaux applaudissements.*)

M. Gauthier (de Clagny) a indiqué que j'avais préparé au ministère de l'Intérieur un règlement. Le fait est parfaitement exact : ce règlement a été déjà envoyé par moi au conseil d'Etat. J'insisterai auprès de lui pour qu'il me soit retourné dans le plus bref délai.

L'une des mesures édictées par le règlement et qui est déjà connu par ce qu'en a dit la presse, c'est qu'une machine susceptible de développer une vitesse supérieure à la vitesse autorisée sera pourvue d'un numéro assez apparent pour être facilement aperçu et pour que la fuite à grande vitesse ne soit pas un moyen de se soustraire à l'observation des dispositions réglementaires.

Très prochainement, le règlement étudié actuellement par le Conseil d'État sera reproduit dans tous les arrêtés que les préfets vont être appelés à prendre. J'ai la conviction qu'en prenant l'initiative de cette réglementation, nous avons rendu un véritable service au public, tout en ne nuisant en rien, je le répète, à une industrie qui, envisagée en elle-même, mérite notre sollicitude. (*Applaudissements sur un grand nombre de bancs.*)

Le règlement d'administration publique relatif à la circulation des automobiles, et auquel M. Waldeck-Rousseau faisait allusion à la fin de sa réponse, fut signé, par le Président de la République, le 11 septembre 1901.

VI

GRÈVES
SYNDICATS. COOPÉRATIVES

GRÈVES

Neutralité des pouvoirs publics dans une grève.

CHAMBRE DES DÉPUTÉS. *Séance du 11 janvier 1900.* — Les tisseurs de la Loire s'étant mis en grève depuis près d'un mois, une proposition de loi tendant à l'ouverture d'un crédit de 300.000 francs en leur faveur fut déposée sur le bureau de la Chambre. Tout en compatissant à la situation misérable des grévistes, dont le nombre était de plusieurs milliers, M. Waldeck-Rousseau dut repousser la proposition, parce qu'elle constituait une grave infraction au devoir de neutralité que les pouvoirs publics se sont imposés dans les grèves.

M. WALDECK-ROUSSEAU, *président du Conseil, ministre de l'Intérieur et des Cultes.* — Messieurs, la proposition qui vient d'être apportée à la tribune tend au vote immédiat d'une somme de 300.000 francs qui devrait être attribuée aux tisseurs et aux familles des tisseurs du département de la Loire.

Je demande à la Chambre de renvoyer, conformément à des précédents, cette proposition à la Commission du budget (*mouvements divers*), et j'en indique immédiatement la raison.

M. CADENAT. — Pendant ce temps, les ouvriers meurent de faim.

M. LE PRÉSIDENT DU CONSEIL. — Je sais à merveille quelle est la situation des tisseurs dans le département de la Loire, et bientôt j'aurai l'occasion de le montrer à la Chambre [1]. Il n'a tenu ni au Gouvernement ni à ses représentants que cette situation ne prît fin; mais les tisseurs de la Loire sont encore en grève. On a dit ce que la grève a de précaire, de dur et de pénible; cependant, il ne me paraît pas possible que le Parlement et le Gouvernement lui-même interviennent dans une grève. (*Très bien! très bien! au centre. — Réclamations à l'extrême gauche.*)

M. DEJEANTE. — Retirez les troupes, alors.

M. LASIES. — Quel est l'avis de M. Millerand?

M. LE PRÉSIDENT. — M. le Président du Conseil parle au nom du Gouvernement; veuillez le laisser parler, messieurs.

M. LE PRÉSIDENT DU CONSEIL. — J'exprime l'opinion du Gouvernement, et si je demande que la proposition soit renvoyée à la Commission du budget, c'est que

---

1. QUESTIONS SOCIALES, par M. Waldeck-Rousseau, page 99 et suiv., discours sur les grèves de la Loire. — On trouvera également dans ce volume la circulaire sur le droit de grève adressée par M. Waldeck-Rousseau aux préfets en 1884, ainsi que le texte de la sentence arbitrale rendue par lui, en 1899, dans la grève du Creusot.

cette procédure a été déjà suivie dans d'autres circonstances analogues.

Il est probable, pour ne pas dire certain, qu'au lendemain de la grève, il y aura de très grandes infortunes à secourir...

A l'extrême gauche. — Il y en a maintenant!

M. LE PRÉSIDENT DU CONSEIL. — ... mais je considérerais qu'aujourd'hui le vote de secours, d'allocations à une population, si intéressante qu'elle soit, mais qui est en grève, heurterait les traditions que je crois absolument nécessaire de maintenir. (*Applaudissements au centre.*) Sous le bénéfice de ces observations, je demande le renvoi de la proposition à la Commission du budget. (*Très bien! très bien! au centre. — Interruptions à l'extrême gauche.*)

La grève de Châlon-sur-Saône.

CHAMBRE DES DÉPUTÉS. *Séance du 15 juin 1900.* — Une grève de 150 à 180 ouvriers métallurgistes s'était déclarée à Chalon-sur-Saône à la fin du mois d'avril. Elle paraissait devoir se terminer sans événements regrettables, lorsque, le 2 juin, dans la nuit, une rencontre se produisit entre grévistes et gendarmes: des coups de feu furent tirés, trois ouvriers tombèrent mortellement atteints. M. Simyan, député de Saône-et-Loire, interpella le Gouvernement, lui demandant de rechercher les responsabilités encourues. M. Waldeck-Rousseau répondit qu'une instruction judiciaire avait été prescrite dès le 3 juin, et que toutes les responsabilités seraient établies. La justice étant saisie, il se refusait à « condamner, apprécier ou absoudre ». En ce qui concernait la responsabilité des fonctionnaires placés sous ses ordres, il déclarait approuver les mesures prises par le préfet et le sous-préfet, comme étant conformes à la sagesse et à la prudence. Mais il ajoutait, relativement à la cause directe de la mort des trois ouvriers, que si des faits particuliers étaient établis par l'instruction à la charge de qui que ce fût, le Gouvernement, quelque pénible que fût son devoir, le remplirait entièrement.

Répondant à une violente harangue prononcée contre lui par un député socialiste, qui lui avait notamment reproché d'avoir mis sous la protection de vingt gendarmes deux ouvriers qui voulaient rentrer à l'usine, il affirma qu'il avait sauvegardé la liberté du travail, et il conclut : « Le droit d'un ouvrier, fût-il seul à travailler, est égal au droit de tous les autres à ne pas travailler. »

Le Gouvernement avait accepté l'ordre du jour déposé par l'interpellateur lui-même. Il semblait donc que le débat dût se terminer sans autre incident parlementaire. Mais l'opposition crut le moment venu de mettre à profit certaines hésitations de quelques membres de la majorité pour renverser le ministère. Ce fut d'abord M. André Berthelot, alors député de Paris, qui demanda une enquête parlementaire, en refusant sa confiance au Gouvernement. L'enquête refusée par M. Waldeck-Rousseau fut repoussée par 270 voix contre 250, aux applaudissements des gauches et aux cris de : Vive la République ! Ce fut ensuite un député nationaliste qui, à l'ordre du jour de M. Simyan exprimant la confiance dans le Gouvernement pour poursuivre toutes les responsabilités, ajouta un texte portant réprobation des doctrines collectivistes. La manœuvre avait pour but de semer l'équivoque sur les bancs de la gauche. Elle fut déjouée, après une intervention de M. Waldeck-Rousseau, par les républicains-socialistes, qui se refusèrent à servir les calculs de la réaction, et votèrent l'ordre du jour accepté par le président du Conseil.

M. WALDECK-ROUSSEAU, *président du Conseil, ministre de l'Intérieur et des Cultes*. — Messieurs, le tragique événement qui s'est produit le 2 juin à Chalon-sur-Saône et que M. Simyan a retracé imposait un premier devoir au Gouvernement, c'était d'employer sans retard tous les moyens les plus propres à faire apparaître la vérité et à fixer les responsabilités.

C'est le 2 juin, dans la soirée, que s'est produit le drame. C'est le 3 juin, dans la matinée, que, conformément à des ordres qui avaient été immédiatement envoyés, l'instruction a été ouverte. Deux jours après, le Gouvernement apprenait par l'honorable M. Simyan que des déclarations avaient été recueillies et qu'un très grand nombre d'habitants de Chalon avaient, sous cette forme, exprimé leur opinion et apporté leurs témoignages. Sans tarder plus longtemps, M. le juge d'instruction a reçu l'ordre d'entendre tous les signataires de ces déclarations, et, pour que l'œuvre fût promptement accomplie, sans ces lenteurs que les circonstances sans doute permettent parfois de reprocher à la justice, ce magistrat a été dispensé de tout autre service.

A l'instant où je parle, les quatre-vingts et quelques témoins qui ont signé les déclarations dont parlait l'honorable M. Simyan ont été entendus. J'ajoute avec l'autorité de son témoignage, de celui de ses collègues et de celui-là même des témoins entendus à l'instruction, qu'elle est poursuivie avec la volonté visible et certaine de tout savoir, d'établir les responsabilités de chacun et de ne reculer devant aucune constatation. (*Très bien! très bien! sur divers bancs.*)

Cette instruction a déjà mis en lumière un certain nombre de faits, mais, bien entendu, la Chambre n'attend pas de moi que je puisse, à l'heure présente, ou condamner, ou apprécier, ou absoudre. (*Exclamations à droite.*) Je n'en ai pas le droit, et il n'appartient à personne, quand une instruction est ouverte et que des citoyens sont, par conséquent, sous le coup d'une inculpation, de formuler contre eux des accusations. (*Interruptions à droite.* — *Applaudissements à gauche.*)

M. Maurice Binder. — Vous vous êtes gêné, à la Haute Cour !

M. le Président. — Ne mêlons pas d'autres questions à ce débat.

M. le Président du Conseil, *ministre de l'Intérieur*. — Je veux simplement soumettre à la Chambre une remarque qui me semble de nature, en vérité, à désarmer toutes les hostilités.

L'honorable M. Simyan d'abord, M. Renou ensuite vous disent : Nous avons fait notre enquête. Eh bien ! est-ce qu'il peut exister une enquête pour quelqu'un, pour la Chambre, si elle n'a pas été contradictoire?

M. Charles Bernard. — Et à la Martinique, a-t-elle été contradictoire?

M. le Président du Conseil. — Si l'on n'a pas encore entendu tous les témoignages, ce que je puis affirmer, c'est qu'il n'est pas un témoin ayant été désigné par quelqu'un qui n'ait été entendu et qu'il ne sera pas un témoin dont on voudra bien donner le nom qui ne soit entendu comme l'ont été les autres. (*Interruptions.*)

Messieurs, les événements qui se sont produits ont eu pour point de départ une grève dans un établissement métallurgique, et presque aussitôt on a pu être frappé de la disproportion qui existait entre le nombre des intéressés, les causes de la grève et l'agitation qui s'en est suivie. Cette grève avait duré déjà un mois environ sans qu'aucun incident blâmable se fût produit, sans qu'aucun acte de violence eût été commis, et pendant toute cette période il n'avait pas été amené à Chalon un soldat ou un gendarme de plus que la garnison habituelle.

J'ai entendu développer tout à l'heure par l'honorable M. Renou cette théorie, qu'il fallait laisser se produire toutes les manifestations. Eh bien! il faut se mettre en face des faits et examiner quelles sont les manifestations qui se sont produites. M. Renou m'a demandé ce qui avait été fait dans un intérêt de pacification. Je vais le lui dire. M. le préfet de Saône-et-Loire s'est trouvé en présence de la grève de Montceau, de celle de Montchanin, de celle de Perrecy-les-Forges; et, sans nul doute, c'est à la sagesse des intéressés, mais aussi à l'activité, au dévouement et au sang-froid de ce fonctionnaire qu'ont été dus les dénouements pacifiques des trois grèves que je viens de rappeler. (*Exclamations sur quelques bancs à l'extrême gauche.*)

Il n'a pas manqué à ce devoir à Chalon. Après que des pourparlers purement officieux eurent été entrepris, M. le préfet est entré lui-même en relations avec le bureau de la chambre syndicale; il a même fait accepter par ce bureau une solution transactionnelle qui a été portée par le même bureau à une assemblée générale, laquelle l'a rejetée. Par conséquent, il n'a pas manqué au devoir qui lui était tracé de faire appel de part et d'autre aux sentiments de conciliation.

Après le rejet de cette tentative de conciliation, il ne se produisit aucun événement de nature à motiver des précautions particulières. Nous arrivons ainsi au 30 mai, date à laquelle va se produire le premier événement.

Non seulement il y a eu cette disproportion dont je parlais entre la cause de la grève, le nombre des grévistes et l'agitation, mais il est apparu par un fait plus éloquent que toutes les démonstrations que les troubles qui se sont produits n'ont pas eu pour principaux auteurs les grévistes eux-mêmes. J'ai là la liste des arrestations qui ont été opérées, j'ai les noms des personnes arrêtées ; il n'y a pas eu parmi elles, au moment où se sont passés les événements en question, un seul gréviste. Voici les noms : Gros, serrurier, non gréviste ; Grosdenis, ajusteur, non gréviste ; Caillet, Lannacq, Bonnardot, etc., non grévistes.

Ainsi, aucun de ceux qui se trouvaient au premier rang de la foule, là où avait lieu l'agitation et le désordre, ne faisait partie des grévistes ni des ouvriers de l'usine.

J'ajoute — ce n'est pas pour formuler un jugement, mais je dois bien, à mon tour, donner la physionomie des faits et des choses — que parmi ceux qui ont été arrêtés et condamnés il en était plusieurs ayant déjà un casier judiciaire : l'un deux compte trois condamnations à la prison pour vol et une à dix ans de réclusion.

Voilà des éléments dont il faudra faire la part tout à l'heure, et je ne comprendrais pas qu'on me reprochât de rendre à chacun dans des événements de cette sorte sa véritable responsabilité.

J'ai dit que c'était le 30 mai que s'étaient produits les premiers désordres. Quels ont-ils été ? Des attroupements se sont formés et se sont portés sur l'usine Galland ; on a tenté d'enfoncer les portes, et dès cette date la gendarmerie a dû intervenir.

Il s'est produit dans la même journée un second fait. Des manifestants se rendaient au Petit-Creusot, ils entraînaient environ quatre cents ouvriers ; ils se dirigeaient vers l'usine Pinette, et, là, les grilles et les portes étaient enfoncées avant aucune intervention possible de la force publique. Je demande si c'est là ce qu'on appelle des manifestations pacifiques à l'égard desquelles aucune précaution ne devait être prise. (*Mouvements divers.*)

L'appréciation que je formule a été celle d'un homme que son caractère et ses opinions ne peuvent rendre suspect, car c'est le maire de Chalon, qui, de son initiative et agissant dans la limite de ses pouvoirs, à la date du 31 mai, a pris un arrêté interdisant les attroupements, cet arrêté du 31 mai étant la suite, le corollaire et la conséquence des événements de la veille.

La journée du 1er juin a été parfaitement tranquille; j'en ai pour preuve cette dépêche que le préfet m'a envoyée le 1er juin à 10 h. 20 du soir :

« La journée a été calme; aucune difficulté, aucun incident pour l'entrée et la sortie des usines Pinette et du Petit-Creusot.

« Ce soir, à 8 heures, réunion du syndicat des métallurgistes; je vous en ferai connaître le résultat. »

A cette réunion furent prononcés des discours extrêmement violents et, à 2 h. 5 du matin, le préfet me rendait compte de ses prévisions pour le lendemain :

« Je suis avisé par le sous-préfet de Chalon qu'à la suite de la réunion qui a eu lieu ce soir et dans laquelle les paroles les plus violentes ont été prononcées, des incidents graves peuvent être à craindre pour demain samedi. On parle d'envahissement des usines. Le sous-préfet, d'accord avec le maire de Chalon, a demandé l'envoi d'un escadron de chasseurs de Beaune; afin de prévenir incidents, j'ai envoyé réquisition dans ce sens à commandant de corps d'armée, car je ne pourrais pas, à cette heure, réunir assez vite forces supplétives de gendarmerie. Nous avons à Chalon soixante-cinq gendarmes. »

Il y a, dans cette dépêche, outre les prévisions qui vont maheureusement se réaliser, une indication que je tiens à rappeler. Le préfet se préoccupe de l'inconvénient qu'il y a à ne pas pouvoir faire venir de préférence des gendarmes à Chalon; il indique quelles circonstances l'obligent à faire venir des chasseurs de Beaune. Et pourquoi? Parce que — j'ai eu l'honneur de le faire connaître à la Chambre lorsque, interpellé sur les événements de Saint-Étienne, j'ai indiqué quelle était la ligne de conduite adoptée par le Gouvernement — parce que, dis-je, toujours l'expérience a enseigné et enseigne que la gendarmerie, plus habituée au contact des foules, présente dans son emploi toutes les garanties de sang-froid. (*Protestations à l'extrême gauche.*)

Il n'y a pas un homme public de quelque expérience qui n'ait conçu la même opinion et qui n'en ait fait sa règle. Souvent, je ne dis pas le cabinet actuel, mais d'autres ont été entrepris. Pourquoi? Parce qu'ils ne s'étaient pas contentés de la gendarmerie et qu'ils avaient fait venir de la troupe; aussi, ai-je été quelque peu surpris d'entendre développer par l'honorable M. Renou cette théorie, que ce n'est pas à la gendarmerie qu'il faut recourir, mais à l'armée elle-même, à la troupe, à l'infanterie ou à la cavalerie.

M. Edouard Vaillant. — Ni à l'une ni à l'autre.

M. Dejeante. — Qu'on les laisse dans leurs casernes.

M. le Président du Conseil. — Un escadron de chasseurs ayant été amené de Beaune, voici les dispositions qui ont été prises, d'accord entre le préfet et le colonel Balan au caractère et au sang-froid duquel l'honorable M. Simyan rendait tout à l'heure hommage. Les usines qui avaient été menacées et même attaquées antérieurement ont été gardées à l'intérieur par des détachements d'infanterie, et des forces ont été placées sur trois points de la ville, à la mairie, à la halle et au collège, la cavalerie et la gendarmerie étant réservées pour les patrouilles, c'est-à-dire pour le service auquel elles paraissent plus particulièrement appelées.

Toutes ces dispositions, je le déclare hautement, — on a dit qu'il fallait chercher les responsabilités en haut, on a eu cent fois raison, — toutes ces dispositions parfaitement conformes aux règles de la prudence, de la sagesse, je les ai approuvées, et je les approuve.

M. WALTER. — Et les morts aussi?

M. LE PRÉSIDENT DU CONSEIL. — Dans l'après-midi, — ce sont des faits matériels que la Chambre ne connaît pas, mais qu'il faut bien qu'elle connaisse, — une colonne de 500 personnes se dirigeait de l'usine Pinette à l'usine Galland.

Le préfet s'est transporté immédiatement à un point qu'on appelle le pont de la Colombière, où l'agitation lui était signalée comme étant la plus vive. Il résulte de l'information, de témoignages dont je ne donne que l'impression générale, que pendant plus de trois quarts d'heure, il a été mêlé avec le sous-préfet aux groupes, il a prêché la paix, la tranquillité, l'obéissance aux lois, car, je le répète, personne ne pourra jamais admettre qu'un tel attroupement, au lendemain d'événements comme ceux qui s'étaient produits, ait constitué un usage normal de la liberté.

C'est alors que le préfet et ceux qui l'accompagnaient sont violemment assaillis. On fait intervenir un escadron de gendarmerie ou plutôt — le mot escadron est trop fort — des forces de gendarmerie à cheval.

La gendarmerie est elle-même assaillie à coups de pierres, à coups de boulons; parmi ceux qui ont été arrêtés et dont je parlais tout à l'heure, il y avait un personnage sur lequel, en le fouillant, on a trouvé un tiers-point fraîchement aiguisé et du fil de fer avec lequel on peut faire contre la cavalerie des barrages dans les rues.

J'emprunte à un rapport qui émane précisément d'une de ces autorités dont parlait l'honorable M. Simyan un récit qui sera beaucoup plus concluant que tous les développements possibles :

« Une violente bagarre en résulta, et par trois fois les cavaliers durent faire demi-tour pour disperser les émeutiers qui se reformaient derrière eux. Sur ces entrefaites, M. le commandant Foucou était violemment frappé au niveau du cœur par un écrou pesant 200 grammes qui put être ramassé. Pris de vertige, cet officier supérieur tourna plusieurs fois sur lui-même. Un instant après il fut encore atteint à la jambe droite par une pierre qui le blessa au tibia. Ne pouvant plus se soutenir, il fut alors obligé de remettre le commandement au capitaine Moissenet pour aller recevoir les soins que son état nécessitait.

» M. le capitaine Moissenet venait lui-même de recevoir derrière la tête une pierre tranchante qui lui fit, à travers son képi, une profonde entaille d'où le sang s'échappait abondamment; il put cependant résister à la violente commotion qu'il ressentit et il resta à cheval à la tête de sa troupe, toujours aux prises avec les émeutiers,

« Le gendarme Roy, de la brigade à cheval de Cluny, venait de recevoir également un boulon tranchant qui, après avoir coupé le drap et la doublure de son képi, lui fit à la tête une profonde blessure qui nécessita son transport d'urgence à l'hôpital militaire de Chalon-sur-Saône.

« L'arrivée d'un escadron de chasseurs à cheval mit enfin terme à la lutte. Au cours de la bagarre et pendant l'arrestation des émeutiers les plus acharnés, 2 officiers et 15 gendarmes ont été plus ou moins blessés et contusionnés. »

Voilà l'incident extrêmement grave qui s'est produit dans l'après-midi. Cette manifestation une fois dispersée, les groupes continuent de circuler dans la ville, et voici les nouvelles dispositions qui sont alors adoptées par le colonel Balan, d'accord avec le préfet : on fait circuler un certain nombre de patrouilles composées ou de chasseurs à cheval accompagnés de gendarmes à pied ou de gendarmes à cheval accompagnés de gendarmes à pied.

C'était là, je le déclare très nettement, une mesure absolument recommandée par les événements.

Arrivons à la soirée. Il y a eu encore le soir deux manifestations, deux scènes différentes. La première a lieu devant la prison : une troupe de manifestants se porte devant la prison et essaye de briser les portes sans y parvenir, mais brise les vitres des fenêtres qui donnaient sur la rue. Le préfet, prévenu, se rend immédiatement à la prison avec le colonel Balan ; ils prennent en passant le piquet d'infanterie qui se trouvait aux halles ; ils sont eux-mêmes assaillis à coups de pierres, et un soldat est blessé. C'est au moment où le préfet, après cette première bagarre, se retirait qu'il est averti que dans le quartier Saint-Côme des désordres très graves viennent de se passer.

Il s'y rend. Et il arrive au dernier moment de l'épisode lamentable, douloureux, tragique, qui venait de se produire.

Que s'est-il passé? Une patrouille s'engageait, à peu près à la même heure où se produisaient les événements devant la prison, dans la rue du faubourg Saint-Côme où se trouve l'usine métallurgique Galland. Cette patrouille se composait d'un détachement de cavalerie sous le commandement du lieutenant d'Epinay, d'un détachement d'infanterie sous les ordres du lieutenant Bresson ; en avant, quatre gendarmes à pied et quatre gendarmes à cheval; en arrière, seize gendarmes à pied commandés par un maréchal des logis et un brigadier.

Pourquoi les quatre gendarmes à pied devant cette patrouille? Rien n'est plus simple : A dix heures, tandis que toutes les rues de Chalon étaient éclairées, au moment où la patrouille s'engageait dans cette rue du faubourg Saint-Côme, les réverbères ont été éteints et l'officier qui commandait la patrouille a redouté que cette extinction des réverbères — quelques-uns ont été trouvés d'ailleurs brisés — ne coïncidât avec l'exécution d'un plan, malheureusement usuel, qui consiste à empêcher la marche de la cavalerie en tendant des fils de fer. Et voilà pourquoi l'officier avait ainsi composé sa patrouille. On ne peut lui adresser aucune espèce de reproche : il a fait ce qu'il devait faire et tout ce qu'il devait faire

Etait-on dans une situation malheureusement commune, qui s'est produite bien des fois? Y avait-il devant la troupe une foule, un attroupement refusant de se disperser, barrant la route, et est-il vrai qu'avant d'agir cette patrouille ait eu à délibérer, qu'elle ait pu se demander s'il fallait faire des sommations, et qu'ensuite elle ait pu les faire? Rien de semblable. Et ici j'apporte, bien entendu, l'expression de ma conviction, mais je répète que je n'entends imposer à personne, avant une instruction contradictoire, les conclusions auxquelles j'arrive.

Il faut dire cependant qu'elles sont singulièrement corroborées par l'événement. Immédiatement, des grêles de projectiles assaillent des deux côtés la patrouille, et enfin — il y a des faits qui sont démonstratifs par eux-mêmes — sur le nombre de gendarmes qui ont été mis en ligne, il y a eu 22 blessés, dont 3 ont dû être portés à l'hôpital, l'un avec la figure et les os du nez complètement brisés. Par conséquent, il est indéniable que la patrouille, dans des conditions qui pourront se mieux préciser, mais qui apparaissent déjà, a été l'objet d'une agression.

Toutefois, c'est ici que les attestations indiquées par l'honorable M. Simyan commandaient notre devoir. Les signataires attestaient, en effet, que la gendarmerie avait usé de brutalité, avait déchargé ses armes sans aucune provocation, sans être, par conséquent, le moins du monde en état de légitime défense. J'ai dit tout à l'heure que nous avions voulu que, immédiatement, et sans désemparer, tous les témoins fussent entendus. Il est clair que m'étant fait rendre compte de l'enquête, je n'ai ni la volonté ni la possibilité d'en faire passer tous les éléments sous les yeux de la Chambre. Je vais lui indiquer un fait qui ne surprendra pas ceux qui voudront bien considérer que les attestations que l'on donne sous le coup des événements de cette nature, et sous l'empire d'une émotion qui n'est, en vérité, que trop légitime, ne valent pas les enquêtes contradictoires.

Sur les 80 signataires de l'attestation, il n'en est pas moins de 38 qui ont déclaré n'avoir rien vu. A chacun on a posé la même question : « Mais vous avez signé la protestation » ; ils ont répondu : « Je croyais signer un écrit de protestation pour qu'il n'y ait personne de puni ; c'est cela qu'on me disait. Si on m'avait dit qu'il s'agissait d'accuser les gendarmes d'avoir tiré sans provocation, j'aurais dit que je n'en savais rien. » (*Exclamations à l'extrême gauche.*)

D'autres encore ont déclaré, lorsqu'on leur a représenté leur signature, que ce n'était pas leur signature ; d'autres, que c'était la signature de leur femme !

Cela, messieurs, n'a qu'un intérêt secondaire ; mais je devais, ce me semble, alors qu'on avait dit à la Chambre qu'une centaine de personnes affirmaient que la gendarmerie avait tiré sans provocation, ramener à une appréciation plus juste l'autorité de cette attestation.

Il y a une autre catégorie de signataires, au nombre de vingt-quatre, qui ont déclaré, les uns avoir entendu des coups de revolver, d'autres avoir vu les coups de revolver tirés par la gendarmerie ; mais tous les témoins de cette catégorie sont dans l'impossibilité de dire — n'ayant pas été présents au commencement de la scène — si ces coups de revolver avaient été précédés par des violences ou des provocations.

Et puis, enfin, — vous voyez, messieurs, que je cherche seulement à donner à la Chambre l'impression de ce que je sais moi-même, — dix autres des signataires de la protestation ont, au contraire, maintenu énergiquement leur dire et affirmé, ainsi qu'ils l'avaient signé à la première minute, qu'ils avaient été témoins de faits qui leur permettaient d'attester que les premiers coups de revolver étaient partis de la gendarmerie.

Voilà la synthèse, résumée rapidement, des dépositions de témoins, empruntées aux signataires de la protestation.

Il y a eu d'autres témoins, témoins civils et témoins militaires. Un peintre — ce n'est sans doute pas le même dont parle M. Simyan — a été aussi affirmatif que possible ; il a déclaré qu'il était sur le théâtre de l'événement dès le début et qu'il a entendu partir des coups de revolver qui, affirme-t-il, ne venaient évidemment pas de la troupe. D'autres témoins encore du même ordre ont apporté des indications que la justice aura à peser.

M. Simyan parlait des éloges que méritait le lieutenant qui commandait cette patrouille ; il rappelait qu'il avait été justement félicité pour son sang-froid et pour sa modération. Voici la déclaration que cet officier a faite et qu'il a reproduite dans l'enquête. C'est la dernière lecture que je demande à la Chambre de vouloir bien entendre, non pas, encore une fois, pour conclure, mais pour ne pas rester sous une impression qui, faute d'être suffisamment réservée, pourrait être injuste :

« Après un premier arrêt pendant lequel les pierres pleuvaient sur les cavaliers et en particulier sur les gendarmes, je vis distinctement la lueur et j'entendis nettement le bruit de huit ou dix coups de revolver partant du coin de l'usine Galland ou du coin de la rue Jouffroy-d'Abbans et dirigés sur les gendarmes qui précédaient la troupe. Ayant devant moi, à peu près libre, le trottoir de gauche de la grande rue Saint-Côme, j'ai vu nettement les huit ou dix coups de feu partir soit des escaliers, soit du premier étage d'une maison située du même côté que l'usine Galland. Je jure qu'aucun coup de feu n'avait été tiré par les gendarmes au moment où les détonations dont je viens de parler se sont fait entendre. »

Il y aura à peser tous les témoignages. Le rôle du Gouvernement devant une assemblée parlementaire n'est pas de procéder à leur discussion, à leur confrontation et, qu'on me permette de le dire, aussi longtemps qu'une enquête n'est pas complète, il n'y a pas d'enquête, et aussi longtemps qu'une instruction n'est pas close, il n'y a pas d'instruction.

Si des faits particuliers sont établis à la charge de qui que ce soit, le devoir du Gouvernement ne sera pas douteux: il pourra être pénible, mais il le remplira. (*Très bien! Très bien!*)

Avec la même franchise et la même sincérité, je déclare qu'on n'obtiendra pas de lui qu'il préjuge la culpabilité ou l'innocence et que, jusqu'au moment où la justice aura fait son œuvre pénale, s'il y a lieu, il n'assumera pas la responsabilité de frapper d'un blâme ou d'un châtiment qui que ce soit. (*Applaudissements à gauche. — Interruptions à droite.*)

Par conséquent, il importe avant tout que, dans ces conditions d'impartialité qu'on a bien voulu reconnaître, la lumière se fasse, et c'est seulement lorsqu'elle sera faite que commenceront ces devoirs et cette responsabilité de notre part.

Tout à l'heure M Renou a élevé le débat, il a dit : « La responsabilité n'incombe pas aux chasseurs, à la force publique, aux gendarmes; elle incombe au Gouvernement, à une méthode, à un système. Et aussi longtemps qu'on ne respectera pas les libertés et les franchises des ouvriers, les ouvriers pourront être conduits de proche en proche à commettre des actes comme ceux qui ont été commis à Chalon. »

Je crois que l'honorable M. Renou ne donne pas aux ouvriers un bon conseil, quand il leur recommande la violence.

M. DEJEANTE. Ils doivent s'opposer à la violence des gendarmes et des autorités.

M. WALTER. C'est de vous que vient la violence.

M. LE PRÉSIDENT DU CONSEIL. Je crois que l'usage de la liberté est incompatible avec la violence. J'ai été le premier ici à rendre hommage aux mœurs nouvelles qui ont fait des syndicats de véritables régulateurs, de véritables modérateurs, et aussi longtemps qu'au cours d'une grève, des ouvriers ne commettront pas de violences, vous savez bien qu'ils n'ont pas à redouter de répression. Mais il me sera permis de dire aussi — et je ne ferai que répéter ce que j'ai affirmé lors de l'interpellation à laquelle on a fait allusion — : le droit d'un ouvrier, fût-il seul, à travailler est égal au droit de tous les autres à ne pas travailler. (*Vifs applaudissements au centre, à droite et à gauche.*)

M. PAUL BOURGEOIS (Vendée). Je demande l'affichage !

M. WALTER. C'est l'union Méline-Waldeck.

M. LE PRÉSIDENT DU CONSEIL. On nous reprochait tout à l'heure comme un acte de tyrannie d'avoir mis sous la protection de vingt gendarmes deux ouvriers qui voulaient rentrer à leur usine ; j'affirme que nous n'avons fait que notre devoir en sauvegardant la liberté du travail. (*Vifs applaudissements sur les mêmes bancs. — Mouvement prolongé.*)

M. André Berthelot soutint une demande d'enquête déposée par plusieurs de ses collègues. Il déclarait y voir une marque de défiance à l'égard du Gouvernement, et, principalement, du président du Conseil, ministre de l'Intérieur, dont il jugeait la responsabilité engagée. Il s'attira cette brève mais énergique réponse de M. Waldeck-Rousseau :

M. LE PRÉSIDENT DU CONSEIL. — Messieurs, les dernières paroles de l'honorable M. Berthelot précisent bien le sens de la demande d'enquête qu'il a signée avec un certain nombre de ses collègues : c'est un blâme qui, pour être indirect, n'en est pas moins évident.

Il a dit, à très juste titre, — et je croyais l'avoir dit avant lui, — que le ministre de l'Intérieur couvre les fonctionnaires qui sont sous ses ordres. J'ai dit et je répète que le préfet de Saône-et-Loire et le sous-préfet de Chalon se sont en tous points conformés à mes instructions ; que j'approuve les mesures qu'ils ont prises et qui étaient justifiées par les circonstances. Par conséquent, soumettre ces fonctionnaires à l'enquête, c'est soumettre le Gouvernement lui-même à l'enquête et lui manifester de la défiance. (*Applaudissements à gauche et sur divers bancs.*)

M. Massabuau, en appuyant son ordre du jour additionnel qui réprouvait les doctrines collectivistes, amena M. Waldeck-Rousseau à faire la déclaration suivante :

M. LE PRÉSIDENT DU CONSEIL. Messieurs, le jour où M. Massabuau demandera compte au Gouvernement de sa politique, d'un acte, d'une mesure ou d'une loi procédant de la doctrine collectiviste, le Gouvernement sera prêt à lui répondre. (*Très bien ! très bien ! à l'extrême gauche et à gauche.*) Il peut exprimer une certaine surprise de voir les doutes qui se sont éveillés dans l'esprit de M. Massabuau (*applaudissements sur les mêmes bancs*) précisément dans une occasion où l'honorable député a bien voulu rendre hommage à la parfaite correction économique des paroles que j'ai prononcées.

Dans ces conditions, le Gouvernement considère que la Chambre, en approuvant ses déclarations, a donné à ce débat la seule conclusion qu'il comporte (*Très bien ! Très bien !*) et, pour le surplus, il ne peut voir dans l'opinion que M. Massabuau formule que l'expression abstraite d'une doctrine qui n'a rien à voir avec des actes politiques et qui est d'un intérêt exclusivement philosophique. (*Vifs applaudissements à l'extrême gauche et à gauche.*)

Les grèves de Marseille.

CHAMBRE DES DÉPUTÉS. *Séance du 8 novembre 1900.* — A la rentrée du Parlement, M. Waldeck-Rousseau répondit devant la Chambre à un certain nombre d'interpellations.

Le 6 novembre il exposa la politique générale du Gouvernement[1]. Le 8, il eut à s'expliquer sur plusieurs incidents survenus pendant les vacances. M. Clovis Hugues l'interpella sur l'interdiction du « Congrès ouvrier international »; M. Sembat sur l'extradition du belge Sipido; M. Dejeante sur le rôle de la police dans une manifestation au Père-Lachaise; M. Thierry sur les grèves de Marseille et l'intervention du député italien Morgari au cours de ces grèves. M. Waldeck-Rousseau discuta point par point ces interpellations, mais en s'étendant principalement sur la question des grèves qui était la plus importante du débat. Et, après avoir nettement démontré que la liberté du travail avait été respectée à Marseille pendant les grèves des charretiers et camionneurs, il réclama la confiance du Parlement.

Une longue et confuse discussion s'engagea alors pendant plusieurs heures. MM. Viviani, Henri Brisson, Gaston Doumergue, Maurice-Faure y prirent part, ainsi que plusieurs autres députés. La Chambre, d'abord, approuva les déclarations du Gouvernement par 330 voix contre 238. Mais elle émit ensuite une série de votes contradic-

---

1. Voir LA DÉFENSE RÉPUBLICAINE, par M. Waldeck-Rousseau, pages 165 et suivantes.

toires, ce qui décida la majorité républicaine à adopter en dernier lieu un nouvel ordre du jour de confiance ainsi conçu : « La Chambre, comptant sur le Gouvernement pour une politique d'action républicaine, et repoussant toute addition qui diminuerait la valeur de cette affirmation, passe à l'ordre du jour. » Ce texte, dans son ensemble, fut voté par 316 voix contre 237.

M. WALDECK-ROUSSEAU, *président du Conseil, ministre de l'Intérieur*. — M. le garde des sceaux ayant répondu à l'interpellation spéciale de l'honorable M. Sembat, il reste cependant au Gouvernement à répondre aux interpellations de M. Clovis Hugues, de M. Dejeante et de M. Thierry.

Je demande à la Chambre la permission de m'acquitter tout d'abord de ce qui constitue la partie la plus courte de ma tâche et, intervertissant l'ordre dans lequel les discours se sont produits, de répondre d'abord à M. Clovis Hugues, puis à M. Dejeante. J'entrerai ensuite dans le débat qui s'est agité ici entre l'honorable M. Thierry et certains de nos collègues.

L'interpellation de M. Clovis Hugues porte sur l'interdiction faite par le préfet de police des réunions dites du « Congrès ouvrier internationnal ». A cette occasion, M. Clovis Hugues m'a loué d'avoir autorisé les autres congrès ; il m'a blâmé d'avoir interdit celui-là.

Ma réponse est extrêmement simple : Le Gouvernement n'avait pas plus à interdire ce qui est permis qu'il n'avait à permettre ce qui est interdit.

C'est par erreur que l'honorable M. Clovis Hugues a dit que les congrès qui se sont tenus à Paris et même dans les départements avaient été autorisés par le Gouvernement. Les déclarations ont été faites dans les formes prévues par la loi de 1881 et aucune autorisation préalable n'était nécessaire. Pourquoi, en vertu de quel texte, en a-t-il été autrement du Congrès dont je viens de parler?

L'honorable M. Clovis Hugues a suivi d'un peu trop près le récit qui a été publié de cette interdiction par M. Rémy lui-même, dont il a prononcé le nom.

M. Rémy a, en effet, publié un récit des circonstances qui avaient motivé le refus, récit dans lequel je lis ceci :

« A la préfecture de police, il n'y eut pas d'équivoques; on répondit que le moment était mal choisi, que tout était à la joie, sous-entendant par là que la digestion des vingt-deux mille invités qui allaient se gaver au banquet gouvernemental ne devait pas être troublée. »

Les choses ne se sont pas passées ainsi : c'est en vertu de deux notifications absolument régulières dont le commissaire de police a reçu un récépissé, notifications fondées sur la loi du 28 juillet 1894 et sur l'article 294 du code pénal, que de la façon la plus claire et la plus explicite, cette réunion a été interdite.

M. Clovis Hugues n'a pas contesté, au moins d'une façon bien nette, je crois, le caractère de la réunion, le programme de la réunion, et il a reconnu que le titre, pour n'être pas très parlant par lui-même, « Congrès international ouvrier », ne répondait pas à la réalité des choses.

Il est impossible de concevoir à ce point de vue le moindre doute. En effet, il n'y a qu'à se référer au programme remis par les organisateurs eux-mêmes du congrès, duquel je détache certains articles :

« Communisme et anarchie; les différents moyens de propagande; attitude des anarchistes vis-à-vis de la question des sexes; attitude des anarchistes en cas de guerre, de soulèvements ou d'insurrections. »

On ne peut donc pas contester qu'il s'agit bien de développer le programme anarchiste, d'étudier ses moyens de propagande et de répandre ses doctrines en ce qui touche l'attitude qu'il recommande particulièrement en temps de guerre ou en temps d'insurrection. Je pourrais montrer le langage qui a été tenu non pas à ce congrès, puisque nous avons réussi à l'empêcher, mais dans d'autres réunions, et il me serait trop facile de soulever l'indignation sur tous les bancs. Je n'aime pas beaucoup ces procédés ; ma réponse est plus simple et plus nette : Nous avons appliqué la loi, et elle est de telle nature, et cela nous l'avons fait dans de telles circonstances, qu'en agissant autrement un gouvernement eût bien mal compris les devoirs qu'a la France envers elle-même et envers les autres. (*Très bien! très bien!*) Quant à moi, pour rien au monde, en n'appliquant pas une loi, je n'aurais voulu accepter la moindre complicité morale dans certains discours et dans certaines excitations. (*Applaudissements.*)

Je ne serai pas beaucoup plus long en examinant l'interpellation de M. Dejeante. Elle porte sur les violences abusives auxquelles se serait livrée la police vis-à-vis de personnes qui sortaient du cimetière du Père-Lachaise, où elles venaient d'accomplir un pieux devoir. Les faits ont été présentés comme ils le sont presque toujours en pareil cas : les manifestants dociles, paisibles; la police, sans provocation, agressive et brutale.

Cette question a été portée à la tribune du Conseil municipal, et la Chambre n'a que la seconde édition de l'interpellation. On a fait une enquête, on a constitué le récit des faits, et le voici, messieurs, dans toute sa simplicité : Lors de l'anniversaire dont a parlé l'honorable M. Dejeante, un très grand nombre de personnes se sont rendues au cimetière du Père-Lachaise. On les a laissées entrer et on les a laissées sortir comme toujours, en leur demandant de passer par petits groupes et de ne pas faire, par conséquent, d'attroupement sur la voie publique.

Tous les assistants, à quelque cent personnes près, qui se trouvaient au Père-Lachaise, en sont sortis de quatre à cinq heures sans donner lieu à aucun incident; mais à cinq heures un quart, une colonne de cent à cent cinquante personnes, qui sortait à son tour par la grande porte et suivait le boulevard Ménilmontant, entonna des chants injurieux...

M. DEJEANTE. — Lesquels?

M. LE PRÉSIDENT DU CONSEIL. — ... et refusa de se disperser.

Sur l'ordre du préfet, M. Picot, officier de paix, avec douze hommes, — c'est un chiffre à retenir, — se porte vers les manifestants en les invitant à ne pas troubler la tranquillité de la rue. L'officier de paix et ses hommes suivent d'abord pendant un certain temps ce cortège, qu'ils réussissent à couper. C'est à ce moment que se produit un fait qu'il est nécessaire de porter à la connaissance de la Chambre.

Le boulevard était coupé dans sa longueur par les travaux de construction d'un tramway, entourés de palissades. Une partie des manifestants parvient à franchir la clôture, se trouve alors sur le terre-plein du boulevard, et à ce moment les agents sont assaillis à coups de pierres.

Assurément, messieurs, toutes les blessures méritent considération, et je m'étonne que dans les récits qui sont présentés, toutes les fois que la police intervient, on ne parle jamais des blessés de la police.

(*Très bien! très bien!*) Il y a eu, ce jour-là, cinq gardiens de la paix grièvement blessés, dont j'ai les noms à mon dossier.

A ce moment, un autre incident non moins déplorable, mais dont heureusement la gravité n'a pas été telle qu'on pouvait craindre, se produit. Les agents, qui étaient restés du côté du cimetière, se rendant au secours de leurs camarades, franchissent à leur tour la palissade. Les manifestants et une partie de la foule qui assistait au spectacle se précipitent alors dans une direction inverse, et un enfant est renversé, blessé à la tête. Conduit à l'hôpital, il a été examiné et le médecin a donné cette indication sur la blessure : « Cuir chevelu déchiré sur une longueur de 4 centimètres; rien de grave. »

On a immédiatement essayé de créer la légende que c'était la police qui, brutalement et par un acte qui serait vraiment abominable, aurait frappé l'enfant d'un coup de sabre. L'enquête à laquelle on a procédé a permis d'établir le contraire, par divers ordres de témoignages. Au moment où l'enfant était frappé sur la voie publique, le gardien Chauffé, qui tenait la tête de ceux qui venaient au secours de leurs camarades, n'était même pas sur le trottoir.

On a entendu la concierge de la maison devant laquelle l'accident était survenu...

M. ZÉVAES. — La manifestation chez la portière!

M. LE PRÉSIDENT DU CONSEIL. — Et des témoignages même indirects valent assurément mieux que pas de témoignages du tout. Enfin il y avait quelqu'un qui pouvait sans doute se rendre compte des conditions dans lesquelles il était tombé, c'est l'enfant; et l'enfant, devant trois personnes, a raconté qu'il avait été renversé par terre par des gens « qui avaient pris leur course » — c'est son expression — et nullement frappé par le sabre d'un gardien de la paix.

Les faits étant ainsi rétablis, j'affirme que, dans cette circonstance, la police n'a fait que strictement son devoir.

Devant le Conseil municipal on a prétendu invoquer un témoignage différent; on a parlé d'un jeune homme qui était prêt à dire le contraire.

L'honorable conseiller qui tenait ce langage a même dit le connaître. M. le préfet de police lui a dit : Donnez-moi son nom; il a répondu : C'est à vous de le découvrir; faites une enquête.

Je ne crois pas que cet événement, pris en lui-même, mérite un plus ample débat.

J'arrive alors à une discussion qui deviendrait aisément beaucoup plus longue si le Gouvernement devait et pouvait intervenir en se plaçant au même point de vue que les honorables orateurs qui l'ont traité dans ce long débat, où tour à tour tant d'affirmations contraires ont été apportées à la tribune.

Je crois que mon rôle est d'examiner si, dans cette circonstance et comme M. Thierry le prétendait par son interpellation, la liberté du travail a été atteinte, et, admettant qu'elle ait été atteinte, dans quelle mesure la responsabilité du Gouvernement y serait intéressée.

L'honorable M. Thierry, pour justifier son assertion, a produit devant la Chambre un certain nombre d'attestations dans lesquelles des patrons charretiers ou camionneurs répètent ce qui leur a été affirmé par des ouvriers, attestations signées des ouvriers eux-mêmes. Un certain nombre de ces attestations ont été lues à la Chambre, et j'ai pu, au fur et à mesure que mon honorable contradicteur les lisait, recueillir les noms et arriver à mettre sur chaque incident une désignation qui me permît de me rendre compte de la réalité des faits. Il en est d'autres qui n'ont pas été exposées avec la même précision. Bien entendu, je n'entends pas le moins du monde soutenir que M. Thierry fût obligé de lire toutes ces pièces à la tribune, et je suis même bien persuadé que c'est un esprit trop avisé, trop pratique et même trop juridique pour ne pas s'être rendu compte, avant même qu'il éclatât, de l'inconvénient qui existe dans ce genre de démonstration.

Comment veut-on, en effet, qu'un contrôle s'établisse sur l'exactitude de pareilles allégations ? Je n'incrimine pas le moins du monde la bonne foi de ceux qui signent des certificats, mais il y a peut-être une façon de les rédiger ; et quand nous irons au fond des choses, en prenant comme exemples un certain nombre de faits sur lesquels M. Thierry a le plus insisté, nous verrons comment certains actes, présentés sous le jour le plus fâcheux pour l'administration et la police, veulent être remis au point et quelles en deviennent alors les proportions modestes.

Mais j'ai été surpris que M. Thierry ayant à démontrer que durant les grèves de Marseille la liberté du travail avait été méconnue, n'ait pas jugé nécessaire de procéder à un examen, au moins rapide, sur la situation d'ensemble qui a existé à Marseille. Depuis le 11 août, si je ne me trompe, jusqu'au 5 septembre, il y a eu deux autres grèves que celle des charretiers. Bien plus, dans cette période de temps, 22 corporations se sont trouvées en grève ; de telle sorte qu'on n'exagère rien en disant que du 11 août au 5 septembre il y a eu constamment 10 à 12,000 grévistes à Marseille. Et, messieurs, quand je considère que l'honorable

M. Thierry apporte 15, 20, 25, 30 plaintes, si l'on veut, alors que pendant près d'un mois la grève a compté jusqu'à 10,000 personnes, je dis que le contraste qui s'établit entre l'importance des grèves successives et le petit nombre des faits qui peuvent être allégués ou établis... (*interruptions à droite — applaudissements à gauche et à l'extrême gauche*)... démontre suffisamment... (*nouvelles interruptions à droite*).

Messieurs, ne vous hâtez pas de juger une question que vous ne connaissez pas encore.

... démontre, dis-je, suffisamment — et j'emploie ces termes parce que je suis certain de les justifier — que si le nombre des atteintes à la liberté du travail a été très minime par rapport à la gravité des circonstances, cela est dû précisément aux soins, aux précautions intelligentes, prévoyantes, qui ont été prises dans toutes les parties et qui sont à l'honneur de l'honorable secrétaire général dont le nom a été plus d'une fois prononcé dans ce débat.

On a reproché à l'administration préfectorale de n'avoir pas agi comme elle aurait pu agir, à Lyon, par exemple ; mais on a été tout aussitôt forcé de reconnaître que Marseille n'est pas placée, au point de vue de la police, sous le même régime que l'agglomération lyonnaise et qu'il n'y a pas d'agglomération marseillaise, que la police municipale, dans les termes mêmes de la loi de 1881, est confiée à la municipalité, et j'attendais, puisque l'on critiquait les inconvénients qui peuvent ressortir d'une législation de cette sorte, j'attendais de voir ici l'honorable M. Thierry proposer de la modifier.

Non ! Il ne demande point que l'on donne à la ville de Marseille une organisation semblable à celle de la ville de Lyon. Dès lors, quel était le devoir du Gouvernement ou de son administration, — ce qui est tout un? Il est tracé par la loi municipale elle-même. Nous n'avions pas à usurper les pouvoirs de police municipale qui appartenaient à la municipalité, et nous n'avions le droit de la dessaisir que dans les termes qui sont précisés par l'article 99 de cette loi, dans la mesure seulement où la municipalité ne prendrait pas les précautions que l'administration pouvait juger nécessaires. A-t-on pris des mesures? Quelles ont été ces mesures? Ne vont-elles pas, je ne veux pas dire au delà, mais très certainement jusqu'au point extrême où la prévoyance dont je parlais tout à l'heure pouvait et devait se porter?

M. CARNAUD. — On a exagéré les déploiements de troupes. Voilà la vérité!

M. LE PRÉSIDENT DU CONSEIL. — Vous voyez quelle est et quelle sera toujours la situation du Gouvernement dans une affaire de ce genre, entre deux affirmations dont l'une consiste à dire : L'administration a été inactive, et dont l'autre consiste à soutenir qu'elle a montré trop de zèle. Il pourrait bien advenir que ce fût entre ces deux affirmations que se trouvât la vérité. (*Rires et applaudissements à gauche.*)

Mais pour apprécier si les mesures ont été prises, il n'est pas inutile sans doute de savoir quelles étaient les difficultés de l'opération, — je parle, bien entendu, de la grève des charretiers.

Il y a à Marseille, qui est non pas seulement une belle ville, mais une grande ville industrielle, 740 usines qui reçoivent leurs matières premières des gares et du port et qui, lorsque ces matières premières sont transformées, expédient leurs produits. Un très grand nombre de ces usines est, par rapport aux gares et à l'agglomération des ports, à une distance de 17 kilomètres; enfin, il faut considérer que sur l'immense réseau de voirie de la ville de Marseille, prenant tantôt un chemin, tantôt un autre, il n'y avait pas moins, lorsque le travail battait son plein, de 5.000 camions ou charrettes parcourant cette voirie dans les sens les plus variés.

Ce ne doit pas être — on me fera cette concession tout d'abord — une opération très facile que d'assurer sur un territoire aussi étendu, d'une façon constante, avec une grève de plus de 6.000 personnes, compliquée de plusieurs milliers d'autres grévistes, une circulation de cette importance.

Voici à quel projet on s'est arrêté. L'énorme surface dont je viens de parler a été divisée en 52 sections; dans chacune d'elles il a été établi un poste permanent composé d'agents et de gendarmes prêts à se porter là où il serait requis. Permettez-moi de m'arrêter ici un instant. Il est bien évident que nous ne pouvions pas assurer la circulation de 6.000 voitures en même temps; il était naturel, après avoir établi des postes sur les points que je viens d'indiquer, de faire connaître — et c'est ce qui a été fait — que ceux qui voudraient transporter des marchandises, et les faire accompagner, devraient en faire la demande. Mais on ne s'est pas borné à cette précaution cependant intelligente et sage; on a établi dans la ville des patrouilles qui n'ont pas cessé de circuler, reliant ensemble tous ces postes et se passant ainsi de patrouilles en patrouilles les convois.

Ces forces considérables, disposées d'une façon que je trouve pour ma part extrêmement rationnelle, ont été employées à assurer tout d'abord tout ce qui avait trait à l'alimentation; tout ce qui intéressait la combustion des usines a été spécialement protégé; et quant aux envois de marchandises ou au transport des matières premières nécessaires, on n'apportera pas un document — je dis « un document » — établissant qu'on ait fait la demande d'une escorte sans qu'à cette demande il n'ait été répondu, soit qu'elle pouvait être donnée le jour même, soit parfois — et c'était inévitable — si on ne pouvait donner satisfaction le jour même, qu'elle serait accordée le lendemain.

Voilà la vérité sur les dispositions prises, sur les règles adoptées; je crois que je n'exagérerai rien en disant qu'elles étaient très prévoyantes et très sages.

Il était fatal — et cela est arrivé — que sur certains points la vigilance de la force publique ait été mise en défaut. On a fait état de certaines déclarations dans lesquelles on voit des charretiers affirmer les uns que se trouvant entourés de grévistes ils ont dû rebrousser chemin, et d'autres qu'à ce moment, ayant fait appel à la force publique, qui était représentée là où l'incident se produisait par un gardien de la paix, ce gardien de la paix a conseillé de rentrer à l'usine et de remiser sa charrette. Il s'est, en effet, produit — et j'en ai la preuve dans mon dossier, — il s'est produit à maintes reprises que, même dans des convois escortés, des charretiers ont refusé de continuer leur route : il en est qui sont descendus de leurs sièges. Eh bien! s'il appartenait à la force publique d'escorter les charretiers quand ils conduisaient leurs voitures, personne ne soutiendra, et l'honorable M. Thierry n'a pas soutenu, que, lorsqu'un charretier croyait devoir abandonner son poste, on dût le suppléer.

Mais la Chambre pense bien que ceux qui avaient ainsi jugé plus prudent — il ne faut pas demander de l'héroïsme à tout le monde (sourires) — de descendre de leurs sièges, on pense bien qu'ils n'ont pas été raconter à leur patron que c'est volontairement qu'ils ont abandonné leur poste. (*Très bien! très bien! à gauche.*) Et on les voit alors déclarer qu'ils ont dû rebrousser chemin parce qu'ils n'étaient pas de force à livrer bataille, ou bien alléguer — j'ai fait allusion à ce fait et j'y reviendrai tout à l'heure — qu'un gardien de la paix se trouvait là, alors qu'il y avait cinquante ou cent grévistes qui le menaçaient; l'agent n'a pu que leur donner un conseil : c'était de retourner à la remise, — et je crois, en effet, qu'en pareille circonstance c'était le seul conseil sage, et que l'honorable M. Thierry lui-même l'eût donné. (*On rit.*) Quand on va au fond des choses — et nous sommes à même de le faire — on peut alors juger les faits avec leur véritable physionomie. Il s'était formé à Marseille un comité de protection des intérêts du commerce. Ce comité a affirmé à M. le secrétaire général que, sur un certain nombre de points, il y avait eu des entraves à la liberté du travail. M. le secrétaire général a écrit à la commission pour lui demander de vouloir bien lui faire parvenir tous les faits qui seraient à sa connaissance et tous les documents de nature à les justifier. La commission est composée d'hommes actifs, intelligents, d'industriels tous intéressés à établir leurs affirmations. Que s'est-il produit? Il s'est produit qu'avec trois envois de plaintes, composées de documents qui ont été réunis par la commission dont je parle, on est arrivé exactement au chiffre de seize plaintes, seize faits d'atteintes ou de prétendues atteintes à la liberté du travail; voilà tout le dossier qu'on a bien voulu remettre à l'administration ; j'ai le droit de dire, messieurs, que je n'en connais pas d'autre, et j'ai d'autant plus le droit de dire que je n'en connais pas d'autre, que vous verrez avec quelle attention et quel contrôle minutieux des certificats de cette nature, émanant d'employés, de charretiers, doivent être examinés. Je dirai tout à l'heure, messieurs, un mot des faits particuliers ; je voudrais répondre auparavant à des reproches d'ordre plus général.

Il a été allégué que les grévistes avaient perçu sur certains patrons ce qu'on pourrait appeler une taxe de circulation.

Le fait a été porté à la connaissance de M. le secrétaire général ; il a répondu que, s'il était établi, il lui semblerait délictueux incontestablement, et il a demandé qu'on lui fournît la preuve de la perception de cette taxe de circulation. Ce n'est pas sans quelque surprise que j'ai entendu parler — je ne crois pas me tromper — d'un M. Boyer comme ayant été un de ceux qui auraient été sollicités de subir cette taxe, — si ce n'est pas lui, ce serait un autre ; — j'allais dire que le fait me surprendrait, car j'ai dans mon dossier une lettre où M. Boyer a été accrédité auprès du secrétaire général, et il n'a formulé aucune plainte de ce genre. A défaut de M. Boyer, il y en aurait eu d'autres.

Lesquels ? Il eût été bien naturel, puisque l'administration demandait des noms et des faits, que la commission de protection des intérêts commerciaux voulût bien les lui faire connaître. Il n'a pas été remis un seul document ! Car il ne suffit pas d'apporter un papier frappé d'un timbre pour que l'administration doive reconnaître qu'elle a manqué à son devoir en ne poursuivant pas un abus dont jamais elle n'a été régulièrement saisie. En présence de ce silence de la commission, qui ne produit rien et ne nomme personne, le secrétaire général a fait pour cet ordre de faits ce qu'il a fait pour les plaintes particulières qui lui ont été transmises ; il a fait procéder à une enquête, et voici ce que je lis dans un rapport du 20 septembre 1900 :

« Pendant la grève des charretiers, le bruit avait couru que la commission de la grève délivrait, moyennant rétribution, des laissez-passer permettant à ceux qui les obtenaient de circuler librement en ville.

« J'ai fait faire des recherches à l'effet d'établir si ce bruit était fondé, mais jusqu'à ce moment il n'a pas été possible d'en avoir la confirmation, et des personnes même qui avaient été signalées comme ayant profité de ces laissez-passer n'ont voulu donner aucun renseignement à ce sujet. »

Par conséquent, c'est encore là une allégation qui, ni de près, ni de loin, ne peut engager la responsabilité de l'administration.

On a insisté sur un fait à l'encontre duquel les orateurs qui ont parlé dans cette affaire ne se sont pas montrés moins divisés. Il s'agit de l'expulsion du député Morgari. On nous a reproché, d'un côté, de l'avoir expulsé; de l'autre, de ne l'avoir pas fait assez vite.

Ici encore quelques mots très clairs, très simples suffiront.

Nous n'avons pas du tout la pensée qu'un étranger ne puisse, s'il a des amis et des compatriotes engagés dans une grève, leur donner son concours. C'est là un fait de droit commun. Bien entendu je suppose et tout le monde supposera avec moi que ce concours ne constitue en rien un des actes qui sont interdits même aux Français.

Mais ce n'est pas de cela qu'il s'agissait, et la question qui s'est posée pour le Gouvernement a été la suivante : Est-ce qu'il est possible, est-ce qu'il est prudent, est-ce que ce ne serait pas, au contraire, un acte dangereux en lui-même que de permettre qu'un homme politique, investi d'un mandat politique, vienne dans un pays qui n'est pas le sien; imprimer à une grève la direction qui peut lui sembler la meilleure? Je crois que le problème posé *in abstracto* ne pourrait pas être résolu de deux sortes; mais combien sa solution est-elle encore plus commandée, quand on envisage la question à la lumière des faits eux-mêmes et des circonstances!

Je n'accepte comme exacte aucune des insinuations qui ont passé dans un journal ou dans un autre; je suis convaincu que l'honorable député n'a point dit ou fait ce dont on l'accuse, mais, lui-même l'a reconnu, il ne pouvait pas ne pas apercevoir à quel point sa situation, s'agissant d'une grève de Marseille, était délicate, et à quel point, par conséquent, le devoir du Gouvernement devenait étroit.

Tout le monde sait — on l'a rappelé à cette tribune — quelle perte découlait de la grève de Marseille pour le trafic français, et quel retentissement avantageux cette grève avait dans un port italien; et je demande si, même au point de vue de la bonne entente entre les deux pays et des relations amicales qu'il est intéressant et nécessaire de conserver, un gouvernement quelconque aurait eu une hésitation.

Quant au reproche d'avoir procédé trop lentement, nous ne l'acceptons pas davantage. M. Morgari a été mandé chez M. le secrétaire général, qui lui a représenté — et, je n'en doute pas, avec beaucoup de clarté et de tact en même temps — combien le rôle qu'il jouait dans la grève était inadmissible. M. Morgari a reconnu qu'il serait plus sage de sa part de s'abstenir. Pendant deux jours, M. le secrétaire général n'en a plus eu aucune nouvelle.

Le troisième jour, la plus grande publicité était

donnée à une réunion publique, à un meeting dans lequel il avait prêché à ses compatriotes italiens le droit de se solidariser dans la grève avec leurs camarades français. C'est en présence de cet acte, que nous jugeons tout à fait imprudent, — imprudent pour tout le monde...

M. Ernest Roche. — C'était son droit!

M. Bernard Cadenat. — C'était même son devoir.

M. le Président du Conseil. — Je ne conteste nullement le droit d'un député, dans son pays, d'y accomplir, dans la plénitude de sa liberté, des actes qui sont le développement de son mandat; mais ce député ne me paraît pas avoir le droit de venir, dans un pays étranger, y exciter la grève, grève qui ne peut tourner qu'au détriment du pays dont il reçoit l'hospitalité. (*Applaudissements à gauche, au centre et sur divers bancs à droite.*)

Cela dit, messieurs, je reviens aux violences, — à celles que j'ai pu contrôler. La Commission a remis un dossier de neuf plaintes, ensuite un second dossier de deux plaintes, et enfin un troisième de cinq; total, seize plaintes, — c'est le chiffre que j'indiquais tout à l'heure. Sur ces plaintes il a été procédé immédiatement à des recherches et à des informations.

L'un des faits qui ont le plus frappé l'honorable M. Thierry, c'est celui de M. Franceschi, entrepreneur de camionnage de la gare P.-L.-M. : il aurait été, lui ou ses équipages, assailli par les grévistes, l'administration aurait manqué à son devoir, par conséquent, puisqu'elle ne l'aurait pas protégé dans la limite où elle devait le faire.

Si l'on pouvait échanger ses pièces avant de monter à la tribune comme avant de plaider à la barre, on s'éviterait parfois l'un à l'autre des erreurs.

Voici en effet une lettre qui est au dossier et qui émane de M. Franceschi lui-même. Elle est ainsi conçue :

« 5 septembre.

« La grève ayant pris fin hier, nous nous empressons de vous présenter nos sincères remerciements pour avoir bien voulu, pendant cette période troublée de dix jours, faire protéger nos écuries et entrepôts, notre maison ayant été, pour une cause que nous ignorons, particulièrement désignée à la fureur de la populace. Cette sage mesure aura sans doute produit un excellent effet.

« Avec nos sentiments de profonde gratitude, nous vous prions d'agréer, monsieur le secrétaire général, etc. » (*Rires et applaudissements à gauche.*)

Il y a dans cette lettre une allusion à un péril particulier qu'aurait couru l'industrie de M. Franceschi. J'ai entendu dire — je crois bien que c'est par M. Thierry — que la politique se mêlait quelquefois aux grèves, ce qui est incontestable; mais ce qui est vrai aussi, c'est qu'il y a des intérêts qui ne sont pas toujours seulement les intérêts des ouvriers, qui sont éveillés et mis en jeu. Dans les pièces de cette affaire j'ai trouvé une proclamation adressée aux grévistes de la ville de Marseille. Avant de vous dire de qui elle émane, laissez-moi vous faire juger du ton :

« Vous voyez où nous a conduit le triste entêtement de quelques entrepreneurs de camionnage : à la ruine de notre cité. Ces messieurs sans vergogne attendent froidement que l'ouvrier, le père de famille aient faim. Nous, messieurs, nous avons accepté leurs légitimes revendications; mais il faut que vous collaboriez à notre cause en prenant pour principe que le grand patron camionneur arrive à faire vos travaux à bas prix en grugeant l'ouvrier et en l'exploitant. Nous sommes trois cents environ qui acceptons : il y en a douze environ qui refusent, sachez les deviner et les clouer au pilori. »

Ceci n'est pas le langage enflammé d'ouvriers qui souffrent; cette proclamation porte la signature, avec beaucoup d'*et cœtera*, d'entrepreneurs de camionnage ; et c'est lorsqu'on a vu M. Franceschi efficacement protégé dès le début que s'est produite une affaire très chaude qui a donné lieu à plusieurs arrestations, affaire à laquelle M. le secrétaire général était présent, qui était conduite par deux des signataires, MM. Fidèle Reboul et Louis Bonneau.

Voulez-vous encore un exemple de la singularité de certaines plaintes? Il y a une chose à considérer avant tout. Ceux qui ont eu à se plaindre de ce que leurs charretiers avaient été molestés avaient-ils ou non demandé la protection de la police? Etant admis que le même jour, à la même heure, dans une ville comme Marseille, tous les camions, au nombre de six mille, ne pouvaient pas être escortés, s'ils avaient demandé ce concours, cette assistance, l'avaient-ils obtenue?

Ainsi, on a parlé de la maison Chambon frères ; cette maison avait-elle demandé un secours et l'avait-elle obtenu? Je prends la plainte même qui a été remise à M. le secrétaire général : « Après avoir reçu livraison du charbon, ils (les charretiers) se sont mis en route vers 7 heures du matin, se dirigeant à notre moulin, boulevard de Paris, 27, lorsque sur le chemin de Toulon, une bande de grévistes ont assailli le convoi, le harcelant jusqu'au chemin du Rouet. »

Est-ce que la force publique s'était dérobée à son devoir? Je continue :

« Mais là, malgré la présence de seize gendarmes, huit dragons et une dizaine d'agents de police, une bagarre se produisit et sur l'injonction des grévistes d'avoir à retourner d'où ils venaient, les deux malheureux charretiers furent obligés, pour éviter une catastrophe, de rétrograder. »

Eh bien! je pense que donner une escorte de seize gendarmes, de huit dragons et d'une dizaine de gardiens de la paix, c'était une escorte suffisante pour faire face aux prévisions ordinaires! Il advint qu'en traversant une des régions de Marseille où la grève a le plus fermenté, où les attroupements sont le plus considérables, on a rencontré non pas quelques grévistes mais un rassemblement très nombreux. Qui rendra-t-on responsable de ce que les forces de police mises à la disposition des intéressés se soient trouvées inégales en nombre? (*Très bien! très bien! à gauche.*)

Voici un autre fait, le fait Olivier. Un des charretiers de M. Olivier, menacé par les grévistes, s'est adressé à un agent de police qui l'a engagé au calme, à éviter les grévistes et à continuer son voyage, ce qu'il a fait; puis il est venu remiser.

Or, j'ai le procès-verbal d'enquête. Il en résulte en premier lieu que ces charretiers sont sortis sans que la maison intéressée ait adressé la moindre demande de secours et d'escorte. Il en ressort encore, détail significatif, que M. Olivier mandé par le commissaire de police, dont le premier soin est de lui demander le nom des charretiers pour qu'ils puissent être entendus, a refusé de les faire connaître.

Je pourrais continuer le dépouillement du dossier; mais, en vérité, ce n'est pas là un débat d'intérêt parlementaire. (*Très bien! très bien! à gauche.*) Si des atteintes à la liberté du travail se sont produites, il fallait, on n'y a pas manqué, les signaler ; et, en vérité, je m'étonne que soutenant une thèse qui consiste à montrer que l'ordre public a été complètement trahi, on se soit borné à parler des incidents inévitables et regrettables qui se sont produits, sans faire mention des nombreux actes de diligence et souvent de courage qui ont été accomplis par l'autorité. (*Applaudissements à gauche et sur divers bancs au centre.*)

M. BERNARD CADENAT. — C'est le maire qui a conduit les grèves.

M. LE PRÉSIDENT DU CONSEIL. — Je pourrais enfin invoquer un dernier témoignage. La lecture des journaux provoque parfois à la Chambre une émotion contradictoire, mais enfin lorsqu'on trouve dans un journal qui n'est pas une feuille amie l'éloge du fonctionnaire qui a conduit toutes ces affaires, toutes ces grèves, c'est bien une première raison de penser qu'il n'a pas trahi son devoir. (*Très bien! très bien! à gauche.*) Et ce même fonctionnaire, le secrétaire général, ayant été nommé préfet d'un département, le conseil général d'abord, la commission départementale ensuite, ont fait de lui un éloge dans lequel je détache ces lignes qui ont un trait précis avec la Commission :

« On vante, en effet, la prudence, le sang-froid, l'intelligence avec laquelle il a rempli ses fonctions. »

A ces éloges le Gouvernement a joint le sien : j'ai considéré qu'en effet ce fonctionnaire pendant tous ces jours difficiles avait consciencieusement rempli son devoir.

M. Thierry, dans la dernière partie de son discours, s'est placé sur un terrain qui n'est plus du domaine d'une interpellation générale.

Il a montré combien j'avais raison de dire qu'il n'est pas d'esprit attentif aux grands intérêts de notre pays qui n'ait été frappé du mouvement croissant des grèves et préoccupé de la nécessité de créer quelque chose de moins inorganique que le régime actuel; seulement, je voudrais qu'il me permit de faire une réserve sur ses statistiques : il a comparé, par exemple, l'année 1894 avec les années 1899 et 1900 ; il a fait ressortir une grande disproportion entre le chiffre des grèves en 1894 et celui des grèves dans cette seconde période.

Mais, pour être juste, ce qu'il aurait pu faire, et ce qu'il fera certainement, serait de comparer l'année 1899, par exemple, avec l'année 1886 ou l'année 1887 ; c'eût été de comparer l'année 1878 avec les années 1875 et 1876, et, remontant ainsi dans le passé, il aurait constaté une vérité économique indéniable, c'est que les grèves sont en raison directe de l'intensité de la fabrication et du mouvement industriel. (*Très bien! très bien!*)

Si, ne se bornant pas à ces recherches, il avait consulté la longue histoire des grèves telle qu'elle a été établie depuis une époque qui n'est peut-être pas assez lointaine, mais qui l'est déjà, depuis 1848 ou 1849, si je ne me trompe, qu'aurait-il vu encore? Que le nombre des grèves grandit progressivement, année par année, et indépendamment ou du régime ou des ministères.

Je me rappelle — qu'on me permette ce souvenir — que, me préparant un jour à répondre précisément sur ce terrain, j'avais eu la curiosité de comparer deux ministères d'égale durée : celui de l'honorable M. Bourgeois et celui de l'honorable M. Ribot; et j'avais constaté que, par la force des choses, c'était sous le ministère de ce dernier que les grèves avaient été le plus nombreuses. (*Rires à gauche*).

M. Ribot. — Monsieur le président du Conseil, l'idée ne m'était pas venue d'appeler au pouvoir M. Jaurès, qui fomentait les grèves.

M. le Président du Conseil. — Cela tendrait à prouver que M. Jaurès n'y était pour rien.

Les deux hommes politiques dont je parle sont des esprits trop distingués et trop au courant de tout ce qui intéresse le mouvement économique et social pour n'avoir pas constaté, comme moi-même, cette progression indépendante, je ne dis pas des circonstances, je dis des régimes ou des ministères.

Et alors, en effet, s'est posée pour l'honorable M. Thierry la même question qui se pose devant nous et qui se posera ultérieurement devant la Chambre, celle de savoir s'il faut accepter le *statu quo* comme définitif, s'il ne convient pas de rechercher un remède. J'ai entendu dire qu'il fallait empêcher que la rupture brutale ne se produisit avant l'arbitrage. Qu'entend-il par là? Est-ce par la loi qu'il entend obtenir ce résultat? Et aurions-nous appris ici qu'il serait devenu partisan de l'arbitrage obligatoire? Comment pourrait-il alors s'entendre avec son honorable voisin? (*Rires et applaudissements à gauche.*)

Je pense que tel n'est pas le sens de son langage, que telle n'est pas sa pensée, et j'en retiens seulement une assurance précieuse, qu'il sera l'un des premiers à rechercher avec le Gouvernement quel peut être le remède à la situation actuelle.

Pour notre part, nous croyons qu'il consiste à confier aux parties, à leur libre convention, le soin de faire ce que vous désirez et de s'interdire librement, mais par un lien solennel, de déclarer la grève avant d'être allé devant l'arbitre. Ne sera-ce donc pas un progrès?

M. Julien Goujon. — C'est la loi actuelle.

M. Gauthier (de Clagny). — Rien ne l'interdit aux parties.

M. le Président du Conseil. — Nous ne considérons pas notre projet comme chimérique; nous estimons qu'il importe qu'une convention se forme, comme je l'ai dit à cette tribune même, entre l'idustriel et chaque employé, entre chaque employé et tous les autres, dans le but, par une procédure prudente et rationnelle, de placer le dénouement par l'arbitrage avant cette lutte si onéreuse, si dure, si cruelle pour tous les intérêts, et je n'imagine pas qu'un projet de cette sorte puisse soulever d'autre appréhension, d'autre inquiétude que celle d'en tirer le plus grand bien pour la paix publique, pour la bonne organisation du travail national. (*Applaudissements à gauche.*)

Cela dit, je termine en revenant à mon point de départ et en disant à la Chambre qu'après nous être expliqués sur certains faits particuliers, il a y un but qu'elle doit contempler, il y a quelque chose de plus important encore qu'il faut qu'elle envisage, c'est la question de savoir si le Gouvernement actuel lui paraît capable de conduire à bien, avec son concours, les réformes qu'il a proposées. (*Applaudissements à l'extrême gauche et à gauche.*)

M. Charles Bernard. — Il est capable de tout. (*Exclamations à gauche et à l'extrême gauche.*)

M. le Président. — Monsieur Charles Bernard, je vous rappelle à l'ordre.

M. le Président du Conseil. — J'ai entendu dire ici même : Certes, nous reconnaissons que votre tâche était difficile et c'est là peut-être que vous pouvez trouver l'excuse de votre formation. Mais les mauvais jours sont passés; l'horizon est clair; votre tâche est terminée.

Cela, messieurs, est possible. Si la Chambre le croit, qu'elle le dise! Nous saurons comprendre son langage, si elle pense, en effet, que d'autres mieux que nous peuvent réaliser une œuvre de progrès nettement définie. On n'a pas de peine à renoncer au pouvoir quand on n'en a usé que pour le bien de la République. (*Vifs applaudissements répétés à gauche et à l'extrême gauche. — M. le Président du Conseil, de retour au banc des ministres, reçoit les félicitations de ses collègues.*)

Au cours de la discussion engagée sur le vote de l'ordre du jour, M. Henri Brisson, s'écriant que la lutte pour la défense de la République n'était pas terminée, et qu'au contraire elle commençait, engagea ses amis à la continuer « sous la direction des guides, disait-il, qui nous ont conduits jusqu'ici à la victoire ». Par contre, M. Lannes de Montebello, qui avait fait partie de la majorité, déclara que, tout en approuvant les déclarations du Président du Conseil, il ne pouvait suivre plus longtemps M. Millerand, ministre du Commerce. Avec sa netteté habituelle, M. Waldeck-Rousseau, repoussant cette distinction, demanda la confiance de la Chambre pour « tout le ministère ».

M. LE PRÉSIDENT DU CONSEIL. — Messieurs, j'apporte une déclaration très simple. Je demande à la Chambre, au nom du Gouvernement, de voter l'ordre du jour de M. Odilon-Barrot, et ce vote, après ce que j'ai dit à la tribune, après ce qu'a répété M. de Montebello, ne peut pas être susceptible d'un sens douteux. Il signifie que le ministère, tout le ministère, — car à peine est-il besoin, en vérité, en présence de certains artifices, de rappeler que la solidarité en est la première loi (*applaudissements à gauche et à l'extrême gauche*), — il signifie que tout le ministère a la confiance de la majorité pour l'accomplissement de sa tâche.

Ceux qui, pour un motif ou pour un autre, ne voulent pas aller jusque-là, ont un moyen simple, franc et loyal de le dire, c'est de voter contre l'ordre du jour. (*Très bien! très bien! à gauche.*)

Si la Chambre déclare qu'elle a confiance dans le Gouvernement, c'est surtout, je pense, en pareille matière qu'il est possible de dire que « donner et retenir ne vaut », et nous considérons toutes autres formules captieuses comme absolument étrangères au sens vraiment parlementaire de ce débat. (*Vifs applaudissements à gauche et à l'extrême gauche.*)

Les grèves de Montceau-les-Mines.
Le Gouvernement et les grèves.

Chambre des députés. *Séance du 8 mars 1901.* — A cette date, le Gouvernement fut interpellé à l'occasion de grèves survenues à Monceau-les-Mines, Saint-Eloy-les-Mines, Marseille, etc. Tandis que MM. Antide Boyer, Dejeante, lui reprochaient sa « sévérité », à l'égard des grévistes, MM. Drake, Paul Beauregard, Thierry l'accusaient, au contraire, d'être de connivence avec eux. C'est ainsi que M. Thierry dénonçait l'ingérence du ministre du Commerce dans les grèves de Marseille : M. Millerand démontra qu'il n'y était intervenu, comme le lui imposait son devoir, que dans le but d'en hâter la fin. M. Drake, lui, portant le débat sur le terrain politique, affirmait que le ministère fomentait les grèves pour se maintenir au pouvoir.

A la vérité, l'opposition cherchait, une fois de plus, à tirer un argument politique d'un ensemble de faits économiques qu'aucun gouvernement respectueux de la liberté ne saurait empêcher.

M. Waldeck-Rousseau, en exposant les circonstances particulières dans lesquelles s'étaient déroulées les dernières grèves, exprima de nouveau son espoir de voir les organisations syndicales arriver à prévenir les grèves. Et, à propos des incidents de Monceau-les-Mines, il déclara qu'il y avait d'importantes réformes à faire sur l'organisation et la durée du travail dans les mines. Déjà, vingt ans plus tôt, il avait préconisé ces réformes; il avait été, à la Chambre, le premier signataire d'une proposition de loi portant création de retraites au profit des ouvriers mineurs, en même temps que d'une proposition tendant à créer des délégués mineurs [1].

Quand à l'accusation générale portée contre le ministère de fomenter les grèves, il la repoussa avec indignation. « Notre politique, s'écria-t-il, ne mange pas de ce pain-là! » Aussi bien, quelles solutions l'opposition proposait-elle pour empêcher les grèves? Elle n'en offrait aucune, ni économique, ni sociale, ni légale, et la seule qu'elle eût apportée à la tribune était une solution politique : que le cabinet actuel disparaisse, les grèves disparaîtront! M. Waldeck-Rousseau déclara qu'il abandonnerait volontiers le pouvoir si ce léger sacrifice devait profiter au pays. Mais il était bien persuadé, comme l'opposition elle-même, que cet acte n'entraînerait aucune amélioration dans l'état social, alors qu'il pourrait par contre servir les intérêts des partis réactionnaires. Il engageait donc les socialistes et les républicains à s'unir sur un même programme de réformes sociales sans se laisser détourner de l'œuvre commune par leurs adversaires.

Ces déclarations, vivement applaudies à gauche, furent approuvées par 313 voix contre 242.

M. WALDECK-ROUSSEAU, *président du Conseil, ministre de l'Intérieur et des Cultes.* — Messieurs, les nombreux discours qui ont été prononcés dans cette

---

[1]. La création des *délégués mineurs*, demandée par M. Waldeck-Rousseau dans sa proposition de 1882, a été décidée par la loi du 8 juillet 1890.

enceinte et que vous avez suivis avec une si naturelle attention sembleraient assigner à ma réponse un cadre très vaste et très large, car bien des reproches ou généraux ou particuliers ont été adressés au Gouvernement, et de plus nombreux griefs encore ont été dirigés contre l'une des compagnies dont l'exploitation est aujourd'hui le théâtre d'une grève importante.

Je me proposais d'indiquer à la Chambre quelle a été l'origine de cette grève, les difficultés qui ont empêché à l'heure actuelle qu'elle prît fin. Je me proposais de montrer avec la même insistance quelle attitude le Gouvernement a tenue, soit à Montceau, soit à Chalon, soit à Saint-Éloy, et enfin d'indiquer comment, et dans le présent et dans l'avenir, il comprend ses devoirs.

Il me semble qu'à l'heure si avancée où nous sommes, entre les divers points que je viens d'esquisser il en est qui doivent plus particulièrement retenir l'attention de la Chambre. Le débat a quelque peu dévié ; disons-le, il s'est élargi et, aux accusations dirigées par certains orateurs contre le Gouvernement, et tirées de ce qu'il aurait pris, à Montceau, par exemple, trop de mesures ou trop de précautions, au reproche diamétralement opposé de n'avoir pas déployé assez de sévérité sont venues s'ajouter des récriminations plus générales dont M. Drake a été le premier interprète et que M. Thierry a renouvelées dans un langage plus véhément encore.

Je voudrais donc, messieurs, ne sacrifier à ce qui est secondaire que le moins d'instants possible, afin d'arriver à dire une fois de plus, et très nettement, quel est, suivant moi, le devoir du Gouvernement et comment il l'a rempli.

Un mot seulement sur les origines de la grève de

Montceau, car je ne puis pas perdre de vue l'intérêt qui s'attache à ce que la solution n'en soit pas rendue plus incertaine par des malentendus, des équivoques, des reproches mal fondés ou la pensée qu'on doit attendre du Gouvernement plus qu'il n'est en son pouvoir de promettre et de tenir.

On comprendrait très mal la façon dont la grève de Montceau a éclaté, si on ne tenait pas compte de la situation dont la compagnie actuelle a hérité.

Au milieu de l'année dernière, vous le savez, la compagnie qui était une société en commandite, sous la raison sociale Chagot et fils, a été remplacée par une société anonyme. Je montrerai en quelques mots comment cette société a compris son rôle, et je suis bien obligé, pour l'intelligence de certains événements, de rappeler comment l'administration précédente avait compris le sien.

Je ne juge pas, je constate.

Je constate — et ceci ne peut pas être contredit, car beaucoup en ont fait pour le directeur de cette compagnie une raison d'éloges et un titre de gloire — je constate que la société Chagot avait trop compris l'exploitation, qui allait devenir si vaste, des mines de Monceau, comme on pouvait comprendre autrefois la direction d'un atelier de quelques mètres carrés. Lorsqu'un patron emploie quelques ouvriers, assistés de quelques compagnons, il peut chercher à s'environner d'hommes partageant ses convictions et sa foi; rien n'est plus naturel; mais si au lieu de faire appel à quelques ouvriers, c'est au nombre de mille, de dix mille qu'on les réunit, le même sentiment peut conduire, par un excès de zèle, à tenter d'imposer à ces hommes des convictions qui ne sont pas les leurs, à peser sur leurs consciences et par conséquent à déterminer chez eux une légitime irritation. (*Applaudissements à gauche.*) Ceux qui douteraient qu'il en fût ainsi autrefois à Montceau pourront se reporter au compte rendu d'un procès de 1882, qui fut d'ailleurs suivi d'une enquête parlementaire et qui fit apparaître comment l'exploitation industrielle se doublait d'un apostolat. On se rappelle cette réponse énergique, tranchante, de M. Chagot à une question qui lui était posée : « Le fait d'assister à un enterrement civil serait-il considéré par M. Chagot comme un acte antireligieux pouvant motiver un renvoi des ouvriers y prenant part ? Considère-t-il, par exemple, une manifestation de ce genre comme une démonstration dirigée contre lui-même ? » — M. Chagot, vivement : « Oui, monsieur. »

On a eu raison encore de dire que dans cette exploitation la compagnie n'avait pas même toléré la création d'un syndicat. Lorsqu'en 1895 la Commission d'enquête se présenta, aucun ouvrier ne répondit à son appel : il lui fallut demander, exiger que, par chaque section, on fît comparaître devant elle l'ouvrier le plus âgé et l'ouvrier le moins ancien.

Il est vrai de dire encore qu'une véritable police avait été organisée : on a rappelé tout à l'heure le nom de celui qui la dirigeait. Je ne serai pas démenti davantage en affirmant que, lorsque la compagnie nouvelle s'est formée, le chef de cette police est venu lui demander s'il devait considérer qu'il dût continuer ce service : la nouvelle compagnie n'a pas gardé un instant à son service un homme qui avait été chargé d'une besogne que d'autres avaient pu croire nécessaire mais que la compagnie nouvelle n'acceptait pas. (*Mouvements divers.*)

Elle a immédiatement pris position ; elle a nommé comme directeur M. Coste ; c'est un ingénieur des mines qui partout où il a passé a fait ses preuves de modération ; et quel a été le premier acte de M. Coste ? Il a consisté, et je l'en félicite, à se mettre en rapport avec le syndicat. Tandis que, usant de leur droit, je l'ai moi-même affirmé dans une sentence, la plupart des compagnies ne veulent pas entrer en pourparlers avec les représentants des syndicats, l'honorable M. Coste jugeait qu'il avait tout avantage à le faire. Il est donc entré en relations avec les membres du bureau, il a reçu les plaintes que les ouvriers avaient formulées, et en même temps, interrogé sur la direction que la compagnie entendait inaugurer, il répondit par une formule qui ne peut qu'être approuvée de tout le monde, en déclarant qu'il venait dans l'usine, dans la mine, pour y faire de l'industrie et non de la propagande. (*Très bien ! très bien !*)

Un peu plus tard, la municipalité, dont l'élection — je le dis en passant — avait été faite au mois de mai, c'est-à-dire à une date antérieure à celle à laquelle je je me place, et avait tourné au profit du parti socialiste, a demandé à la compagnie de lui concéder un local pour y installer une école laïque. La compagnie a fait droit à la demande de la municipalité.

S'il fallait montrer par d'autres exemples combien la direction nouvelle de la compagnie différait de la direction ancienne, il me suffirait de dire que onze des chefs de service ont été remplacés, ainsi qu'un certain nombre de contremaîtres ; et, en somme, ce qui peut être mis sous les yeux de la Chambre de plus significatif, c'est l'appréciation que cette direction nouvelle a rencontrée du côté de la presse réactionnaire. Voici ce qu'on a pu lire dans le *Nouvelliste de Lyon* — c'est l'historique en raccourci des premiers actes de la compagnie : « La société devient anonyme. M. Darcy, avant d'accepter la présidence du conseil d'administration, prit le vent du côté du ministère, et celui-ci imposa ses volontés. Le nouveau directeur, M. Coste, professeur à l'école des mines de Saint-Étienne, obtient un congé illimité : il est désigné par M. Aiguillon et imposé à M. Darcy... C'est la grande œuvre des Chagot qu'on démolit, œuvre de patrons chrétiens et humains qui considéraient les ouvriers comme faisant partie de la grande famille de Montceau et les traitaient en conséquence. »

Il me semble que cette appréciation donne bien la physionomie d'une politique industrielle qui ne s'inspire pas des errements de celle qui avait soulevé tant d'irritation.

Le second fait que je veux faire connaître à la Chambre le plus rapidement possible, c'est qu'au mois de janvier, après des conférences dans lesquelles le directeur, M. Coste, donnant encore un exemple excellent, s'est efforcé de faire connaître les conditions du fonctionnement de la compagnie, l'état de ses affaires, après des conférences qui eurent lieu entre lui et le syndicat sur cet objet, on arriva à établir, d'une part, les revendications dont le syndicat se faisait l'interprète, et, d'autre part, les concessions que l'administration était prête à faire.

La Chambre voudra bien remarquer que parmi les revendications qui étaient formulées à cette époque figurait une prime de 10 p. 100 sur les salaires; mais l'on n'a jamais parlé à ce moment d'une augmentation fixe de 25 centimes à accorder à tous les travailleurs.

C'est sur ce point — réclamation d'une prime de 10 p. 100 — que la discussion fut la plus vive; le syndicat insistait encore pour obtenir d'autres réformes, notamment la reprise des ouvriers qui avaient été congédiés à la suite de la dernière grève. Ils étaient au nombre de quarante-quatre. Le bureau du syndicat se mit d'accord avec la direction, et la convention qui se dégagea de ces pourparlers fut soumise, à la date du 6 janvier, à la réunion plénière des mineurs.

A la suite de cette réunion plénière fut voté un ordre du jour dont voici les termes :

« Les ouvriers et ouvrières syndiqués réunis le dimanche 6 janvier, salle Pézard, après avoir entendu les membres du bureau syndical dans leurs explications sur les revendications soumises au directeur de la compagnie des mines de Blanzy, repoussent à l'unanimité le conflit qui aurait été inévitable si satisfaction ne leur avait pas été donnée. »

Enfin, pour montrer qu'à ce moment l'accord était complet, on me permettra de rappeler que, deux jours après cette réunion, l'honorable maire de Montceau se rendait à Saint-Éloy, où les mineurs étaient déjà en grève, et y faisait cette déclaration :

« Depuis dix mois les mineurs de Montceau luttent avec une énergie farouche pour obtenir une amélioration de leur sort; ils viennent d'obtenir gain de cause, grâce à leur puissante organisation. Leur victoire a été complète. »

J'ai bien le droit de dire qu'à cette date, 6 janvier, il n'y a plus de désaccord entre la compagnie et les mineurs : ils avaient demandé une prime de 10 p. 100; elle a été réduite à 5 p. 100. Ils avaient demandé la reprise des ouvriers; on les a tous repris, sauf trois. La raison de ne pas reprendre ces trois ouvriers a été donnée au syndicat : ils s'étaient rendus coupables — et avaient été condamnés pour ce fait — de violences sur la personne d'un ingénieur.

La compagnie avait fait encore d'autres concessions; pour aller plus vite, je ne crois pas indispensable de les mentionner. Ce qui est le plus intéressant à retenir, c'est que le débat sur le salaire porte sur la demande d'une prime de 10 p. 100 et que ce débat se termine par la concession par la compagnie d'une prime de 5 p. 100. Cette prime avait un grand intérêt à l'époque à laquelle nous sommes, c'est-à-dire fin décembre et commencement de janvier. Tout le monde prévoit alors une baisse possible, infiniment probable, pour ne pas dire certaine, sur les charbons. Par conséquent, en assurant pour l'exercice 1901 une prime qui avait été obtenue dans une période de hausse, la compagnie donnait aux ouvriers une importante satisfaction.

Douze jours se passent; et le 19 janvier, sans qu'aucune réclamation ait été faite, sans qu'aucun grief nouveau ait été signalé aux directeurs, quarante rouleurs de quatorze à seize ans quittent le puits Montmaillot. Ils sont suivis par les ouvriers du fond; le 20, le puits Magny et d'autres puits suspendent le travail; le 21, le mouvement se généralise, et à la date du 22 aucune réclamation n'a été portée ni auprès de la compagnie ni auprès du bureau du syndicat!

On a dit tout à l'heure — mais c'est une erreur — que le syndicat avait immédiatement pris fait et cause pour les grévistes, et qu'il s'était fait leur interprète auprès de la compagnie; cela n'est pas exact. Le syndicat refusa de prendre la direction de la grève, et une commission de vingt membres dut être nommée, précisément parce que le syndicat ne voulait pas, au moins à ce moment, en prendre la responsabilité.

C'est le 24 seulement que les revendications sont remises au préfet pour qu'il les transmette au directeur de la compagnie. Je suis entré dans ces détails parce que j'ai tenu à montrer que les efforts de l'administration allaient se heurter à une objection peu ordinaire.

J'exprime, je pense, une opinion qui se fait déjà jour dans beaucoup d'esprits, en disant que, pour ceux qui croient, comme je le crois moi-même, à l'utilité et à la nécessité de développer les organisations syndicales, ce qui s'est passé à Montceau a été bien regrettable (*très bien! très bien! à gauche*), parce que en effet, lorsque le préfet est allé trouver le directeur, lorsque plus tard il reviendra à la charge pour lui demander d'étudier si une nouvelle convention est possible, le directeur, avec beaucoup de modération, sans d'ailleurs opposer un *non possumus* qui eût été excessif, fera entendre cette réflexion : « Mais j'ai fait des propositions, le 2 janvier, au bureau du syndicat; elles ont été acceptées par le bureau, ratifiées en assemblée générale. Quelles garanties trouverai-je désormais dans les négociations que je ne demandais pas mieux que de suivre avec le syndicat? » (*Applaudissements.*)

C'est là, je le répète, le premier obstacle auquel s'est heurté l'intervention prudente, patiente, et que rien n'a découragée, de M. le préfet de Saône-et-Loire.

Il était dit, dans la lettre que l'honorable M. Antide Boyer avait bien voulu m'écrire, que le préfet n'avait pas reçu les grévistes, que la compagnie avait refusé d'aller en conciliation : c'est là une erreur encore, qui, d'ailleurs, ne s'est pas reproduite dans le discours de notre collègue. Il me suffira d'affirmer qu'aussitôt que les réclamations ont été mises entre ses mains, le préfet s'est hâté de les transmettre à la compagnie ; il a reçu le 28 janvier, à 2 heures, la délégation des grévistes et il l'a mise en contact avec le directeur...

Il y a eu une conférence de deux heures, et à la date du 31 janvier, contrairement encore à ce qui avait été dit, la compagnie a comparu en audience de conciliation.

De plus, j'affirme encore que si — passez-moi l'expression — la conversation sur les revendications formulées par les ouvriers n'est pas tombée, c'est parce que le préfet, conformément à mes instructions, a eu soin de l'entretenir et que, en entrant en contact avec les membres du syndicat et avec l'honorable maire de Montceau, il n'a pas cessé de dire qu'il serait prêt à être encore un intermédiaire tout disposé à seconder une entente le jour où il paraîtrait que des négociations pourraient être ouvertes.

Voilà ce que j'avais à dire des efforts déployés par le préfet, par le Gouvernement. Si, à l'heure actuelle, ils n'ont pas abouti, le Gouvernement forme le souhait ardent et garde l'espérance qu'ils aboutiront, et je suis persuadé que le meilleur moyen pour assurer cet événement, c'est de dire loyalement, comme je vais le faire, quelles limites l'intervention du Gouvernement ne doit pas franchir.

Ce n'est pas la première fois que, d'un côté, l'on me reproche d'avoir déployé des forces trop nombreuses et, de l'autre, de n'en avoir pas fait usage avec assez de rigueur. Je pourrais rappeler à la Chambre les déclarations que j'ai faites, en répondant ici à propos des grèves qui avaient éclaté à Saint-Étienne. J'ai dit que toutes les fois qu'une grève mettrait en mouvement au plus grand préjudice de tous, et des ouvriers les premiers, des foules de 5, 10 et parfois 12 et même 15.000 ouvriers, il n'était pas possible d'attendre les événements sans rien faire pour les éviter, mais qu'il fallait s'imposer comme un devoir strict, auquel on ne saurait manquer sans une imprudence coupable, — on pourrait dire criminelle, — de ne se procurer les forces nécessaires à maintenir l'ordre qu'avec la résolution de ne les employer que si l'ordre est atteint et blessé. (*Très bien! très bien! à gauche.*) Le rôle assigné en pareil cas à la force publique est un rôle défensif et un rôle de protection. (*Vifs applaudissements.*)

On a voulu faire une différence entre ce qui s'est passé à Chalon et ce qui s'est passé à Montceau.

Ce qui s'est passé à Chalon n'est-il pas la justification de ce que nous avons fait à Montceau ?

Je ne veux pas entrer dans le détail des faits qui se sont passés à Chalon. Le 17 février une certaine effervescence se produit : le sous-préfet, admirablement avisé, fait venir les forces qui lui étaient nécessaires (*applaudissements*) ; il se concerte avec l'autorité militaire et il arrête des dispositions qu'on peut donner comme un modèle de sagesse et de fermeté à tous ceux qui auront le lourd fardeau de prendre des résolutions semblables. (*Nouveaux applaudissements.*)

Le caractère des faits qui se sont produits à Chalon n'avait rien de commun avec ce qui s'est produit à Montceau. C'était, en réalité, un mouvement anarchiste qui existait à Chalon... (*Dénégations sur quelques bancs à l'extrême gauche.*)

A gauche. Asolument !

M. LE PRÉSIDENT DU CONSEIL... différent de ce qui se passait à Montceau, car au lendemain même de la journée à laquelle je faisais allusion tout à l'heure, des hommes du même parti se sont rendus à Montceau pour y fomenter les mêmes troubles : le drapeau de l'anarchie y a été arboré.

Au centre. Ce n'est pas la première fois !

M. LE PRÉSIDENT DU CONSEIL. — Mais le préfet n'a pas

eu à intervenir parce que c'est sur l'ordre du maire et par l'intervention des grévistes eux-mêmes que le drapeau de l'anarchie a disparu. (*Applaudissements.*)

Je me garderai de commettre une double injustice. Elle consisterait à ne pas envoyer d'ici au sous-préfet de Chalon les félicitations que je lui ai transmises immédiatement et par écrit (*très bien! très bien!*) ainsi qu'au colonel, qui a montré le même sang-froid et la même décision, le même parti pris de rester insensible, je ne dis pas seulement à des provocations de paroles, mais même aux voies de fait, et qui a trouvé chez M. le ministre de la Guerre la même approbation et les mêmes félicitations. (*Vifs applaudissements.*)

La seconde injustice consisterait à ne pas rendre hommage aussi à la façon dont les grévistes, au nombre de 12.000, ont constamment respecté et les propriétés et les personnes (*applaudissements à gauche et à l'extrême gauche*), car je puis affirmer que jamais grève plus importante et par le nombre des ouvriers et par l'intérêt engagé ne s'est déroulée en faisant surgir ir moins d'incidents.

On me dit : « Mais il y a eu des rassemblements sur la place publique, des réunions ont été tenues en plein air ; c'est contraire à la loi de 1881 ! »

En effet, il n'y a qu'à s'y reporter pour voir que les réunions sur la voie publique constituent une contravention punissable d'une peine de simple police.

Je déclare, comme je l'ai fait à propos de la grève de Saint-Étienne, que partout où des précautions sont justifiées elles seront prises ; mais là où dix ou douze mineurs, condamnés par la fatalité des circonstances à se réunir, commettront seulement la faute prévue par la loi de 1881, je ne me résignerai jamais, sans nécessité, s'il n'y a pas eu voies de fait, des délits graves, caractérisés, des violences contre les personnes ou les propriétés, je ne me résignerai jamais à faire, au risque de malheurs qu'on nous reprocherait avec plus de raisons, disperser par la force publique (*vifs applaudissements à gauche et à l'extrême gauche*) des hommes qui, au demeurant, peuvent à coup sûr méconnaître un texte de loi, mais dont la conduite n'impute pas au Gouvernement le redoutable devoir d'épuiser son droit! (*Nouveaux applaudissements sur les mêmes bancs.*)

Je ne répondrai pas plus longuement aux griefs généraux. Faut-il répondre aux griefs particuliers ? L'honorable M. Antide Boyer avait accusé le préfet d'être descendu à l'hôtel Semet; l'honorable M. Beauregard a parlé de dévastations qui ont été commises dans les environs de Montceau.

Le préfet est descendu à l'hôtel Semet parce que tous ses prédécesseurs en ont fait autant; il serait descendu dans l'autre hôtel, — car il n'y en a que deux, je crois à Montceau, — qu'il eût encouru le même reproche. (*On rit.*) Partout il aurait trouvé d'autres fonctionnaires ou d'autres employés. J'ajoute que le préfet n'a pas cessé de montrer une réserve et une discrétion qui le mettent à l'abri de tout reproche, d'avoir recherché, par exemple, des sociétés où on aurait pu exciter son esprit contre les grévistes.

Mais M. Beauregard dit : Tandis que vous maintenez l'ordre à Chalon, vous laissez couper les arbres aux environs de Montceau et, en effet, à de longues distances de Montceau, des faits de dégradations ou de braconnage se sont produits.

Il y a eu quelque chose d'assez singulier dans ces faits particuliers. Par exemple, un très honorable propriétaire s'est plaint de ce qu'on entrait sur ses terres, de ce qu'on se livrait au braconnage et à des dévastations de diverses sortes. Or, chose singulière, ce n'est que par un article qui a paru dans un numéro de la *Patrie* du 2 mars que nous avons été instruits des actes qui se seraient accomplis. Immédiatement, j'ai donné des ordres, une enquête a été faite par la gendarmerie, et on a entendu les gardes des propriétaires.

M. Paul Beauregard. — On vous a écrit à plusieurs reprises, monsieur le président du Conseil. Votre préfet a été informé ainsi que le procureur de la République.

M. le Président du Conseil. — Je parle d'un fait pour lequel on ne m'a pas écrit.

Pour préciser, je fais allusion à des faits dont on a fait très grand tapage et dont l'honorable M. de Montbrun aurait été victime. Je cite ce fait parce qu'il montre quelles sont les difficultés de toute nature auxquelles peut se heurter l'administration. Les actes se seraient produits, d'après les dépositions des gardes, recueillies par le maréchal des logis de gendarmerie, aux dates des 22, 24 et 26 janvier; or, jusqu'au moment où j'ai saisi le brigadier de gendarmerie, par l'intermédiaire du préfet, pour lui dire de faire une enquête pas un de ces gardes n'a dressé un procès-verbal et pas une plainte n'a été portée à un poste quelconque. (*Exclamations et rires à gauche. Bruit à droite.*)

M. le comte de Lanjuinais. — Comment voulez-vous qu'on puisse dresser procès-verbal à des centaines de personnes?

M. le Président du Conseil. — Je pourrais, si ce n'était un détail, trouver assez singulier que des gardes préposés à la défense d'une propriété particulière ne puissent pas justifier d'un procès-verbal par eux dressé...

M. LE COMTE DE LÉVIS-MIREPOIX. — C'était matériellement impossible.

M. LE PRÉSIDENT DU CONSEIL. —... quand le fait, qu'on impute à des inconnus, d'ailleurs, remonte à cinq, six, huit ou dix jours.

Ces détails, bien qu'ils constituent des actes dommageables, répréhensibles et délictueux, ne sont pas la clef du débat actuel, et lorsque le Gouvernement justifie, comme je puis le faire, qu'aussitôt saisi, par exemple, par l'honorable M. de Barbentane, d'une plainte relatant que des arbres étaient coupés dans son bois, il a donné au préfet des instructions afin qu'il fît faire des patrouilles partout où ces dévastations étaient signalées, j'ai raison de dire que ce n'est pas sur ce terrain que la question se pose et que là vraiment n'est pas le débat.

Il faut, passant à un autre ordre d'idées, qu'on me permette de considérer, quelle que soit l'opinion de M. de Beauregard, comme plus grave la grève qui continue à Montceau, et de préciser dans quelle mesure l'intervention du Gouvernement peut se produire pour sauvegarder tous les intérêts. J'ai dit à la Chambre, et elle a semblé m'approuver, les dispositions qui ont été prises, mais il importe qu'un conflit industriel, qu'un conflit économique de cette importance puisse se dénouer en pleine clarté. C'est pour y travailler dans la mesure de mes moyens que je demande à la Chambre la permission d'ajouter quelques courtes observations.

Nous n'interviendrons pas pour imposer à l'une ou à l'autre partie une solution. (*Très bien! très bien!*)

En face des patrons se trouvent les mineurs. J'ai entendu demander, je ne sais par quel orateur, si dans mon opinion la grève est oui ou non légitime. On ne me fera jamais entrer dans cet ordre d'idées (*très bien! très bien!*) car, la grève ne fût-elle pas légitime, en ce sens que plusieurs d'entre vous n'en admettraient pas seulement les causes comme suffisantes, la grève serait encore le droit des ouvriers. (*Très bien! très bien!*)

Je n'ai pas davantage le droit de juger ce que la direction de la mine croira devoir faire. Le devoir du Gouvernement s'arrête là où s'arrête son droit (*très bien! très bien!*) et il ne peut imposer ni à l'une ni à l'autre des parties une solution qui ne peut dériver que d'un accord à intervenir librement entre elles. (*Très bien! très bien!*).

Aussi, lorsque j'ai eu l'honneur de recevoir les délégués de la fédération des mineurs[1], et lorsqu'ils m'ont apporté certaines revendications ou certaines solutions, je leur ai dit avec la même franchise dont je vais user qu'il y avait tout d'abord une solution que nous ne pouvions pas accepter ; que je ne me résignerais pas à dire aux administrateurs de la compagnie que, si elle ne cédait pas, si elle prétendait discuter les conditions qui lui sont offertes, le Gouvernement lui laisserait moins de garanties.

Je n'ai pas accepté de tenir un langage qui, en vérité, n'eût point été digne du Gouvernement, et je suis assuré que ceux qui s'étaient arrêtés à une cer-

---

1. Le Congrès des mineurs, tenu à Saint-Étienne le 24 février (1901), avait examiné l'opportunité pour tous les travailleurs des mines de se solidariser avec leurs camarades de Montceau. Le 2 mars, des délégués du Congrès furent reçus par M. Waldeck-Rousseau à l'effet de lui exposer les revendications de la fédération.

taine formule que je ne veux pas rappeler davantage n'en avaient point mesuré les termes ; car, de deux choses l'une, ou bien il n'y a aucune probabilité que les forces publiques venant à disparaître il se produise le moindre désordre, — et que vaudrait alors une telle mesure ? — ou bien il y aurait dans cette mesure une menace et une intimidation, et le Gouvernement ne se résoudra pas à en user. (*Très bien! très bien!*)

Il est un second point sur lequel je me suis prononcé avec la même netteté. J'ai déclaré que nous n'avions pas le droit d'imposer non plus seulement à une exploitation, mais à l'ensemble des exploitations, un minimum de salaires déterminé seulement par les syndicats ouvriers.

Autant, moi qui suis partisan et resterai partisan malgré tout de l'organisation syndicale, autant il me semblerait bon et nécessaire que ces questions de salaires par région, par bassin, — car vous savez que l'exploitation et les conditions économiques varient suivant les bassins et les régions quand il s'agit de mines, — autant je considère qu'il serait bon et nécessaire que ces conditions fussent étudiées, débattues et réglées entre les représentants des syndicats ouvriers et des syndicats patronaux, autant dans le système économique actuel il est impossible d'admettre que les conditions du travail et le minimum des salaires soient fixés par une seule des parties (*Très bien! très bien!*).

Au contraire, il est deux points sur lesquels j'ai déclaré que le Gouvernement considérait que des réformes devaient être étudiées avec le sincère désir de les faire aboutir. La première des questions dont je parle concerne la durée du travail dans les mines. Je n'ai pas été bien hardi en montrant que le ministère actuel, à l'exemple de la Chambre des communes, se disposait à rechercher si le travail dans les mines ne peut pas en effet être réduit à huit heures dans les conditions que les mineurs appellent du jour au jour (*applaudissements à gauche et à l'extrême gauche*), c'est-à-dire y compris la montée et la descente.

J'ai fait observer et je répète à la tribune, vous comprenez tous pourquoi, que, d'ailleurs, la solution de cette question ne pourrait être recherchée indépendamment d'une étude des moyens d'organisation et du système de travail dans les mines, parce que, en effet, il n'y a pas ici qu'un problème, quand on parle de mines et de houilles et si nous devons, par des efforts résolus et persévérants, améliorer les conditions du travail, il y a une précaution à prendre au point de vue de la production. Si on ne prenait pas de précautions au point de vue de la production on arriverait, — en même temps qu'à coup sûr on conférerait un avantage à la population ouvrière, — à faire retomber sur la masse des petits consommateurs et même sur les indigents les conséquences d'une crise qui tiendrait à un défaut de production. (*Très bien! très bien!*)

Ce sont là, messieurs, des questions que le Gouvernement vous demandera de résoudre et j'apporte cette déclaration — qu'on me permette de le dire — avec l'autorité d'un chef de gouvernement qui n'a jamais promis à cette Chambre d'étudier une réforme sans tenir son engagement. (*Applaudissements à gauche.*)

Il en est de même au point de vue des retraites des ouvriers mineurs. La question a été soulevée de savoir si l'on pouvait en améliorer la condition, soit au point de vue du temps de services, soit au point de vue des résultats à obtenir. Je n'ai pas eu de résistances à vaincre, au moins dans mon for intérieur, quand il s'est agi de rechercher si la loi de 1894 qui organise les retraites pour les ouvriers mineurs ne pouvait pas aujourd'hui être complétée.

J'ai eu l'honneur d'être le premier signataire d'une proposition de loi portant création de retraites au profit des ouvriers mineurs, en même temps que d'une proposition tendant à créer des délégués mineurs et il n'est pas douteux qu'un premier pas ayant été fait dans cette voie, notre devoir est de faire mieux encore. Il y a donc là deux réformes d'une haute importance, dont il ne faut pas différer de se préoccuper et que le Gouvernement vous demandera d'aborder. (*Très bien ! Très bien !*)

Voilà, au point de vue spécial de Montceau et des questions qui ont été soulevées à l'occasion de cette grève, ce que j'avais à dire. J'arrive alors à une accusation générale qui a été formulée avec une particulière insistance par l'honorable M. Drake.

M. Drake est revenu sur la statistique des grèves. Il a indiqué qu'en 1899 et en 1900 elles avaient atteint dans l'échelle des statistiques un niveau jusqu'alors inconnu. Ce n'est pas là une question nouvelle pour la Chambre, et, sans parler des documents si intéressants que l'honorable M. Millerand a mis sous ses yeux, j'ai eu l'honneur déjà de la discuter — c'était avec M. Thierry, je crois — à propos du débat engagé sur l'autre grève du port de Marseille, et de montrer quelle est l'injustice ou l'habileté des comparaisons qui opposent le tableau des grèves de 1899 et 1900 au tableau des grèves de 1891 et de 1892. J'ai eu l'occasion de dire que le fait de la grève procédant nécessairement de ce que la main d'œuvre se sent plus nécessaire et de ce qu'elle a par là même le droit de se faire payer à un prix d'autant plus rémunérateur qu'elle est plus nécessaire, il en résultait fatalement que, toutes les fois que l'industrie prendra un essor particulier, qu'elle fera des affaires plus considérables, la main-d'œuvre se montrera plus exigeante. (*Applaudissements à gauche et à l'extrême gauche.*) Je disais alors que ce qu'il fallait comparer ce n'étaient pas des années en dehors des périodes d'Exposition, mais que pour arriver à une appréciation juste il s'agissait de comparer une année d'Exposition à une autre année d'Exposition.

Mais, ceci ayant déjà été dit, c'est à un reproche plus grave que je veux répondre.

L'honorable M. Drake a une conception de notre politique qui lui est propre; il nous voit aux prises avec de grandes difficultés, et il ne se trompe pas; mais nous avons trouvé un moyen de résoudre ces difficultés, et ce moyen, c'est de faire surgir sur tous les points du territoire les grèves qui ont éclaté depuis deux ans, et par là notre politique se distingue vraiment d'une politique banale. (*Rires et vifs applaudissements à gauche et à l'extrême gauche.*)

Si le reproche s'était borné à établir une sorte de coïncidence fortuite entre la présence du cabinet actuel aux affaires et les grèves qui se sont développées, je n'ajouterais pas un mot; mais ce que je n'admets pas, et ce qui, si l'honorable M. Drake n'avait parlé de ces choses avec une placidité qui semble les trouver naturelles, serait une accusation absolument odieuse, en tous cas imméritée, c'est de soutenir que le Gouvernement cherche à fomenter les grèves. (*Applaudissements à gauche.*)

M. Ribot. — Oh non!

M. le Président du Conseil. — On l'a dit!

M. de Gailhard-Bancel. — Elles sont encouragées par le programme de Saint-Mandé.

M. Jacques Drake. — Je me permets de vous faire observer que j'ai peut-être employé le mot « fomenter » mais je l'ai retiré tout aussitôt parce qu'il dépassait ma pensée.

M. le Président du Conseil. — Par quel mot l'avez-vous remplacé?

M. Jacques Drake. — En indiquant quelle a été votre politique.

M. le Président du Conseil. — C'est cela! Vous avez retiré le mot « fomenté », mais vous avez dit que, par notre politique, nous encouragions les grèves. (*Vifs applaudissements à gauche et à l'extrême gauche.*)

Messieurs, j'avais le droit, je pense, et M. Drake vient de le reconnaître lui-même, de témoigner de quelque indignation à entendre un reproche qui n'est pas seulement blessant parce qu'il nous prête un calcul à la fois déraisonnable et mauvais, mais qui ne tend à rien qu'à reprocher à un Gouvernement, à des hommes qui aiment leur pays et lui ont fait quelques sacrifices, de préférer leur ambition à la tranquillité du pays et de ne point hésiter à la faire vivre aux dépens de tous ceux qui travaillent, les petits comme les grands, et de ne point reculer dans un intérêt méprisable devant les ruines et les détresses qui sont, hélas! le funeste cortège de toutes les grèves. Eh bien! notre politique ne mange pas de ce pain-là! (*Vifs applaudissements à l'extrême gauche et à gauche.*)

M. Aymé, baron de la Chevrelière. — C'est tout le programme de Saint-Mandé, voyons!

M. Camille Fouquet. — Ce n'est pas celui de M. Waldeck-Rousseau première manière!

M. le Président du Conseil. — L'honorable M. Drake s'est ensuite efforcé d'établir entre l'indifférence du Gouvernement, sa prétendue inaction, l'absence des mesures qui lui sont immédiatement suggérées par une rare prévoyance et le phénomène des grèves, une relation de cause à effet.

Eh bien! l'honorable M. Drake me permettra de lui répondre — et mon observation ne s'adresse pas à lui personnellement, elle s'adresse à tous ceux qui critiquent la conduite du Gouvernement : Quels sont les devoirs de l'opposition?

Le devoir d'une opposition qui veut avoir un lendemain... (*Vifs applaudissements à gauche et à l'extrême gauche*), ce n'est pas seulement de formuler des blâmes, de nouer des alliances ou des coalitions, c'est d'indiquer les solutions qu'elle sera prête à faire prévaloir quand elle sera le gouvernement. (*Interruptions à droite.*)

M. DENYS COCHIN. — Ne parlez pas de coalitions!

M. LE PRÉSIDENT DU CONSEIL. — J'attendais que M. Drake me fît connaître quelle serait la parole magique qui, advenant ce lendemain, apaiserait les conflits, quelles sont les solutions qu'il a méditées et quels moyens il a trouvés, en un mot, de faire régner dans un pays où tant d'intérêts s'agitent une heureuse harmonie.

M. DE GAILHARD-BANCEL. — Ce serait de faire disparaître le socialisme du ministère.

M. LE PRÉSIDENT DU CONSEIL. — Vous avez parlé de gens qui voyagent pour fomenter les grèves, et ceci ne touchait plus le cabinet, vous avez eu bien raison de le dire, car je ne suppose pas que parmi les commis voyageurs du ministère on puisse ranger l'honorable M. Maxence Roldes par exemple, ni M. Quillici.

M. WALTER. — Il n'y a pas de similitude entre les deux.

M. le Président du Conseil. — Si des provocations se sont produites et si nous avons usé vis-à-vis de M. Quillici d'un traitement qu'on a trouvé rigoureux, c'est parce que M. Quillici avait commis un délit. Mais prêcher la grève, préconiser le chômage, certes ! ce peut être la plus lourde des responsabilités morales... mais voulez-vous me dire quel est le texte qui prévoit et punit ces sortes de prétendus délits? Et allez-vous nous conduire, sous prétexte de remédier à la grève, à ressusciter je ne sais quel délit devant lequel a reculé le législateur de 1864, qui n'existe même pas dans la loi de 1881? Vous n'avez donc pas de solution légale. Avez-vous une solution économique?... ou une solution sociale? (*Applaudissements à gauche.*)

M. Le Hérissé. — Vous aviez à employer une solution de police contre les meneurs étrangers à Marseille! (*Bruit.*)

M. le Président du Conseil. — Que ferez-vous demain de plus que ce qui a été fait par nous-mêmes? Mais si vous n'avez aucune des solutions dont je parle, ni économique, ni sociale, ni légale, vous avez, je le reconnais, et vous l'avez apportée à la tribune avec une grande franchise, une solution politique : Que le cabinet actuel disparaisse, les grèves disparaîtront !... (*Applaudissements vifs et prolongés à gauche.*)

M. Massabuau. — Elles disparaîtront parce que les grévistes ne seront pas protégés. (*Interruptions à gauche.*)

M. le Président du Conseil. — Eh bien! messieurs, ceux de mes amis du moins qui me connaissent bien ne seront pas autrement surpris de m'entendre dire que si, en quittant le pouvoir, il m'était donné de rendre ce pays plus prospère, le travail plus sûr, la main-d'œuvre de l'ouvrier plus rémunératrice, de ramener l'activité des uns et d'alléger la souffrance des autres, le sacrifice auquel on veut bien m'encourager me serait singulièrement léger. (*Vifs applaudissements sur divers bancs.*)

Mais je craindrais que la politique que nous avons défendue n'en souffrît quelque dommage, sans que l'état social s'en améliorât le moins du monde.

J'ai dit au nom du Gouvernement, avec une entière clarté, comment il avait compris son rôle, ce qu'il croyait pouvoir faire et ce qu'il ne pouvait pas concéder.

La Chambre nous jugera sur ces déclarations, et nul ne leur reprochera de manquer de franchise; mais elle me permettra de lui dire qu'à moins de chercher dans des systèmes que la constitution même du ministère lui interdit (*mouvements divers*) et qui ne trouveraient d'ailleurs pas de majorité dans cette Chambre, des solutions absolues et qui supposent une organisation sociale que ses partisans n'entrevoient eux-mêmes que comme un idéal lointain, nous ne reculons devant aucune des réformes qui méritent de solliciter tous les républicains.

Quand je parle de majorité possible, je suis peut-être injuste pour certains de nos collègues de cette Chambre, car ils peuvent me dire : « Mais voyez donc quels progrès nous avons accomplis; voyez les votes mémorables et inespérés que nous avons obtenus! Ne dites pas que nous sommes une minorité impuissante. » Mais s'ils veulent regarder au fond des choses ils apercevront la raison d'être de cette éphémère conquête.

A ce côté de la Chambre (*la droite*) comme à l'autre (*la gauche*) nous avons dit la vérité, ce que nous étions résolus à entreprendre et ce que nous voulions écarter. Nous avons convié les socialistes comme les autres républicains à une œuvre commune, à l'accomplissement des réformes qui nous unissent et non des réformes qui nous divisent. Que si ce programme paraît à la Chambre un programme trop étroit, qu'elle fasse appel à d'autres hommes politiques qui en imagineront un plus large ou un plus hardi.

Puisse seulement cette résolution ne pas aboutir aux déceptions d'une politique qui serait peut-être plus timide, mais qui, je l'affirme, ne serait pas plus républicaine ! (*Applaudissements vifs et répétés à gauche et à l'extrême gauche.*)

SYNDICATS

Les revendications des ouvriers mineurs.

La grève générale.

Fédération nationale des mineurs de France. *Lettre de M. Waldeck-Rousseau, 16 octobre 1901.* — On a lu, dans le discours précédent, avec quelle fermeté M. Waldeck-Rousseau avait manifesté son désir de faire aboutir, le plus tôt possible, les réformes concernant les ouvriers mineurs. Le 19 juin, le ministre des Travaux publics constitua une Commission extra-parlementaire spécialement chargée d'étudier la question de la durée du travail dans les mines. En même temps, le Gouvernement portait toute son attention sur un autre point de la réforme, la création des caisses de retraite. Mais, à la veille de la rentrée des Chambres, la Fédération nationale des mineurs de France crut devoir adresser une mise en demeure aux pouvoirs publics.

Le Comité fédéral des mineurs s'était réuni à Saint-Etienne. En conformité d'un vote rendu en un Congrès tenu à Lens le 13 avril, et par suite d'un referendum auquel, d'ailleurs, près de cent mille mineurs s'étaient abstenus de prendre part, la grève générale devait être décrétée à la date du 1er novembre si, à ce jour, les trois réformes suivantes n'avaient pas été opérées : journée de huit heures, minimum de salaire, retraite de 2 francs par jour après vingt-cinq ans de travail sans condition d'âge. M. Cotte, secrétaire général de la Fédération, fut chargé de porter ces revendications à la connaissance du président du Conseil. Il était entendu que, si le chef du Gouvernement ne donnait pas satisfaction immédiate, la cessation du travail aurait lieu le 1er novembre.

M. Waldeck-Rousseau répondit en rappelant ses déclarations antérieures. Il repoussait l'établissement d'un minimum de salaire au nom de la liberté du travail, se déclarait prêt, sur les autres points, à examiner les améliorations possibles, mais il déclarait, sans équivoque, qu'il ne pouvait promettre ce que nul ne saurait tenir. Enfin, relevant la menace de la Fédération de décréter la grève générale au 1er novembre, limite assignée aux pouvoirs publics pour s'exécuter, il écrivait que les réformes ne se décrètent ni à trente jours ni à échéance fixe.

Paris, le 16 octobre 1901.

Monsieur le secrétaire général,

Les déclarations apportées par le Gouvernement à la Chambre dans sa séance du 8 mars dernier ne peuvent laisser planer aucun doute sur ses intentions. J'ai dit en son nom :

1° *Quant à l'établissement d'un minimum de salaires*, qu'il n'appartenait pas au Gouvernement d'imposer ni à un ensemble d'exploitations ni à une seule exploitation un taux minimum de salaires; qu'il n'appartenait qu'aux parties de le fixer par un commun accord; qu'il était à souhaiter que cette question fût réglée entre les représentants des syndicats patronaux et ouvriers.

2° *Quant à la fixation à deux francs par jour, après vingt-cinq ans de travail, sans condition d'âge, de la retraite des ouvriers mineurs*, j'ai dit qu'ayant pris l'initiative de la loi du 29 mai 1894, j'étais prêt à examiner dans quelle mesure cette législation pourrait être complétée et améliorée.

3° *Quant au travail de huit heures, du jour au jour*, j'ai dit que le ministère se disposait à rechercher si le travail dans les mines pouvait être réduit à huit heures du jour au jour; que la solution de cette question ne pouvait être envisagée sans une étude parallèle du système de travail dans les mines, et qu'on devait éviter, en même temps que l'abaissement du chiffre de la production, une crise qui pèserait surtout sur les petits consommateurs et même sur les indigents.

Le Gouvernement n'a rien à retrancher et rien à ajouter à des déclarations qu'il a faites dans la plénitude de sa liberté et dont il poursuivra la réalisation sans qu'aucune circonstance puisse ou le décourager ou le porter à promettre ce que nul ne saurait tenir.

Dès le mois de mars, il demandait à ses services tous les renseignements de nature à l'éclairer; peu après, il constituait une Commission permettant aux représentants de tous les intérêts engagés de faire entendre leur voix. Il attend le résultat de cette enquête nécessaire pour prendre les décisions les plus propres à concilier l'amélioration des conditions du travail et le développement d'une industrie qui tient une des premières places dans la prospérité industrielle du pays.

Les réformes ne se décrètent ni à trente jours ni à échéance fixe. On ne les conquiert que par l'étude et une préparation consciencieuse et pacifique. Et puisque, après vous, je viens de faire allusion à l'éventualité d'une grève générale, laissez-moi vous dire que, s'il est à craindre que le pays n'en éprouve un dommage, on peut redouter aussi qu'elle ne serve mal les intérêts que vous vous proposez de défendre.

Veuillez agréer, etc...

Le Président du Conseil,
ministre de l'Intérieur et des Cultes,

WALDECK-ROUSSEAU.

CHAMBRE DES DÉPUTÉS. *Séance du 22 octobre 1901.* — Le jour même de la rentrée des Chambres, M. Basly se fit le porte-parole des revendications des mineurs. Il déposa sur le bureau de la Chambre une proposition de loi tendant à l'établissement d'un salaire minimum pour tous les ouvriers employés dans les mines et minières. Il demandait l'urgence de la discussion immédiate. M. Waldeck-Rousseau, en lui répondant, répéta les déclarations de sa lettre à la Fédération. Puis, il accepta l'urgence sur la proposition de M. Basly, ce qui signifiait que le Gouvernement n'entendait pas retarder l'examen des problèmes sociaux, mais, en même temps, il repoussa la discussion immédiate afin d'établir publiquement qu'il ne céderait à aucune menace. Après une brève discussion, où M. Viviani fit entendre des paroles agressives contre le ministère, la proposition de M. Basly fut, sur la demande du président du Conseil, renvoyée à la Commission du travail par 321 voix contre 254.

M. WALDECK-ROUSSEAU, *président du Conseil, ministre de l'Intérieur et des Cultes.* — Messieurs, la proposition de loi déposée par l'honorable M. Basly porte sur trois points.

M. Basly propose à la Chambre de résoudre les questions qui touchent en premier lieu à la détermination légale d'un minimum de salaires, en second lieu à la fixation d'une retraite pour les ouvriers mineurs qui ne pourrait pas être inférieure à 2 francs, en troisième lieu à la fixation à huit heures, calculées du jour au jour, du travail dans les mines ; il vous demande en outre de déclarer l'urgence et d'ordonner la discussion immédiate.

Sur les trois questions qui sont ainsi posées, le Gouvernement a eu, à deux reprises, l'occasion de faire connaître son sentiment.

Je l'ai fait à cette tribune même, à la date du 13 mars, c'est-à-dire au cours de l'interpellation qui m'était adressée à l'occasion des événements de Montceau et, dans une circonstance plus récente, j'ai eu l'occasion de dire que l'attitude du Gouvernement n'avait pas varié : c'est la même déclaration que j'apporte à cette tribune.

En ce qui concerne le minimum de salaire et sa détermination légale, le Gouvernement ne peut pas s'y associer ; ce serait là une résolution inconciliable avec le programme qu'il s'est assigné et avec le but qu'il poursuit. Nous avons, en effet, considéré qu'il était de notre devoir et de l'intérêt républicain de poursuivre une œuvre réformatrice en nous maintenant dans le domaine des solutions qui unissent la majorité républicaine... (*Interruptions.*)

M. PAULIN-MÉRY. — Et qui desservent les ouvriers!

M. RENÉ VIVIANI. — Je demande la parole.

M. LE PRÉSIDENT DU CONSEIL. — ...et, que cette appréciation paraisse bien ou mal fondée, je ne puis que la renouveler à la tribune.

En ce qui concerne la question des retraites, j'ai dit que le Gouvernement était disposé à examiner dans quelle mesure la loi de 1894 pouvait être complétée. Il n'a pas négligé de poursuivre l'étude à laquelle il s'était engagé. Je puis indiquer qu'un des objets auxquels il s'attache consiste à rechercher le moyen de hâter le fonctionnement de la loi de 1894.

Voici ce que j'entends dire. La loi de 1894, lorsqu'elle produira tous ses effets, lorsqu'elle fonctionnera complètement, assurera aux ouvriers mineurs des retraites qui ne sont pas sans importance...

M. Fernand de Ramel. — Elles seront extrêmement faibles.

M. Lucien Millevoye. — Je demande la parole.

M. le Président du Conseil. — ...mais naturellement ceux-là seuls pourront bénéficier du plein effet de la loi de 1894, qui auront commencé de faire les versements étant jeunes, et qui, par conséquent, auront accompli le nombre de versements nécessaires pour obtenir le maximum de la retraite. Nous recherchons s'il n'est pas possible de hâter ce fonctionnement, en nous inspirant d'une des dispositions qui ont trouvé place dans le projet plus général sur les retraites ouvrières.

En ce qui concerne enfin la journée de huit heures, le Gouvernement s'est également livré au plus attentif examen, et il poursuit cet examen dominé par la préoccupation qu'ici même j'ai fait connaître. Il considère qu'il est fort désirable d'améliorer les conditions du travail dans les mines, comme il considère qu'il est fort désirable de les améliorer dans tous les ateliers et dans toutes les usines.

M. Cunéo d'Ornano. — Même à la Chambre ! (*Rires à droite.*)

M. le Président du Conseil. — Mais il a dit dès le premier jour, — et c'est là une vérité dont l'évidence, à chaque moment, s'affirme davantage, — qu'il est impossible, sans méconnaître les intérêts généraux les plus importants, sans méconnaître même les intérêts des mineurs, de réaliser cette mesure sans avoir pris toutes les précautions pour que la production nationale ne puisse pas être atteinte.

Il considère, en effet, qu'à l'heure actuelle il y aurait non pas seulement un inconvénient, mais un véritable péril pour tous à ce que le déficit de notre production houillère vint à s'accuser et à s'augmenter. (*Très bien! très bien! sur divers bancs, au centre et à gauche. — Réclamations sur d'autres bancs à droite et à l'extrême gauche.*)

M. ALEXANDRE ZÉVAÈS. — Il n'y a qu'à nationaliser les mines.

M. LE PRÉSIDENT DU CONSEIL. — Presque tous les intérêts sociaux sont solidaires et nous ne croirions pas apporter au Parlement une réforme effective et viable si elle devait se traduire par une souffrance ou par un surcroit de dépenses pour les catégories sociales les plus humbles et, par conséquent, les plus dignes d'intérêt. (*Applaudissements sur un grand nombre de bancs.*)

Un dernier mot.

Je tiens à dire à la Chambre, pour qu'il n'y ait pas d'équivoque sur les intentions du Gouvernement, qu'il entend réaliser ses engagements tels qu'il les a pris et sans se laisser impressionner en aucun sens par des mises en demeure. Il y aurait peu de dignité de la part d'un Gouvernement à céder à je ne sais quel mouvement d'irritation... (*Vifs applaudissements au centre et à droite. — Interruptions à l'extrême gauche.*)

M. LASIES. — Eh bien! vous restez conservateur!

M. DELPECH-CANTALOUP. — C'est du Waldeck ancienne manière!

M. ALEXANDRE ZÉVAÈS. — La voilà maintenant

(*l'orateur désigne la droite*) la majorité de défense républicaine !

M. LE PRÉSIDENT DU CONSEIL. — Messieurs, les honorables interpellateurs ne m'ont certainement pas compris.

Je disais et je répète qu'il ne serait point de la dignité d'un Gouvernement de mettre moins de bonne volonté dans l'accomplissement de sa tâche, parce qu'il a été l'objet de certaines mises en demeure, et ce serait manquer à son devoir que de considérer que certaines menaces l'autorisent à se décourager.

Je pense que cette déclaration n'est pour froisser personne ; j'ajoute d'ailleurs que les mêmes mises en demeure auxquelles je fais allusion n'auront pas non plus pour effet d'arracher au Gouvernement des promesses imprudentes, de l'entraîner à promettre plus qu'il n'est certain de pouvoir tenir (*applaudissements sur un grand nombre de bancs*), et c'est sous le bénéfice de ces très simples et très courtes déclarations — l'opinion du Gouvernement étant ainsi non pas seulement réservée, mais affirmée — que nous ne nous opposons pas à la déclaration d'urgence ; nous ne considérons pas qu'il soit nécessaire de soumettre la proposition de M. Basly au préliminaire de la prise en considération, mais, au contraire, le Gouvernement s'oppose — et de la façon la plus catégorique — à une discussion immédiate pour laquelle, assurément, personne aujourd'hui n'est prêt. (*Applaudissements sur un grand nombre de bancs au centre et à droite. — Interruptions à l'extrême gauche.*)

Fédération nationale des mineurs. — *Seconde lettre de M. Waldeck-Rousseau*, 25 *octobre* 1901. — La Fédération, après réception de la lettre du président du Conseil, avait chargé son secrétaire général de demander des explications complémentaires à M. Waldeck-Rousseau. Le ministre répondit que, la Commission du travail étant saisie de la question, c'était devant elle, désormais, que le Gouvernement s'expliquerait.

Paris, le 25 octobre 1901.

Monsieur le secrétaire général,

Dans sa séance du 22 octobre, la Chambre a renvoyé la proposition de M. Basly à la commission du travail. En acceptant la déclaration d'urgence, le Gouvernement a clairement manifesté l'intention de poursuivre sans retard la solution des questions qui lui étaient soumises. Elles ne touchent pas seulement à des intérêts professionnels dignes de la plus grande sollicitude, mais encore, tout le monde le reconnaît, aux intérêts généraux du pays. C'est donc à la commission de la Chambre, dont le mandat s'étend aux uns et aux autres, qu'il doit faire connaître, en même temps que les éléments complets des problèmes posés, les moyens par lesquels on doit s'efforcer de les résoudre.

La commission du travail a exprimé le désir d'entendre le Gouvernement. Il se rendra à son premier appel. Elle a demandé la communication de tous les renseignements déjà rassemblés relativement à la durée du travail dans les mines : il va les lui transmettre et ne négligera rien de ce qui peut faciliter l'accomplissement de sa tâche.

Quant au projet qu'il achève d'élaborer et qui tend à améliorer la loi de 1894 sur les retraites des ouvriers mineurs, la commission de prévoyance sociale en recevra communication à bref délai.

Agréez, etc.

WALDECK-ROUSSEAU.

Peu de jours après l'envoi de cette lettre, le Gouvernement déposa sur le bureau de la Chambre le projet dont parlait M. Waldeck-Rousseau sur la retraite des mineurs. Quant à la durée du travail, la Chambre, après avis favorable du Gouvernement, vota, le 5 février 1902, une proposition de loi réduisant la journée des ouvriers mineurs à neuf heures, durée qui, au bout de deux ans, sera réduite à huit heures et demie, et, après une nouvelle période de deux ans, à huit heures.

Les grévistes de Montceau-les-Mines et les syndicats « jaunes ».

CHAMBRE DES DÉPUTÉS. *Séance du 21 novembre 1901.* — Les grèves de Montceau-les-Mines avaient provoqué des divisions entre ouvriers. Concurremment au syndicat qui soutenait les grévistes s'établit un nouveau syndicat auquel adhérèrent les ouvriers réfractaires à la grève, et qui fut appelé le « syndicat jaune ». Des rixes éclatèrent entre syndiqués. M. Bouveri, député de Saône-et-Loire, exposa cette situation devant la Chambre. Il demandait au président du Conseil de faire rétablir l'ordre dans les rues de Montceau, et il réclamait la dissolution du « syndicat jaune ». M. Waldeck-Rousseau répondit que la protection du Gouvernement était due à tous les travailleurs, et qu'il ne lui était pas permis de distinguer entre syndicats régulièrement constitués.

M. WALDECK-ROUSSEAU, *président du Conseil, ministre de l'Intérieur et des Cultes.* — Messieurs, lorsqu'il y a quelques jours l'honorable M. Bouveri m'a fait connaître son intention de me poser une question sur les événements qui venaient de se produire à Montceau, ces faits avaient déjà attiré mon attention, et j'ai pu me mettre immédiatement à sa disposition pour lui répondre.

Je resterai, bien entendu, dans les termes de la question qu'il avait manifesté le désir de m'adresser. Il voulait, en effet, savoir quelles mesures étaient prises par le Gouvernement pour assurer à Montceau la protection des citoyens, et je pense que derrière cette question il y avait cette autre : comment se fait-il que des événements aussi déplorables, que des actes aussi graves aient pu s'accomplir sans qu'immédiatement la force publique soit intervenue ?

Voici très exactement les faits qui se sont produits dans la nuit du 21 novembre :

Cinq jeunes gens — le plus jeune a seize ans, le plus âgé dix-huit — tous manœuvres à la mine, et appartenant au syndicat n° 2, à celui qu'on appelle à Montceau le « syndicat jaune », après avoir passé toute la journée dans les cabarets de Saint-Vallier, petite agglomération située près de Montceau, à une assez grande distance de leur domicile fixé au quartier des Alouettes, se répandaient entre dix et onze heures dans le quartier de la Sainte ; ils étaient pris de boisson ; ils ont invoqué cette circonstance comme une excuse, elle n'en constitue pas une.

L'instruction qui a été immédiatement ouverte a établi que, surexcités par l'alcool, ils auraient délibéré et résolu d'attaquer tous les ouvriers mineurs isolés, qu'ils viendraient à rencontrer. (*Mouvements divers.*)

Je dois dire que dans cette délibération deux de ces jeunes gens, les sieurs Fougerat et Ray, firent entendre des conseils de modération ; ils refusèrent d'escorter les trois autres et se tinrent derrière eux à une certaine distance. Il n'a point été relevé à leur charge d'actes de violence.

C'est ainsi que dans un espace de temps qui, d'après les dépositions des victimes elles-mêmes, n'a pas dépassé vingt ou ving-cinq minutes, sur un parcours d'une centaine de mètres, ils ont assailli et frappé de la façon la plus grave et la plus violente un certain nombre de personnes.

Les plaignants se sont trouvés au nombre de huit. Les uns avaient reçu des coups de couteau, les autres des coups de poing américain ; l'une des victimes a été en très grand danger, et ce n'est que depuis quarante-huit heures que son état s'est amélioré, et qu'on a pu espérer que ses blessures ne seraient pas mortelles.

Un groupe de mineurs ayant rencontré cette bande et ayant voulu l'arrêter, l'un de ceux qui la composaient — je ne me rappelle plus lequel — tira un revolver, fit feu, et il aurait blessé un des mineurs qui se trouvaient devant lui si celui-ci n'avait été porteur, sous ses vêtements, d'une petite scie à main sur laquelle la balle vint s'aplatir.

Après ces excès et ces attentats, ils firent encore beaucoup de bruit et de scandale, et j'indique à la Chambre que c'est précisément le bruit qu'ils ont fait et le scandale auquel ils ont donné lieu qui ont permis de retrouver leur trace, de les suivre pas à pas, et de procéder à leur arrestation dès le lendemain matin 22.

Il résulte de l'instruction qui a été immédiatement ouverte, qu'ainsi que je le disais tout à l'heure c'est de propos délibéré, bien qu'en état d'ivresse, que trois de ces jeunes gens ont accompli les actes dont ils auront à répondre devant la justice. Il en résulte encore qu'ils ont effectivement laissé passer les groupes de mineurs, et qu'ils ne se sont attaqués, ce qui était une lâcheté ajoutée à un attentat, qu'aux personnes isolées. (*Très bien! très bien!*) Il en résulte enfin que quelques instants avant que ces actes si graves s'accomplissent, sur le parcours même qu'ils ont suivi, une des patrouilles organisées à Montceau venait de passer, et il paraît infiniment probable qu'ayant entendu venir la patrouille ils se sont dérobés derrière une encoignure de maison ou jetés dans une rue latérale et qu'ils ont attendu que la force publique eût passé pour accomplir les actes que je viens de rappeler.

Immédiatement, et avant même que l'honorable M. Bouveri m'eût annoncé son intention de me questionner, j'avais demandé au préfet de vouloir bien répondre aux questions suivantes : Quelles sont les mesures que vous avez prises à Montceau pour empêcher que des actes de cette nature se produisent ? Quelles sont les mesures que vous jugez nécessaires de prendre dans l'avenir pour en empêcher le retour?

Le rapport dont je vais lire quelques lignes à la Chambre contient la réponse à ces deux questions :

« Depuis que la situation de Montceau m'a décidé à demander l'augmentation des forces de gendarmerie, c'est-à-dire depuis six semaines au moins, chacun des dix cantonnements fait deux patrouilles par nuit. Chaque patrouille comprend dix hommes au moins et circule pendant une heure ou une heure et demie. Les patrouilles coïncident avec les heures de sortie ou de rentrée des ouvriers. Les dix premières patrouilles sortent vers dix heures du soir, c'est-à-dire au moment où les mineurs du poste de l'après-midi quittent la mine pour rentrer chez eux. Les dix autres patrouilles circulent entre trois et quatre heures du matin, à l'heure où les mineurs du poste du matin se rendent à leurs chantiers. Par conséquent, les premières patrouilles étaient en train de circuler lorsque les agressions se sont produites. Mais il ne faut pas perdre de vue que le territoire à garder est très étendu, qu'il comprend plusieurs communes et que les mineurs suivent de nombreux chemins pour se rendre chez eux.

« De plus, les patrouilles de gendarmerie ne peuvent naturellement pas se faire sans produire un certain bruit, et il est toujours possible aux individus qui veulent faire un mauvais coup de profiter du moment où la patrouille vient de passer. C'est très probablement ce qui est arrivé dans la soirée de jeudi. »

Je crois donc que les mesures qui avaient été prises étaient sages et qu'elles étaient de nature à répondre aux préoccupations de M. Bouveri.

Mais enfin, et en raison de ce que ces faits avaient d'intolérable, j'avais demandé au préfet de voir s'il n'était pas possible de faire un peu plus. La seconde partie du rapport répond à cette question :

« J'ai donné à M. le commandant de gendarmerie des instructions nouvelles et depuis dimanche des patrouilles de jour ont lieu et les patrouilles de nuit circulent désormais à trois reprises différentes au lieu de deux. Deux de ces patrouilles ont lieu aux anciennes heures, qui sont celles de la circulation des ouvriers. La troisième patrouille se fait à des heures variant tous les jours, de manière que personne ne soit prévenu à l'avance de l'heure de son passage.

« De plus, au lieu de suivre chaque fois le même itinéraire et de passer invariablement à la même heure dans les mêmes chemins, les patrouilles changeront désormais d'itinéraire tous les jours tout en opérant dans le même rayon. » (*Très bien! très bien!*)

M. Bouveri demandait tout à l'heure au Gouvernement : « Entendez-vous nous protéger à Montceau? » Je crois, messieurs, que la lecture que je viens de faire contient la réponse, et j'accueille très volontiers cette déclaration de l'honorable M. Bouveri, qui veut que la protection à Montceau soit la même pour tous. (*Très bien! très bien!*).

Je déclare qu'aux yeux du Gouvernement, du préfet et de la force publique, il ne doit pas y avoir à Montceau deux syndicats. Il n'y a pas un syndicat n° 1 et un syndicat n° 2, un syndicat jaune et un syndicat rouge. Il y a des syndicats régulièrement formés, d'une part (*très bien! très bien!*); il y a surtout, de l'autre, des ouvriers, des citoyens, des travailleurs entre lesquels il n'est permis à personne de distinguer. (*Applaudissements.*)

Je vais, d'ailleurs, donner à l'honorable M. Bouveri, et immédiatement, une preuve de l'esprit d'impartialité qui constitue notre devoir, je ne dirai pas particulièrement à Montceau — c'est notre devoir partout — mais c'est un devoir qui doit être rempli plus étroitement encore à Montceau qu'ailleurs.

Il s'est produit autrefois des faits du même genre, mais les coups n'étaient pas partis du même côté. La mine usant de son droit — et ce droit n'est pas contestable — avait congédié certains mineurs qui avaient provoqué des rixes et porté des coups à leurs camarades.

Lorsque les faits dont je viens de parler ont été établis par l'instruction, le préfet de Saône-et-Loire a rappelé à la compagnie les précédents et lui a dit qu'il lui serait difficile d'admettre que des ouvriers, qu'ils appartiennent à un syndicat ou à un autre, qui s'étaient portés vis-à-vis de leurs camarades à de pareilles violences, restassent au service de la compagnie, et immédiatement satisfaction a été donnée à sa demande : l'un d'eux avait déjà retiré son livret et quitté la mine, les autres ont été congédiés. Je crois donc qu'en cette circonstance, le Gouvernement a rempli son devoir. (*Très bien! très bien! sur un grand nombre de bancs.*)

M. FRANÇOIS FOURNIER. — C'était le vrai moyen de les exciter.

M. LE PRÉSIDENT DU CONSEIL. — M. Bouveri a dit que, comme maire de la commune de Montceau, il n'avait donné que des conseils de sagesse, qu'il s'était appliqué à maintenir l'ordre, à contenir l'excitation des esprits. Je sais par expérience que ce langage n'est que l'attestation de la stricte vérité. Il ne me coûte pas le moins du monde, bien loin de là, de rendre hommage à l'esprit de sagesse qu'il a déployé à Montceau et à ses efforts qui ont été couronnés de succès pour maintenir la tranquillité publique. Mais il voudra bien reconnaître — que dis-je ? — il a déjà reconnu à cette tribune même que l'autorité morale du maire n'est pas suffisante dans toutes les circonstances. Il a fait appel au Gouvernement pour que son autorité s'employât aussi à maintenir l'ordre au profit de tous. J'ai montré à la Chambre que je n'avais pas attendu son invitation pour faire mon devoir. (*Très bien! très bien!*)

Lorsque, il y a quelques jours, il est venu me trouver à mon banc, il m'a indiqué qu'il avait à se plaindre de certains autres faits, de l'attitude d'un lieutenant de gendarmerie ou d'un fonctionnaire. Je l'avais prié de préciser par écrit les griefs qu'il pouvait faire valoir ; il n'y a sans doute pas songé, — je ne lui en fais pas un reproche, — en tous cas, il ne m'a saisi d'aucune plainte formelle.

M. Bouveri. — Pardon ! vous aviez quitté la salle des séances.

M. le Président du Conseil. — Vous êtes venu me trouver à mon banc ; vous m'avez parlé de ces faits pendant que je suivais une discussion qui, à certains moments, a absorbé une grande partie de mon attention. Lorsqu'on veut poser une question au Gouvernement, il faut indiquer avec précision, par écrit, autant que possible, les faits dont on a à se plaindre ; c'est le seul moyen de lui permettre de se livrer à des investigations minutieuses et suffisantes.

Quoi qu'il en soit, si ma réponse aujourd'hui est incomplète, je donne l'assurance à l'honorable M. Bouveri qu'il n'aura pas besoin de porter de nouveau à la tribune ces faits sur lesquels je manque de renseignements ; ils seront bientôt éclaircis, et je lui ferai alors connaître les résultats de mon enquête et la conclusion qui s'en dégagera. (*Applaudissements.*)

De l'intervention du Gouvernement entre patrons et ouvriers.

Les cochers de Paris.

Chambre des députés. *Séance du 28 mai 1900.* — Au moment où allait s'ouvrir l'Exposition, les cochers de Paris, afin de prévenir une grève, résolurent de solliciter l'intervention du Gouvernement auprès des loueurs de voiture, pour obtenir de ceux-ci un maximum du prix journalier, dit *moyenne*. C'est ainsi qu'ils envoyèrent des délégués auprès de M. Waldeck-Rousseau, qui écouta leurs doléances avec attention. M. Marcel Sembat saisit la Chambre de la question. Il demandait que le Gouvernement usât de tout son pouvoir auprès des loueurs pour leur imposer l'acceptation des propositions des cochers. M. Waldeck-Rousseau répondit que le Gouvernement, en ce qui le concernait, avait pris plusieurs mesures favorables aux cochers, mais qu'il n'avait pas le pouvoir d'imposer un contrat à des particuliers ni de le modifier. C'est la doctrine de la liberté du travail, dont M. Waldeck-Rousseau n'a jamais cessé de se réclamer.

M. WALDECK-ROUSSEAU, *président du Conseil, ministre de l'Intérieur et des Cultes*. — Messieurs, j'ai eu, en effet, la visite des représentants des deux chambres syndicales des cochers de Paris; ils m'ont soumis des réclamations d'ordres très différents. Ils se sont plaints d'abord de ce que les frais d'assignation, en cas de contravention et les frais de notification du jugement, élevaient d'une façon considérable la peine qui leur était appliquée.

Immédiatement cette question a été mise à l'étude et il a été décidé par une circulaire, d'abord que les cochers, en cas de contravention, seraient touchés par un simple avertissement, puis qu'en cas de condamnation et d'exécution volontaire il n'y aurait pas de notification de jugement.

Pour l'exécution de ces mesures...

M. JULIEN GOUJON... dont on devrait bien faire le droit commun.

M. LE PRÉSIDENT DU CONSEIL... des difficultés d'ordre financier s'étant produites, le Gouvernement s'occupe de les résoudre.

Les cochers, par l'organe de leurs représentants, ont encore demandé à faire partie des conseils de prud'hommes. Sur ce point encore, il appartenait à l'administration d'examiner leur demande, et, après examen, nous avons décidé qu'elle devait être accueillie.

Mais il y a un troisième point, c'est celui qui a été touché par M. Sembat, sur lequel nous ne jouissons pas, la Chambre le comprend, de la même initiative et du même pouvoir.

Les cochers se plaignaient de l'élévation de la moyenne. Voici ce qu'est la moyenne. Les compagnies confient une voiture et un cheval ou deux chevaux à un cocher, et le lendemain du jour où ils se sont servis de cette voiture et de ces chevaux, la compagnie détermine, par appréciation du résultat de la journée précédente, le prix à demander aux cochers. Ce prix varie suivant les appréciations de la compagnie, qui varient elles-mêmes suivant les circonstances. Sur ce point, j'ai déclaré aux représentants des deux chambres syndicales que le Gouvernement n'avait pas le pouvoir d'imposer un contrat à des particuliers ni de le modifier; il ne pouvait faire qu'une chose, essayer de faire prévaloir des vues de conciliation.

Le Gouvernement ou, pour mieux dire, l'administration et la police n'ont aucune autorité en matière de louage d'ouvrage et de louage de voiture, si ce n'est au point de vue du stationnement des voitures et des règles qui doivent présider à leur circulation; quant au prix moyennant lequel une compagnie prétend louer ses voitures aux cochers, c'est là un point sur lequel le Gouvernement ne peut pas intervenir. J'ajoute seulement qu'en cette circonstance, comme en toute autre, il a cru qu'il était de son devoir de faciliter le rapprochement entre les loueurs et les cochers, d'essayer de faire prévaloir une solution équitable, et c'est sous sa médiation que déjà une compagnie a décidé, dans les conditions qui ont été indiquées tout à l'heure, de donner à ce contrat, qui autrefois était renouvelé chaque jour, un caractère plus permanent durant l'Exposition : de ne demander aux cochers que 18 francs jusqu'au Grand Prix, et après le Grand Prix, et pour toute la durée de l'Exposition, de fixer un maximum qui ne dépassera pas 21 francs.

C'était la limite que les cochers de l'Urbaine avaient eux-mêmes trouvée juste et, par conséquent, en ce qui concerne le personnel de cette compagnie, il n'y a pas de conflit à redouter.

Quant autres compagnies, le Gouvernement ne peut faire qu'une chose : continuer son rôle de médiateur et exprimer d'ailleurs, très publiquement, le vœu que ces compagnies, animées du même esprit que l'Urbaine, donnent à ce conflit et à ce débat la même solution. (*Applaudissements.*)

Les groupements professionnels.

Ceci est la préface écrite par M. Waldeck-Rousseau pour l'ouvrage de M. J.-Paul Boncour, ancien secrétaire de la Conférence des Avocats, sur le *Fédéralisme économique*.

En parcourant la table des matières de cet important ouvrage, on pourra mesurer l'étendue de l'œuvre que M. Paul Boncour a entreprise. On constatera par sa lecture que l'auteur a parcouru le champ qu'il s'était assigné sans défaillance et même sans fatigue, soutenu par une connaissance approfondie du sujet, aidé par de patientes et complètes recherches.

Le Présent, le Passé, l'Avenir des Groupements professionnels, tel aurait pu être le titre du livre. Obligatoire sous l'ancien régime, interdite par la Révolution, licite et légale aujourd'hui, que sera demain l'association corporative ?

Le fonctionnement actuel des syndicats, l'autorité qu'ils acquièrent sur leurs membres d'abord, puis sur les tiers quant à la détermination des conditions du travail, ont conduit M. Paul Boncour à examiner jusque dans ses extrêmes conséquences la thèse des relations de l'individu avec la collectivité. Celle-ci, peu à peu, dicte ses lois; sa prépondérance dans la profession s'accroît avec le nombre de ses adhérents ; elle exerce dans cette limite une « souveraineté économique »; elle tend ainsi à constituer dans chaque industrie et dans chaque métier une sorte de « gouvernement du travail », imposant « des règles obligatoires ». Ces conséquences lointaines du principe de l'association constituent ce que l'auteur appelle « les possibilités futures ». L'éventualité qu'il laisse entrevoir et dont, à juste titre, il ne s'effraye pas, causera quelque trouble chez ceux qui pour juger les conséquences de l'association ne font entrer en compte que ses tendances et laissent de côté toutes les forces différentes ou contraires et tout spécialement cet élément de tout problème humain : l'instinct de la conservation et du développement individuel. Ceux-là, au contraire, ne seront point émus, qui, instruits par l'histoire même du travail, se seront aisément convaincus que la condition essentielle de l'existence et du développement des collectivités, c'est de tourner au développement de l'individu et non pas de l'amoindrir.

Le sort de toutes les institutions publiques ou privées échappe aux règles absolues, aux prévisions d'une logique qui fait abstraction du jeu des intérêts et de la réaction du fait sur les calculs en apparence les mieux fondés; il dépend du concours que l'œuvre apporte à l'intérêt public. L'expérience impose à toutes les conceptions son contrôle décisif, les transforme, les anéantit ou les vivifie, suivant qu'elles répondent ou non à des lois aussi fatales et aussi inéluctables que les lois physiques elles-mêmes. Aussi quand il s'agit de créer, convient-il surtout de rechercher si l'entreprise est conforme aux principes de justice, et dans ce cas on ne doit pas redouter qu'elle tourne au détriment du bon ordre dans la société. Conclure autrement, ce serait conclure contre la société elle-même.

Nous pensons, et par là — non par un moindre désir d'amélioration et de progrès — nous nous séparons de la doctrine socialiste, que la société n'est pas une œuvre de convention, mais la résultante des qualités et des défauts, des forces et des faiblesses de l'homme lui-même; les inégalités qu'elle présente, elle les lui emprunte, il est la cause, elle est l'effet, et c'est pourquoi le véritable progrès que la société comporte, c'est non point de la refondre au risque de la faire plus arbitraire, mais, en la faisant plus libre, de donner à l'activité individuelle plus d'essor.

C'est pour être plus fort, plus heureux et meilleur, que l'individu tend à l'association, et, s'il n'obtient pas d'elle ce qu'il en attend, il s'en détachera plus vite encore qu'il ne l'a recherchée.

On peut concevoir une méthode différente, un gouvernement qui se croira plus sage que les hommes eux-mêmes, c'est la conception tyrannique, et j'emploie ce mot dans son sens scientifique. Elle ne suppose d'ailleurs et n'admet aucune concession; appliquée au travail, elle a trouvé jadis sa formule et son expression dans la Corporation. Elle règle tout : le nombre des corporations, le nombre des artisans, celui des compagnons et des apprentis, la production, la fabrication et les modes de fabrication. Mais un tel édifice est tout d'une pièce, tout s'y tient, et si on y pratique une brèche, tout s'écroule. La tyrannie devient impuissante et n'est plus que désordonnée. Nous avons choisi la liberté, faisons-lui confiance. Ne lui assignons point d'autres limites que celles de l'ordre public, au delà desquelles il n'y a pas de liberté véritable.

L'avenir des associations, des groupements professionnels est dans leurs mains. Le relèvement du prix de journée demeurera-t-il leur seul but, la coalition leur unique moyen?... Le premier lien qui se soit formé entre les ouvriers est né de l'obligation pour eux de se concerter en vue de cesser le travail, jusqu'à ce que ses conditions eussent été modifiées. Cette passagère et précaire association étant la seule qui leur fût permise, il n'est pas surprenant que leur effort actuel se tourne vers le même objet; mais les franchises qu'ils ont obtenues seraient une médiocre conquête si là s'arrêtait leur action. La loi de 1884 a mis en leurs mains l'instrument d'une évolution sociale plus décisive : « l'accession pacifique du salariat à la propriété industrielle et commerciale ».

Ils apprendront bientôt à s'en servir. Ils compareront à l'énormité des sacrifices la médiocrité des résultats obtenus. Avant de devenir sage il faut avoir été longtemps libre. Le législateur a fait son devoir, le temps fera son œuvre.

COOPÉRATIVES

Les Sociétés coopératives ouvrières de production.

Le Parlement avait décidé, à l'occasion de l'Exposition, la construction d'une nouvelle salle des Fêtes au ministère de l'Intérieur, et M. Waldeck-Rousseau en avait confié les travaux exclusivement aux membres des Sociétés coopératives ouvrières de production. Le jour où cette salle fut achevée, le 23 juin 1900, le président du Conseil résolut de l'inaugurer en y conviant tous les ouvriers qui avaient pris part aux travaux. Maçons, menuisiers, charpentiers, sculpteurs, peintres, etc. se trouvaient donc réunis dans l'édifice, au nombre de 175 : tous étaient en costume de travail. Assisté de Mme Waldeck-Rousseau, le ministre avait à ses côtés les membres de son cabinet.

L'architecte, M. Dupré, présenta ses principaux collaborateurs, et M. Waldeck-Rousseau, après leur avoir serré la main, leur adressa la parole en ces termes :

Messieurs,

J'ai tenu à constater ici, dans cette construction que vous venez d'élever, le succès d'une idée qui m'a toujours été particulièrement chère. Il y a seize ans, dans une salle voisine de celle-ci, j'affirmais ma confiance raisonnée dans l'avenir des Sociétés coopératives de production. L'essor qu'elles ont pris montre que je n'étais pas téméraire.

Je disais aussi que l'Etat et les administrations publiques devraient être leurs premiers clients. Le Parlement ayant bien voulu m'accorder des crédits pour cette salle des fêtes, c'est à vous que je me suis adressé.

Ceux qui viendront ici à l'occasion de l'Exposition y trouveront la preuve que ma confiance a été bien placée. S'ils sont frappés de l'élégante simplicité du plan qui fait à M. Dupré le plus grand honneur, ils admireront aussi la perfection de l'ouvrage et le fini de son exécution. Il faut qu'ils admirent aussi qu'il ait pu être exécuté dans les délais prévus : ce sera là un fait assez rare pour mériter une place dans les annales du bâtiment.

Il faudra, M. Dupré, trouver un emplacement pour inscrire dans un cartouche, avec le nom de l'architecte, celui des Sociétés qui ont si bien exécuté son œuvre. Il me sera très agréable de laisser au ministère de l'Intérieur une bonne et juste réclame au profit des Associations ouvrières.

Je ne souhaite pas d'avoir beaucoup de bâtiments ministériels à construire. Cette mission très douce serait traversée par d'autres soucis moins attrayants. Mais je vous souhaite à tous beaucoup de travail, beaucoup de commandes, un long avenir de prospérité et je bois à tous les coopérateurs français.

Lorsque les applaudissements qui saluaient ces paroles eurent pris fin, M. Favaron, directeur des « Charpentiers de Paris », but à la santé de M. Waldeck-Rousseau en le remerciant d'avoir voulu tenter l'expérience de faire exécuter un travail d'ensemble par les Associations ouvrières. Il ajouta :

« Votre rôle et le nôtre, Monsieur le président, dans les questions sociales, pourraient se rapporter à cette devise d'un imprimeur parisien s'adressant à l'auteur d'un livre : « Tu penses, — j'œuvre » lui dit-il. Depuis plus de quinze années, non seulement vous étudiez les Associations ouvrières, mais encore vous les mettez à même de faire la démonstration de vos projets. Aussi sommes-nous pénétrés d'un vif sentiment de reconnaissance pour tous les services que vous avez rendus à la cause de la coopération de production. »

« J'ai toujours pensé, répondit M. Waldeck-Rousseau, que l'œuvre des gouvernements, comme celle des individus, était d'unir les hommes par l'association, au lieu de les affaiblir en les divisant. »

VII

LES CULTES

LA SÉPARATION DES ÉGLISES ET DE L'ÉTAT

Chambre des députés. *Séance du 7 décembre 1899.* — Une motion avait été déposée par M. Bernard invitant le Gouvernement à présenter un projet de loi sur la séparation de l'Eglise et de l'Etat. M. Waldeck-Rousseau répliqua que cette séparation ne pouvait être accomplie avant que le Parlement eût voté la loi sur les congrégations.

Ce n'était point là, bien entendu, la seule mesure préparatoire à prendre avant d'aborder un problème depuis si longtemps agité dans les milieux politiques. Il en est d'autres sur lesquelles M. Waldeck-Rousseau insista dans un important discours qu'il prononça à la Chambre, le 17 décembre 1901, sur la suppression du buget des Cultes[1]... « Considérant les enseignements du passé, disait-il, l'immensité de la tâche, le danger que pourrait déterminer un insuccès, j'oserai dire à ceux qui voudront

---

1. Ce discours, où la question est envisagée aux points de vue historique et politique, figure dans le volume intitulé : *la Défense répub'icaine*, page 242 et suivantes.

entreprendre cette œuvre si vaste : Etudiez, préparez cette loi sur la police des Cultes; n'entreprenez rien de semblable sans être certains d'être suivis, sans avoir la certitude de réussir, car en pareille matière, Messieurs, le moindre échec pourrait être pour la politique républicaine le signal d'un recul qu'il serait bien difficile de limiter. »

M. WALDECK-ROUSSEAU, *président du Conseil, ministre de l'Intérieur et des Cultes*. — Messieurs, en répondant à M. Charles Bernard, je défère au désir qui a été exprimé par un de nos collègues qui demandait l'avis du Gouvernement sur la motion dont la Chambre est saisie.

Cet avis est aisé à formuler, et M. Charles Bernard, il me semble, l'a laissé prévoir. Il a invoqué ici l'autorité d'un homme politique, l'honorable M. Goblet. C'est avec les paroles de M. Goblet et avec sa politique que je vais lui répondre.

M. Goblet était partisan de la séparation de l'Église et de l'Etat. Il a dit à plusieurs reprises, notamment en 1887, qu'aussi bien dans l'intérêt des droits de l'État que dans l'intérêt des droits de la conscience, la séparation ne pouvait être accomplie qu'après que que le Parlement aurait voté une loi sur les associations. J'ai d'autant mieux le droit de rappeler cette formule que le projet dont nous avons saisi la Chambre — j'éprouve quelque regret à le dire — je l'avais déjà déposé, après le ministère Gambetta, en 1882. Je l'ai déposé de nouveau au moment du ministère Ferry. (*On rit.*)

Je considère, en effet, que le vote de cette loi sur les associations est une préface nécessaire; j'en indique un motif de plus : c'est que, depuis ce dépôt, certains faits se sont produits, certains évènements se sont accomplis, et ma conviction entière est, à l'heure actuelle, que la séparation de l'Eglise et de l'État, sans nulle préparation, ne se ferait ni au profit de l'État, ni au profit de l'Église, mais au profit des congrégations. (*Applaudissements à gauche.*)

LE CLERGÉ ET LES ÉLECTIONS

Au cours d'une interpellation sur l'immixtion du clergé dans les luttes électorales [1], M. Waldeck-Rousseau avait exprimé l'avis que, pour le clergé, il n'y a qu'une bonne politique, c'est de n'en pas faire, et de se renfermer exclusivement dans les devoirs de son ministère. Ce n'était pas, sans doute, l'opinion de certains ecclésiastiques, car, pendant la période électorale de 1902, on constata leur ingérence active dans la lutte des partis. C'est ce qui motiva la circulaire adressée aux préfets au lendemain des élections du 27 avril.

Paris, le 1er mai 1902.

Monsieur le Préfet,

Les renseignements qui me parviennent signalent, dans un grand nombre de départements, une ingérence du clergé dans les élections ; les manifestations auxquelles il s'est livré constitueraient non l'exercice individuel du droit politique, qui appartient à tous les citoyens, mais un abus flagrant des fonctions ecclésiastiques et de l'autorité morale qu'elles confèrent.

---

1. Chambre, séance du 1er mars 1901. Voir *La Défense républicaine*, p. 234 et suivantes.

De tel abus ne peuvent être tolérés et demeurer sans sanction.

Je vous prie de m'adresser un rapport circonstancié sur les actes de cette nature qui se sont produits ou qui viendraient à se produire dans votre département, afin que je puisse y donner la suite qu'ils comporteraient.

Ces instructions s'appliquent également aux manifestations du même genre émanant des religieux autorisés ou non.

Waldeck-Rousseau.

LE TRAITEMENT
DES ARCHEVÊQUES ET DES ÉVÊQUES

CHAMBRE DES DÉPUTÉS. *Séance du 7 décembre 1899.* — M. Waldeck-Rousseau demande le relèvement des crédits affectés au traitement des archevêques et des évêques, crédits supprimés par la Commission du budget, et rétablis ensuite par la Chambre.

M. LE PRÉSIDENT DU CONSEIL, *ministre de l'Intérieur et des Cultes*. — La Commission du budget a réduit plusieurs crédits qui avaient été proposés par le Gouvernement ; ce sont les crédits portés aux chapitres 5, 7 et 9 relatifs aux traitements d'un certain nombre d'évêques et d'archevêques, aux traitements des vicaires généraux et aux traitements des vicaires paroissiaux.

Le Gouvernement a demandé à la Commission du budget — et il demande à la Chambre — de rétablir ces crédits. Les chiffres que le Gouvernement avait introduits dans le budget étaient exactement ceux que la Chambre a votés cette année même ; les raisons qui ont dicté la conduite du Gouvernement ne diffèrent pas, messieurs, de celles qui, à cette époque, vous ont été soumises ; et la Chambre comprendra que je n'échappe pas, dans la très courte discussion que j'aborde, à certaines redites.

Je lui demande la permission d'examiner les trois chapitres à la fois, afin d'aller plus vite, et parce qu'au fond ils ont un lien commun, et que la tactique et la solution adoptées à propos de chacun d'eux par la Commission du budget procèdent du même raisonnement.

La Commission s'est placée sur le terrain du Concordat; elle prétend l'appliquer, mais elle ne veut pas aller au delà, et l'honorable rapporteur a exposé que s'il avait fait tomber certaines des propositions du Gouvernement, c'est parce qu'elles n'étaient pas concordataires.

Ce raisonnement a été déjà discuté et réfuté à la tribune. Parlons d'abord des sièges d'évêques et d'archevêques considérés par l'honorable rapporteur comme non concordataires. Voici très exactement et très fidèlement son raisonnement :

Le Concordat de 1801, vous dit-il, a décidé que les circonscriptions ecclésiastiques seraient fixées d'accord entre le Gouvernement et le Saint-Siège. La loi organique du 8 avril 1802 a créé, en conséquence, 10 archevêchés et 50 évêchés.

Ici, M. le rapporteur pose en principe qu'en créant ces 10 archevêchés et ces 50 évêchés, les deux parties contractantes de 1801 ont épuisé leur droit, que cette fixation est intervenue une fois pour toutes et que, dès lors, aucun nouveau siège, aucune nouvelle circonscription ne pouvait être créé.

Voici la réponse qui, invariablement, a été opposée au raisonnement de M. le rapporteur par tous mes prédécesseurs : Le sens qui se dégage jusqu'à l'évidence de l'article 2 du Concordat et de l'article 58 des articles organiques, c'est qu'aucune circonscription ecclésiastique ne peut être créée sans accord préalable entre le Gouvernement français et le Saint-Siège.

Ce principe est très clairement posé et expressément formulé sous l'article 2 du Concordat.

Comment a-t-on entendu que cet accord se produirait? Il s'est produit sous une forme toujours la même: Il est intervenu une loi due à l'initiative du Gouvernement français : il est intervenu une bulle, une sorte de décret ecclésiastique, du Gouvernement du Saint-Siège. Enfin, par application d'une de nos lois générales, cette bulle a été enregistrée par décret rendu en Conseil d'Etat.

Voilà la façon dont on a invariablement procédé, voilà comment l'accord s'est établi et comment il doit s'établir, et il est incontestable qu'en dehors de cet accord aucun nouveau siège, évêché ou archevêché, ne pourrait être créé.

Que s'est-il alors passé à la suite du Concordat en 1802, et par application du principe que je viens de rappeler?

50 évêchés ont été créés. Mais ils n'ont pas été créés — on l'a rappelé vingt fois à la Chambre et je tiens à le rappeler moi-même, ils n'ont pas été créés le moins du monde par le Concordat; ils ont été créés en 1802; et, s'ils sont concordataires, c'est parce qu'ils ont été institués dans les limites du Concordat et conformément aux prescriptions du Concordat. (*Très bien! très bien! sur divers bancs.*)

Le raisonnement qu'on oppose à la thèse de M. le rapporteur se poursuit avec la même rigueur.

Postérieurement à 1802 et jusqu'en 1855, de nouveaux évêchés ont été créés. En vertu de quels droits, de quels principes, de quels traités? En vertu du principe inscrit dans l'article 2 du Concordat, et exactement dans la même forme que les évêchés qui avaient été institués antérieurement.

C'est ainsi que j'affirme — et le point n'est pas douteux — que pour chacune de ces catégories il y a eu une loi, il y a eu une bulle ou un décret ecclésiastique et enfin cette bulle, comme je le disais tout à l'heure a été enregistrée en Conseil d'Etat.

Que suit-il de là ? Qu'on doit distinguer deux catégories d'évêchés, les uns créés en 1802 en vertu du Concordat, les autres créés postérieurement à 1802 en vertu du même Concordat. Il n'y a entre eux qu'une seule différence, celle qui procède non pas de la méthode par laquelle ils ont été institués, mais de la date à laquelle l'accord s'est fait entre les deux gouvernements. (*Très bien! très bien!*)

Sur divers bancs. — C'est évident.

M. LE PRÉSIDENT DU CONSEIL. — On pourrait ajouter s'il fallait épuiser cette discussion — je ne prétends pas le faire, le sujet, je le rappelle encore, est parfaitement familier à ceux qui m'écoutent — que lorsque le Saint-Siège et le Gouvernement du Premier Consul ont écrit dans l'article 2 du Concordat que les deux Gouvernements se mettraient d'accord pour déterminer les circonscriptions ecclésiastiques, leur préoccupation à l'un et à l'autre n'était pas le moins du monde de fixer une fois pour toutes, *ne varietur*, le nombre des circonscriptions ecclésiastiques. Ils avaient l'un et l'autre une préoccupation d'un ordre beaucoup plus important. Il s'agissait bien moins de fixer une fois pour toutes le nombre des évêchés que de mettre fin à une difficulté qui pesait très lourdement sur l'esprit des deux contractants. Non seulement il y avait à cette époque un nombre d'évêchés infiniment supérieur mais la Chambre n'ignore pas que pour chaque évêché il y avait parfois deux évêques. Comment résoudre cette question en apparence insoluble ? On employa un moyen — et je ne fais que répéter ici ce qu'ont dit tous les historiens — emprunté à la diplomatie. La diplomatie cherche à arriver à son but sans rien dire qui soit trop pénible à chacune des parties contractantes.

Au lieu de supprimer un certain nombre d'évêques qui ne pouvaient pas et ne devaient pas être maintenus, on a convenu d'adopter cette procédure extrêmement simple : la revision des circonscriptions ecclésiastiques.

Voilà la vérité sur cette question ; je crois qu'au point de vue des textes, il n'est pas douteux que la division faite par la Commission n'est pas fondée.

Pour le chapitre 5 vous trouverez, messieurs, une question du même ordre qui se pose à propos des vicaires généraux. Ici le raisonnement de la Commission paraît au premier aspect un peu plus solide. La Commission fait remarquer qu'à la vérité les vicaires généraux sont prévus par la loi du 18 germinal an X, c'est-à-dire par les articles organiques, à raison d'un par évêché, de trois par archevêché ; le rapporteur convient encore que leurs fonctions et leurs attributions sont fixées par les décrets organiques — ils sont, en effet, chargés, sous la responsabilité de l'évêque, de l'administration du diocèse —; qu'enfin, et toujours d'après le même texte, les vicaires généraux doivent être « agréés », c'est-à-dire qu'ils ne peuvent entrer en fonctions s'ils n'ont été présentés et acceptés par le Gouvernement.

Et après avoir reconnu que les vicaires généraux sont inscrits dans la loi de l'an X, que leurs fonctions y sont énumérées, qu'elles y sont déterminées, la Commission du budget fait remarquer que la loi de l'an X n'a pas pourvu à leurs traitements, et elle en conclut — c'est ici une thèse un peu différente — qu'ils sont bien concordataires, puisqu'ils sont prévus et nommés dans un des instruments qui forment le Concordat, mais qu'ils doivent être, si je puis employer cette expression, gratuitement concordataires.

Cette interprétation est contraire à celle qui a été faite immédiatement de la loi de germinal an X. Dès le 14 ventôse an XI, un arrêté du gouvernement consulaire fixait, en effet, le traitement des vicaires généraux à 1.500 et 2.000 francs; et jusqu'à 1893 cet état de choses n'a point été troublé. On peut donc dire qu'ici l'interprétation de la Commission du budget se heurte à une interprétation qui a tout près d'un siècle. Nous considérons, par conséquent, que les crédits relatifs aux vicaires généraux doivent être rétablis.

J'arrive à la troisième question qui est peut-être la plus importante. Il s'agit, en effet, du traitement des vicaires paroissiaux, et, par là, il faut entendre ceux qui exercent le culte dans les petites communes. La Chambre sait, en effet, que le Gouvernement n'intervient que dans des conditions qui ont été précisées par la loi et qu'il ne peut pas intervenir lorsqu'il s'agit, par exemple, d'une commune de plus de 5.000 habitants.

Quel est, sur ce point encore, le système de la Commission? Le voici. Les vicaires paroissiaux ne peuvent être institués, sous le contrôle de l'autorité supérieure, qu'en vertu d'un accord intervenant entre l'évêque et le préfet. Leur institution, leurs fonctions sont prévues aux articles organiques. « Mais, dit l'honorable rapporteur, la loi de 1802 ne leur a pas assuré un traitement. »

Ici, me plaçant devant le texte, je crois pouvoir montrer très facilement que l'assertion du rapport de la Commission du budget est inexacte.

Si, en effet, on consulte la section 3 de la loi de 1802, on y trouve sous cette rubrique qui forme l'entête du chapitre « Du traitement des ministres des Cultes » : « Art. 68. — Les vicaires sont choisis parmi les ecclésiastiques pensionnés en vertu des lois de l'Assemblée constituante. » C'est donc au chapitre des traitements que figurent les vicaires paroissiaux, et on indique qu'ils devront être choisis parmi les ecclésiastiques pensionnés.

Qu'étaient les ecclésiastiques pensionnés?

C'étaient ceux qui recevaient, en vertu d'une loi votée par l'Assemblée nationale, une pension qui, modeste pour chaque pensionné, représentait cependant au budget un chiffre très considérable, car en 1801 le chiffre de ces pensions atteignait 80 millions.

Il est facile de voir ce qu'a fait la loi de 1802. Elle a dit : On va prendre les vicaires paroissiaux parmi les ministres du Culte auxquels une loi de l'Etat assure déjà une pension, laquelle, en fait, était bien l'équivalent d'un traitement.

Le même article poursuit et se termine en ces termes : « Le montant de ces pensions et le produit des oblations formeront leur traitement. » Le traitement se compose donc non pas seulement des dons, des oblations volontaires, mais encore du montant des pensions.

Il est arrivé que ces pensions se sont peu à peu éteintes et alors le traitement des vicaires paroissiaux a été mis à la charge des communes et des fabriques. Cela a même été une dépense obligatoire jusqu'en 1804. Elle est devenue à ce moment facultative.

Alors l'Etat s'est demandé quel était son devoir en se plaçant dans l'esprit et même dans la lettre du Concordat, puisque les vicaires paroissiaux devaient recevoir un traitement. Il a fait une distinction entre les petites communes et celles qui, à raison de leur population, par conséquent de leur richesse budgétaire, sont considérées comme ayant certainement les ressources nécessaires pour faire face à ce service. C'est, en effet, sous cette condition que la commune n'ait pas plus de 5.000 habitants et que, les revenus de son budget étant reconnus insuffisants, elle ne puisse faire face au service en question, que l'Etat intervient sous forme de subvention.

Quelle qu'ait été la méthode, quelque procédé qu'on ait suivi, il est donc absolument vrai de dire que le service des vicaires paroissiaux n'a jamais été considéré en 1802 comme devant être gratuit. Par conséquent, je crois qu'aussi longtemps que le Concordat subsistera et que nous resterons dans les liens du contrat, il faudra que les vicaires paroissiaux — et on doit entendre par là les vicaires des petites communes et des petites paroisses — reçoivent un traitement sans lequel ces petites paroisses et ces petites communes se trouveraient dans une situation de véritable inégalité. (*Très bien! très bien!*) Voilà les raisons de texte.

J'ai une autre raison à donner; raison d'ordre politique en quelque sorte.

Je crois que, tant qu'on est dans les liens d'une convention et d'un contrat, tant que ce contrat n'est pas dénoncé, il faut l'appliquer, je ne dirai pas seulement avec loyauté, ce qui est de toute évidence, mais encore en évitant toute espèce d'esprit processif et en s'inspirant, au contraire, d'un véritable esprit de conciliation. (*Très bien! très bien!*)

Je crois en outre que la bonne politique consiste en cette matière à ne pas forcer les interprétations dans un sens dont les conséquences, je l'ai montré à la Chambre, tourneraient non pas au détriment des hauts dignitaires ou de ceux qui ont des ressources considérables, mais certainement au détriment des plus petits. (*Applaudissements.*)

LES ÉVÊCHÉS DE LA SAVOIE

Sénat. *Séance du 5 novembre 1901.* — La loi de finances 1885 avait supprimé les crédits effectés au traitement de certains ecclésiastiques de la Savoie. Les chanoines de Saint-Jean-de-Maurienne, suivis par l'évêque de cette ville, attaquèrent la décision en vertu de laquelle le ministre des Cultes refusa par suite de mandater leurs traitements. La question fut portée devant le Conseil d'État et les tribunaux. Le Gouvernement fut condamné, en 1896, à payer aux chanoines tout l'arriéré et la somme correspondante pour les années à venir au revenu des *cartelles* — ou titres de rente — qui leur avaient été garanties par décret du 28 décembre 1860. Or, la Commission du budget demandait la suppression du crédit affecté à la liquidation des cartelles.

M. LE PRÉSIDENT DU CONSEIL. — Messieurs, je n'ai qu'un mot à dire pour appuyer les conclusions de M. le commissaire du Gouvernement. Notre honorable collègue M. Folliet a déclaré à plusieurs reprises à cette tribune qu'il n'entendait pas contester l'autorité des décisions judiciaires qui sont intervenues. Or, qu'ont décidé les autorités judiciaires dans l'espèce? Sur un pourvoi formé par le chapitre de Maurienne, le Conseil d'État, — car l'État a épuisé tous les degrés de juridiction — visant les conventions de 1860, a condamné l'État français à payer un certain nombre de traitements. C'est, par conséquent, en vertu d'un arrêt ayant force de chose jugée qu'ont été inscrites au budget de 1898 et au budget de 1899 les allocations qui correspondent à cette condamnation.

On peut regretter, soit que la convention de 1860 n'ait pas été plus prévoyante, soit qu'aucun autre moyen de solutionner la question n'ait pu être employé : il n'en est pas moins vrai que nous devons faire honneur, je ne dis pas à notre parole, mais à la décision judiciaire qui est intervenue. S'il y a quelqu'un qui doive donner l'exemple du respect dû aux décisions de la justice, c'est assurément l'État. On a dit qu'il pourrait être formé d'autres demandes, que d'autres intéressés pourraient réclamer en vertu de la convention de 1860 ; nous ne considérons pas que si ces réclamations se produisent, nous soyons obligés de nous incliner. M. le ministre des Finances, après avoir consulté M. le ministre des Cultes, a déjà refusé de faire droit à une réclamation de ce genre.

On a dit encore que les réclamants iraient devant la justice. Il ne nous appartient pas de les en empêcher et, si la justice reconnaît la dette, l'État n'aura qu'à s'incliner. (*Très bien! très bien!*)

LES ÉVÊQUES ET LES ASSOMPTIONNISTES

Les pères Assomptionnistes avaient été condamnés, le 24 janvier 1900, par le tribunal correctionnel de la Seine pour délit d'association politique. Le lendemain de leur condamnation, M. le cardinal Richard, archevêque de Paris, leur fit une visite. Le journal *la Croix* ayant prêté au cardinal des paroles et une attitude qui donnaient à cette démarche un caractère de manifestation politique, le Gouvernement décida de demander des explications au prélat, et M. Waldeck-Rousseau lui adressa cette lettre :

Paris, le 26 janvier 1900.

Monsieur l'Archevêque,

A la suite du jugement du tribunal correctionnel de la Seine, du 24 janvier courant, condamnant à l'amende les membres de l'association connue sous le nom de « congrégation des PP. Augustins de l'Assomption » et déclarant dissoute ladite association, vous vous seriez rendu à son siège rue François Ier pour encourager les « Assomptionnistes » à persévérer dans leur œuvre.

Cette démarche qui, dans les circonstances où elle s'est produite, prend le caractère d'une protestation publique contre une décision de l'autorité judiciaire, a lieu de surprendre de la part d'un cardinal et du chef du plus important diocèse de France, qui en raison même de la haute situation qu'il occupe doit à tous l'exemple de la soumission aux lois de son pays.

Vous ne vous étonnerez donc pas que je vienne vous prier de vouloir bien me faire parvenir les explications que le Gouvernement est en droit d'attendre au sujet de cet incident.

Agréez, Monsieur l'Archevêque, l'assurance de ma haute considération.

Le Président du Conseil,
Ministre de l'Intérieur et des Cultes,
WALDECK-ROUSSEAU.

L'archevêque de Paris, en se défendant d'être hostile au Gouvernement de la République, déclara que l'acte qui lui était reproché n'avait pas le caractère qu'on lui avait attribué. Une lettre de blâme lui fut toutefois envoyé par le président du Conseil :

Paris, le 30 janvier 1900.

MONSIEUR L'ARCHEVÊQUE,

Dans votre réponse du 27 janvier à la lettre que j'avais eu l'honneur de vous adresser le 26, vous déclarez que l'acte qui m'a porté à vous demander des explications n'avait aucun caractère politique; vous invoquez vos dispositions habituelles et vous vous défendez, si je comprends bien vos paroles, d'une indépendance qui serait hostile au Gouvernement de la République. Le même jour, une communication à la presse émanant de votre secrétaire particulier faisait connaître que vous n'aviez entendu vous élever en rien contre le jugement qui vient d'être rendu.

Je dois donc considérer que le récit publié par le journal *la Croix* ne présentait pas sous un jour exact les circonstances qui ont accompagné votre visite, et spécialement, que vous n'avez pas encouragé les membres d'une association dissoute à persévérer dans leur œuvre, c'est-à-dire dans l'illégalité.

Tout en reconnaissant que ces explications atténuent la gravité du fait, il m'est impossible de ne pas vous faire remarquer que l'intention qui vous a dicté une démarche aussi inusitée ne saurait la justifier. Le fait peu ordinaire pour un évêque de porter ses consolations à ceux qui sont atteints par des décisions judiciaires ne pouvant manquer d'induire en erreur sur le mobile qui vous avait inspiré, on était amené à croire que ce n'était pas travailler à « maintenir les instructions chrétiennes sur le terrain des libertés publiques » que d'inviter une congrégation à la violation d'une loi de droit commun.

Aussi, tout en n'attribuant point à votre démarche un autre sens que celui que vous indiquez, je ne puis que blâmer un acte qui devait nécessairement donner lieu à de fâcheuses interprétations, et qui a paru s'écarter, à raison même de votre caractère, de manifestations de certains titulaires ecclésiastiques dont l'indépendance hostile ne s'affirme pas seulement à l'égard du pouvoir civil, et dont le Gouvernement ne saurait que très exceptionnellement s'émouvoir.

Veuillez agréer, Monsieur l'Archevêque, l'assurance de ma haute considération.

> Le Président du Conseil,
> ministre de l'Intérieur et des Cultes,
>
> WALDECK-ROUSSEAU.

D'autre part, un certain nombre de prélats avaient écrit au journal *la Croix* des lettres de protestation contre le jugement du 24 janvier. On citait parmi ceux-là l'archevêque d'Aix, les évêques de Montpellier, Versailles, etc. Leur traitement fut suspendu. M. Waldeck-Rousseau les informa de cette mesure en ces termes :

Paris, 30 janvier.

Monsieur l'Evêque,

A la suite du jugement du tribunal correctionnel de la Seine condamnant à l'amende les membres de l'association connue sous le nom de « Congrégation des pères augustins de l'Assomption » et déclarant dissoute ladite association, vous avez adressé à son supérieur une lettre qui revêt le caractère d'une protestation publique contre une décision de l'autorité judiciaire.

Une manifestation de cette nature émanant d'un évêque qui, en raison même de la haute situation qu'il occupe, doit à tous l'exemple de la soumission aux lois du pays, est absolument inadmissible.

J'ai l'honneur, en conséquence, de vous informer que je donne l'ordre de supprimer, à partir de ce jour, la délivrance à votre profit de toute ordonnance sur les caisses du Trésor public.

Je demande à M. le ministre des Affaires étrangères de porter cette décision à la connaissance du Saint-Siège par voie diplomatique.

Agréez, monsieur l'Evêque, l'assurance de ma haute considération.

Le Président du Conseil,
ministre de l'Intérieur et des Cultes,
WALDECK-ROUSSEAU.

L'archevêque d'Aix refusa de s'incliner. Ce prélat était Mgr Gouthe-Soulard [1], bien connu pour son hostilité à la République. Par six fois son traitement lui avait été supprimé à la suite de manifestations politiques ou de lettres discourtoises à l'adresse des membres du Gouvernement. En 1891, il avait été poursuivi devant la Cour d'appel de Paris et condamné à 3.000 francs d'amende et aux dépens pour injures au ministre des Cultes. Il semblait chercher, comme le lui écrivait le président du Conseil, toutes les occasions de prendre à l'égard des autorités civiles de tout ordre, « une attitude qu'aucun Gouvernement ne saurait tolérer ». C'est ainsi qu'à la réception de l'avis ministériel il envoya au P. Bailly, l'un des condamnés du 24 janvier, une lettre que le journal *la Croix* lui-même trouvait « un peu vive » et qui, en réalité, était conçue dans les termes les plus violents et les plus injurieux pour le président du Conseil.

Devant cette nouvelle manifestation anti-gouvernementale, les ministres décidèrent de présenter sans retard un projet de la loi permettant de mettre un terme à de semblables incidents. Le 12 février, à la Chambre des députés, M. Waldeck-Rousseau monta à la tribune, et, aux applaudissements des gauches, il déposa ce projet, qui avait pour but, dit-il, de réprimer les troubles apportés à l'ordre public par les membres des Cultes. En voici le texte :

EXPOSÉ DES MOTIFS

Messieurs,

La loi a stipulé au profit des ministres des Cultes reconnus de nombreux privilèges.

Par contre, elle a justement considéré que le droit de critique et de censure qui appartient aux autres citoyens ne pouvait leur être reconnu sans le plus grave péril pour l'ordre public.

---

1. Mort le 8 septembre 1900.

La loi n'a pas voulu que les ministres des Cultes auxquels l'Etat confère une fonction, un traitement, et qui sont soumis à sa surveillance et à sa discipline, puissent tourner contre lui les avantages qu'ils en ont reçus. La société civile a le devoir de maintenir avec fermeté ce principe, aussi longtemps du moins qu'elle continuera d'assurer aux ministres des églises les avantages et les immunités qu'elle leur accorde.

L'expérience a montré que les dispositions prises par le législateur de 1810 sont devenues vaines et sont trop aisément éludées par de nouveaux moyens.

A cet égard, l'examen de l'article 204 du Code pénal provoque deux remarques.

I. La peine qu'il édicte pour punir la critique ou la censure du Gouvernement, ou des actes de l'autorité, faites au moyens d'écrits pastoraux est celle du bannissement.

La sévérité de cette disposition a eu pour résultat d'en écarter toute application. Plus de modération dans la peine ne fera que lui donner plus d'efficacité.

II. L'article 204 est applicable « à tout écrit contenant des instructions pastorales en quelque forme que ce soit ». Ces expressions doivent s'entendre des mandements, lettres pastorales, catéchismes ou autres écrits de ce genre.

Mais, de nos jours, des évêques ont publié et fait publier dans les journaux des écrits ou lettres signés de leur nom épiscopal qui, sans avoir la forme classique des mandements, sans revêtir la forme de l'écrit pastoral, n'en sont pas moins délictueux, parce qu'ils émanent, en réalité, d'un ministre du Culte agissant en sa qualité et qui, bien que s'écartant pour les écrire de ses fonctions religieuses sainement entendues, leur emprunte cependant l'autorité dont il se prévaut.

De pareils actes, s'ils ne sont pas accomplis dans l'exercice du ministère pastoral, le sont certainement à l'occasion de ce ministère. S'ils ne procèdent pas de l'exercice légitime de la fonction, ils constituent l'abus le plus certain, lequel assurément ne saurait leur conférer aucune immunité.

PROJET DE LOI

La section III du livre III, titre 1ᵉʳ, du Code pénal est ainsi modifiée :

DES TROUBLES APPORTÉS A L'ORDRE PUBLIC PAR
LES MINISTRES DES CULTES.

III. Des critiques, censures ou provocations dirigées contre l'autorité publique.

Article 204. — Tout écrit contenant des instructions pastorales en quelque forme que ce soit et dans lequel un ministre du Culte se sera ingéré de critiquer ou de censurer, soit le Gouvernement, soit tout acte de l'autorité publique, sera puni *d'un emprisonnement de trois mois à deux ans.*

Toute critique ou censure dirigée publiquement par les ministres du Culte, sous quelque forme que ce soit, contre les actes de l'autorité publique, sera punie d'une peine de quinze jours à six mois d'emprisonnement.

Article 205. — *Si l'écrit mentionné au paragraphe 1ᵉʳ de l'article précédent* contient une provocation directe à la désobéissance aux lois ou autres actes de l'autorité publique, ou s'il tend à soulever ou armer une partie des citoyens les uns contre les autres, le ministre qui l'aura publié sera puni de la détention.

Le projet innovait en ce sens qu'il substituait à la peine du bannissement celle de l'emprisonnement de trois mois à deux ans pour la publication d'écrit, en forme d'instruction pastorale, de critiques ou de censure contre les actes de l'autorité publique. Le projet tendait ensuite à introduire dans l'article 204 un second paragraphe visant le cas où l'écrit délictueux n'aurait pas la forme d'instruction pastorale.

L'AMNISTIE ET LES CURÉS

Chambre des députés. *Séance du 16 décembre 1900.* — Au cours de la discussion sur la loi d'amnistie, MM. Lemire et Gayraud présentèrent un amendement tendant à ce que la loi s'étendît aux ecclésiastiques qui avaient encouru des suppressions de traitement. Ils le retirèrent après les paroles de M. Waldeck-Rousseau :

M. le Président du Conseil, *ministre de l'Intérieur.* — Messieurs, la question posée par l'honorable abbé Lemire est déjà familière à la Chambre. Il s'agit de savoir si une loi d'amnistie peut et doit amener la remise des traitements à certains ecclésiastiques, à certains desservants qui en ont été privés.

M. Charles Bernard. — Ce serait justice!

M. le Président du Conseil. — Il a déjà été répondu à cette question : il ne s'agit pas le moins du monde d'une condamnation ; il n'est intervenu aucune espèce de jugement.

M. Jacques Piou. — C'est ce qu'il y a de curieux!

M. le Président du Conseil. — Le Gouvernement n'a fait qu'user du pouvoir disciplinaire qui lui est reconnu — notamment par la jurisprudence constante du Conseil d'Etat.

M. Lemire. — Jurisprudence récente!

M. LE PRÉSIDENT DU CONSEIL. — Je n'ai pas là les décisions ; mais je puis affirmer à M. Lemire que cette jurisprudence n'est pas de date récente, qu'elle remonte fort loin, et que le droit particulier de police que possède le Gouvernement sur l'exercice du Culte et sur les représentants du Culte n'a jamais été contesté.

M. FERNAND DE RAMEL. — Si !

M. LE PRÉSIDENT DU CONSEIL. — Partant de là, un certain nombre de mes prédécesseurs ont fait, à l'occasion de faits particuliers, une réponse à laquelle je me contenterai de me référer : Le Gouvernement peut et doit examiner dans quelles conditions il peut revenir sur les résolutions qu'il a prises. C'est une question d'espèce et de cas particuliers. C'est ainsi qu'après la discussion qui a eu lieu en 1898, M. Dupuy répondit — c'était, je crois, à M. Lemire lui-même...

M. LEMIRE. — En 1895 !

M. LE PRÉSIDENT DU CONSEIL. — Pardon, je parle de ce qui s'est passé en 1898.

M. GAYRAUD. — C'est à moi que M. Dupuy répondait.

M. LE PRÉSIDENT DU CONSEIL. — Parfaitement, quand on a voté pour la première fois la loi d'amnistie qui revient du Sénat, M. Dupuy répondit qu'il fallait envisager les espèces et qu'il se déterminerait suivant les cas. A la suite de cette déclaration, un très grand nombre de mesures gracieuses ont été prises, et il ne resta qu'un très petit nombre d'ecclésiastiques placés sous le régime que le Gouvernement avait cru devoir leur appliquer.

Depuis que je suis ministre des Cultes, j'ai eu malheureusement le devoir d'appliquer ces peines disciplinaires à plusieurs reprises, mais cependant assez rarement, et je manquerais tout à fait à l'expression de mon opinion si je ne disais pas qu'il m'a paru se produire une détente fort heureuse et que l'attitude du clergé paroissial est devenue, dans maints départements, infiniment plus respectueuse de nos institutions qu'elle ne l'était autrefois. (*Très bien! très bien!*)

A droite. — Eh bien! alors ?

M. LE PRÉSIDENT DU CONSEIL. — Je n'ai donc pris ces mesures que lorsqu'elles ont été strictement nécessaires, et je déclare à notre honorable collègue que là où il me paraîtra possible, sans inconvénient pour la discipline que le Gouvernement doit exercer, de revenir sur ces mesures, j'aurai le plus grand plaisir à le faire. Mais je ne puis prendre un engagement général et dire que tous les traitements suspendus seront rendus. C'est là, je le répète, une question de cas particulier et d'espèce, et je ne puis aller au delà. (*Applaudissements à gauche.*)

LES AUMONIERS DANS LES PRISONS

Chambre des députés. *Séance du 5 décembre 1899.* — Un débat s'éleva, à propos du budget de l'Intérieur, sur la question du traitement des aumôniers dans les prisons. La Commission du budget avait supprimé les crédits relatifs à ce service. Ensuite, elle avait proposé une diminution de 1.000 francs pour indiquer qu'il fallait poursuivre l'œuvre de laïcisation dans les services pénitentiaires. M. l'abbé Gayraud déposa un amendement tendant au relèvement du crédit, et, en même temps, au vote d'une somme de 1.000 francs à titre d'indication pour arriver à la laïcisation des services pénitentiaires.

M. le Président du Conseil, *ministre de l'Intérieur.* — Je n'ai demandé la parole que pour replacer la question que la Chambre doit résoudre sur le terrain où, à mon sens, elle doit être maintenue, et pour soumettre à mes collègues de très courtes observations que j'avais déjà présentées à la Commission du budget.

L'honorable M. Goujat et l'orateur qui lui a répondu me paraissent être sortis un peu des limites de la question. Je constate, en effet, à prendre le rapport de la Commission du budget, que celle-ci est d'accord avec le Gouvernement, et je dirai d'accord avec tout le monde, pour reconnaître que la liberté de conscience doit être respectée, même chez les détenus, même chez les condamnés. (*Très bien! très bien!*)

Personne assurément, sur aucun des bancs de cette Chambre, ne s'arrogerait le droit de rechercher jusqu'à quel point peut être sincère le sentiment d'un condamné ou d'un détenu qui demande à pratiquer son Culte ou à recevoir les secours d'un ministre de sa religion. (*Très bien! très bien!*)

Partant de cette idée, la Commission du budget n'a pas proposé à la Chambre de supprimer aux détenus ou aux condamnés ce qu'on est convenu d'appeler les secours de leur religion et les visites de leurs ministres. Mais elle vous dit : Vous pouvez compter pour remplir ce service, qu'elle reconnaît cependant nécessaire, sur la bonne volonté du clergé paroissial.

Je n'ai à formuler aucune prévision, aucune appréciation sur le concours que l'administration pourrait trouver gratuitement de ce côté, mais je veux soumettre à la Chambre, comme je l'ai fait à la Commission du budget, cette simple observation, c'est qu'il n'est pas permis de compter, pour assurer un service nécessaire, sur la bonne volonté ou le désintéressement d'autrui, fût-on absolument certain de ce désintéressement et de cette bonne volonté. (*Très bien! très bien!*)

J'ajoute à un point de vue en quelque sorte purement technique qu'il ne peut être indifférent à l'administration de savoir quel est le ministre du Culte qui entrera dans la prison, et qu'il serait bien difficile d'en laisser le choix au détenu ou au condamné. Cela dit sans mettre en doute la sincérité de leurs sentiments; je crains bien que le zèle religieux des condamnés s'éveille d'autant plus que l'administration et la loi leur auront donné une certaine prise.

Il est préférable, je crois, que celui qui entre dans les prisons soit choisi par l'État; or, pour choisir quelqu'un et exiger de lui un service déterminé, il est manifeste qu'il faut que ce service soit rémunéré. (*Applaudissements.*)

La première partie de l'amendement de M. Gayraud ayant été adoptée, et la question s'étant posée de savoir si la seconde l'était également, M. Waldeck-Rousseau fit cette brève déclaration :

M. LE PRÉSIDENT DU CONSEIL, *ministre de l'Intérieur et des Cultes.* — Je ne vois, pour ma part, aucun inconvénient à ce que l'amendement de M. Gayraud ait été voté dans ses deux parties; je vais dire pourquoi. Le Gouvernement, sur la seconde question, celle de savoir s'il convient et s'il est possible de laïciser le service des prisons, comptait présenter à la Chambre une très courte observation que voici. Il comptait lui dire que, pour obtenir de lui l'indication de ses intentions, il n'est nullement nécessaire de diminuer de 1.000 francs le crédit du chapitre qui, au total, est reconnu indispensable et justifié; et il comptait ajouter immédiatement qu'il a accepté l'indication qui est fournie par la Commission du budget, et qu'il est tout prêt à lui soumettre la question dans le prochain projet de budget. (*Très bien! très bien!*)

Seulement j'indique à la Chambre — et c'est l'observation que j'aurais faite peut-être avec plus d'étendue — que, pour arriver à réaliser cette réforme, ce n'est pas par voie de diminution de crédit qu'il faut procéder, mais, au contraire, par voie d'augmentation. (*Très bien! très bien!*)

En effet, les chiffres que nous avons eu l'honneur

de soumettre à la Commission du budget, et qui sont très étudiés, montrent que cette réforme se traduira — presque toutes les réformes en sont là — par une augmentation de 105.350 francs.

Par conséquent, dans le budget prochain, le Gouvernement fera à la Commission du budget des propositions dans ce sens. La Chambre voit donc bien que le vote qu'elle a émis ne présente aucune espèce d'inconvénient. (*Très bien! très bien!*)

Chambre des députés. *Séance du 24 décembre 1901.* — La question de la laïcisation des services pénitentiaires revint devant la Chambre à cette séance. Cette fois, la Commission du budget, dont M. Léo Melliet était rapporteur, proposait de supprimer les crédits affectés aux aumôniers, et d'assurer le service religieux par des membres des divers clergés, qui viendraient du dehors et seraient payés en proportion de leurs visites. La Chambre, sur la proposition de M. l'abbé Lemire, et après l'intervention du ministre, vota le rétablissement du crédit.

M. le Président du Conseil, *ministre de l'Intérieur*. — L'amendement soumis à la Chambre ne soulève, à vrai dire, qu'une question d'ordre administratif ou, pour mieux dire, de bonne administration. Car tout le monde reconnaît que la liberté des Cultes doit franchir le seuil des prisons et personne n'entend priver un détenu, un prisonnier quel qu'il soit, du droit de faire appeler un ministre de son Culte. Nous ne différons, la Commission et le Gouvernement, que sur les méthodes.

Il y a deux ans déjà, la Commission avait proposé cette suppression; je l'ai combattue et la Chambre a rétabli le crédit. L'année dernière, il n'y a pas eu de difficultés. Cette année, nous nous trouvons en présence de la même proposition, et le Gouvernement demande encore à la Chambre de ne pas l'admettre. En voici les raisons très simples :

Etant donné que l'exercice du Culte dans les prisons doit être garanti, il n'y a plus qu'une question à élucider, celle de savoir quelles sont les meilleures conditions pour qu'il le soit. On se trouve alors en présence de deux méthodes : l'une consiste à maintenir le système actuel; actuellement les aumôniers sont choisis autant que possible parmi les membres du clergé chargé du service paroissial. Ils sont nommés par les préfets. Le Gouvernement, l'administration considèrent qu'il est de leur intérêt de pouvoir choisir eux-mêmes la personne qui va dans les établissements pénitentiaires, sur l'appel des détenus, leur donner les secours du culte qu'elle représente.

M. Léo Melliet, comme on l'avait fait il y a deux ans, demande au contraire qu'on ouvre des prévisions en quelque sorte proportionnelles, et que l'on s'en rapporte, pour ce service, au zèle des prêtres appartenant à la paroisse, qui seraient chargés soit de dire la messe chaque semaine, soit de se rendre, chaque fois que cela sera nécessaire, à l'appel des détenus.

Eh bien! au point de vue de l'économie, — je n'envisage que ce point, — j'ai fait faire sur 138 maisons départementales de peu d'importance qui se trouvent dans la ville même, qui, par conséquent, ne nécessitent point, en cas de visite, un trajet et un parcours prolongés, j'ai fait faire, dis-je, une étude de laquelle il résulte qu'il faut compter non pas seulement ce qu'il faudra donner pour chaque messe à l'ecclésiastique qui viendra la célébrer, mais chaque fois qu'il sera requis de se rendre à la prison.

Nous sommes arrivés à constater qu'il y aurait en moyenne deux visites par mois. Et si l'on additionne le tarif des messes au prix même que M. Léo Melliet a fixé et qui pourrait bien n'être pas adopté par tous ceux auxquels on s'adresserait, et le prix des visites, qui variera suivant la durée du transport et, par conséquent, suivant l'importance du service rendu, nous arrivons à 22.000 francs au lieu de 17.000 francs qui résultent du fonctionnement actuel. Il y a là une question de bonne administration.

J'ajoute que le jour où un détenu saurait qu'en demandant qu'on lui envoie un vicaire de la paroisse de la ville voisine, il impose à l'Etat une nouvelle charge, et que plus il demandera de visites, plus il coûtera cher à l'administration, j'ai bien peur que le zèle religieux un peu attiédi dont parlait M. Léo Melliet ne se réveille et que les prévisions même que je citais ne soient dépassées.

Encore ai-je raisonné avec ce que nous appelons les maisons de détention. Mais toutes les grandes prisons qui reçoivent une population très nombreuse ne sont pas dans l'intérieur des villes; elles sont à une certaine distance, et le prix de chaque visite — puisqu'il faut entrer dans ces détails, — sera plus considérable que celui dont j'ai fait état.

Je crois que, pour toutes ces raisons, il n'y a pas lieu de modifier un service auquel on n'adresse aucun reproche sérieux et je demande à la Chambre de rétablir le crédit que la Commission a supprimé. (*Très bien! très bien!*)

LES MISSIONS A L'INTÉRIEUR

Depuis plusieurs années, des missions avaient été organisées sur tous les points du territoire. Accomplies par des congréganistes non autorisées, elles prenaient trop souvent un caractère de propagande politique, et, parfois, surtout dans les grandes villes, elles donnaient lieu à des désordres publics. M. Waldeck-Rousseau jugea qu'il était urgent de mettre fin à un pareil état de choses, et il adressa la circulaire suivante à Messieurs les évêques :

Paris, le 2 avril 1900.

Monsieur l'Evêque,

Depuis quelque temps, l'usage semble s'établir dans un certain nombre de diocèses, de faire appel au concours de membres de congrégations non autorisées pour organiser dans les paroisses des missions ou prédications extraordinaires.

Cet état de choses qui a l'inconvénient grave de soustraire à l'action directe du clergé séculier, pour la confier à des agrégations illicites et légalement dissoutes, une partie importante du service paroissial, me fait un devoir de vous rappeler les prescriptions de notre législation concordataire.

L'article 1ᵉʳ du décret du 26 septembre 1809 interdit de la façon la plus formelle les missions à l'intérieur, et le Conseil d'Etat a rappelé, à maintes reprises, la nécessité de se conformer à cette disposition qui n'a jamais été abrogée. Il ne vous échappera donc pas que les infractions qui pourraient être relevées dans votre diocèse sont de nature à engager gravement votre responsabilité personnelle, en même temps que celle du titulaire de la paroisse et même de l'assemblée fabricienne (art. 32 du décret du 30 décembre 1809).

J'ai l'honneur, en conséquence, d'appeler votre attention sur la nécessité qui s'impose d'en revenir à l'application des dispositions légales et de faire cesser des missions et des prédications extraordinaires qui ne peuvent que porter atteinte à l'organisation paroissiale quand elles ne sont pas une cause de trouble pour l'ordre public.

Agréez, Monsieur l'Evêque, l'assurance de ma haute considération.

Le Président du Conseil,
ministre de l'Intérieur et des Cultes,

WALDECK-ROUSSEAU.

L'ÉGLISE ET LES ENTERREMENTS

Chambre des députés. *Séance du 2 juillet 1900.* — Une circulaire, signée « Hippolyte Leroy, de la compagnie de Jésus », avait été répandue dans la population parisienne à l'effet de faire supprimer les envois de fleurs ou de couronnes aux enterrements. « Nous voudrions, y était-il dit, aux fleurs et aux couronnes, substituer l'offrande d'un certain nombre de messes. » Suivaient des explications sur la mise en pratique de cette pensée, qui était approuvée par le cardinal Richard, archevêque de Paris. M. Emile Dubois, député de la Seine, dénonça cette circulaire comme abusive et pouvant porter préjudice à toute une catégorie de commerçants, d'ouvriers et d'ouvrières, et il demanda au ministre des Cultes s'il entendait intervenir.

M. Waldeck-Rousseau, *président du Conseil, ministre de l'Intérieur et des Cultes.* — Messieurs, ma réponse à la question de l'honorable M. Dubois sera très courte. Lorsqu'il m'a communiqué la circulaire dont il a donné lecture à la Chambre, d'ordre tantôt spirituel et tantôt commercial (*rires à gauche*), je ne lui ai pas dissimulé combien il me paraissait peu probable que le Gouvernement pût intervenir et interdire à un ou plusieurs membres du clergé de solliciter de la part des fidèles un tribut d'une certaine nature, rendu à leurs morts.

La circulaire recommande de négliger les fleurs, de donner la préférence à des prières pour ceux qu'on a perdus et de faire dire pour leur repos des messes.

Il n'y a là, et dans cette mesure, que l'exercice d'un droit spirituel qui est incontestable. Ce qui pourrait être contesté, je ne dis pas au point de vue juridique et légal, mais au point de vue moral et du respect dû à tous les intérêts, c'est la forme dans laquelle, pour arriver à diriger les libéralités dans une certaine voie, on prend soin de les détourner d'une autre direction.

Dans cette circulaire il n'y avait qu'un point qui pût appeler immédiatement mon attention, c'était la mention faite de l'approbation donnée par M. l'archevêque de Paris. J'ai consulté la direction des Cultes pour savoir s'il y avait là un abus. Sa réponse a été négative et, à vrai dire, s'il y a un abus dans cette affaire, ce ne peut être qu'un abus moral. Le Gouvernement ne peut faire qu'une chose, c'est user de son influence pour qu'il ne tourne pas au détriment de personnes à coup sûr très dignes d'intérêt.

Si le clergé paroissial se servait de la prédication et de son action sur les consciences pour favoriser les intentions de la circulaire, certainement le Gouvernement pourrait agir. (*Très bien! très bien! à gauche. — Exclamations à droite.*)

M. ARMAND PORTEU. — Et la liberté des Cultes?

M. LE PRÉSIDENT DU CONSEIL, *ministre de l'Intérieur et des Cultes*. — Vous interprétez très mal ou mes paroles ou ma pensée. Je veux dire — et personne n'y contredira, je pense, — que des prédications religieuses de nature à nuire à une industrie et dans lesquelles on ne se bornerait pas seulement à solliciter des prières et des messes manqueraient incontestablement de convenance. Ce n'est donc bien, je le répète, qu'au point de vue de l'exercice de son autorité morale qu'il peut être question pour le Gouvernement d'intervenir en cette affaire. (*Très bien! très bien! sur divers bancs.*)

LES ENLÈVEMENTS DE CROIX

Chambre des députés. *Séance du 1er mars 1901.* — Plusieurs municipalités, et notamment celle de Reims, avaient fait abattre des croix qui se dressaient sur certains points du territoire de leurs communes. M. Baudry d'Asson, en sa qualité de député catholique et royaliste, crut devoir interpeller le ministre des Cultes à ce propos. M. Mirman, député de la Marne, répondit d'abord au représentant de la Vendée que la municipalité de Reims avait agi dans la plénitude de ses droits. Et, après l'intervention de M. Waldeck-Rousseau, la Chambre adopta l'ordre du du jour pur et simple.

M. Waldeck Rousseau, *président du Conseil, ministre de l'Intérieur et des Cultes.* — Messieurs, je n'ai qu'un mot à répondre. Il vient d'être dit en effet — et rien n'est plus exact — que l'administration des municipalités ne peut être incriminée devant le Parlement et surtout par une interpellation adressée au Gouvernement.

Le Gouvernement a un devoir : c'est de vérifier si les arrêtés ont été pris régulièrement et dans la plénitude des droits qui sont reconnus aux pouvoirs municipaux. Lors donc que j'ai été interpellé par l'honorable M. de Baudry d'Asson, j'ai eu simplement à examiner si les arrêtés municipaux qui ont dicté son interpellation avaient été pris dans la limite de ces pouvoirs...

M. LE COMTE DE LANJUINAIS. — Vous ne l'avez pas fait pour les arrêtés concernant le port de la soutane!

M. LE PRÉSIDENT DU CONSEIL. — L'interpellation de M. de Baudry d'Asson porte sur des actes qui se sont produits sur tel ou tel point déterminé ; quand vous voudrez examiner une autre question, je serai à votre disposition. (*Très bien! très bien! à gauche.*) Pour l'instant, je parle de ce que font les municipalités et, en vérité, ce serait abuser de la patience de la Chambre que de défendre des actes que je n'ai ni à approuver ni à blâmer.

Il ne m'appartient pas de suggérer aux municipalités des opinions ou de diriger leur politique. J'ai d'autant plus le droit de le dire que tous les conseils municipaux ne font pas la politique que le Gouvernement défend et il serait assez plaisant, par exemple, que le Gouvernement fût responsable non seulement des conseils municipaux républicains, mais aussi des autres. (*Applaudissements et rires à gauche.*)

Tous les arrêtés ont été pris régulièrement, dans la limite des pouvoirs qui appartenaient au maire. L'interpellation de M. de Baudry d'Asson ne portait donc pas et, à vrai dire, elle n'était pas recevable. (*Applaudissements à gauche et à l'extrême gauche.*)

LES EMBLEMES AUX PROCESSIONS

Chambre des députés. *Séance du 28 juin 1901.* — M. Vidal de Saint-Urbain, député de l'Aveyron, se plaignait qu'au cours d'une procession, à Millau, le commissaire de police eût saisi un drapeau tricolore sur lequel figuraient les insignes du Sacré-Cœur. Il ajoutait que ce commissaire avait brutalisé un prêtre.

M. Waldeck-Rousseau, *président du Conseil, ministre de l'Intérieur et des Cultes.* — Messieurs, je précise la question de l'honorable M. Vidal de Saint-Urbain. Il s'agit de savoir si un commissaire de police, en s'opposant à ce que le drapeau tricolore auquel certains emblèmes avaient été ajoutés fût porté publiquement, s'est conformé à son devoir et si, dans l'accomplissement de ce devoir qui me paraît élémentaire, le commissaire de police ne s'est pas départi de la modération et de la correction qui s'imposent à tout fonctionnaire. Je vais répondre brièvement aux deux questions.

Dès 1894, dans tous les départements, il a été pris sur l'invitation du ministre de l'Intérieur un arrêté réglant le port des drapeaux et notamment du drapeau national. Cet arrêté a été appliqué dans maintes circonstances et a donné lieu une seule fois à un procès, qui a été porté devant la Cour de Cassation. Celle-ci, dans l'arrêt même cité par l'honorable M. Vidal de Saint-Urbain, a fixé la jurisprudence dans des termes tellement précis et si fortement motivés qu'il ne peut pas y avoir de débat sérieux sur ce point.

Voici ce qu'a dit la Cour de cassation :

« Attendu qu'il résulte des termes mêmes de l'arrêté ci-dessus transcrit, qu'il a été pris en vue du maintien du bon ordre et de la tranquillité publique ; que, d'autre part, l'interdiction qu'il prononce dans un intérêt de police, ne viole, dans ses termes absolus, aucune disposition de loi, ni ne porte aucune atteinte au libre exercice du Culte, dont les manifestations extérieures sont soumises aux règlements de police aux termes mêmes de l'article 1er du Concordat de messidor an IX ; que, d'autre part, le drapeau exposé portant sur ses couleurs un emblème religieux ne saurait être considéré comme le drapeau national ; qu'il n'est pas davantage l'insigne d'une société autorisée ; qu'il ne rentre par suite, à aucun titre, dans les exceptions que l'article 2 de l'arrêté fait à la défense prononcée par l'article 1er. » (*Très bien ! très bien ! à gauche.*)

M. DE BAUDRY D'ASSON. — Il faut le changer pour le drapeau rouge ; alors il ne sera pas insulté. (*Bruit à gauche.*)

M. LE PRÉSIDENT DU CONSEIL. — Vous ne me ferez pas sortir des termes très étroits d'une question qui doit être traitée sommairement.

Le rapport de l'honorable M. Dupré a donné des raisons, je ne dirai pas plus fortes, mais peut-être plus saisissantes encore.

« Nous arrivons, disait-il, au deuxième moyen.

« Le drapeau exposé par le demandeur rentrerait

dans les exceptions prévues par l'arrêté à un double titre : 1° comme drapeau national français ; 2° comme insigne des sociétés autorisées. Drapeau national ? Il est aux trois couleurs. L'emblème du Sacré-Cœur, frappé sur sa bande blanche, ne modifie en rien son caractère. Elle n'a pour but et pour effet que d'associer l'idée religieuse à l'idée de patrie. Nul ne peut admettre que l'emblème de patrie reçoive atteinte de cette association. »

Et le conseiller rapporteur prend la parole :

« Nulle âme catholique, assurément, mais l'idée religieuse est libre et multiple, et la patrie est une et s'impose à tous. Les trois couleurs ne sont les couleurs nationales que si elles ne représentent que la patrie. (*Applaudissements à gauche et à l'extrême gauche.*)

J'ai été informé postérieurement au 16 juin que dans certaines processions on avait déployé le drapeau tricolore, avec, sur la partie blanche du drapeau, les insignes du Sacré-Cœur. J'ai envoyé à tous les préfets une circulaire pour les rappeler à l'observation des instructions de mes prédécesseurs.

C'est alors que, le 23 juin, se sont produits les faits que j'analyse très succinctement, d'après le rapport qui m'a été adressé par le préfet du département et dont je vous ferai connaître la conclusion.

Le 23 juin, à Millau, il y a eu plusieurs processions sortant de plusieurs églises qui n'ont donné lieu à aucun incident, parce qu'aucun emblème de la nature de celui qui nous occupe n'a été déployé. Au contraire, la procession qui est sortie de l'église du Sacré-Cœur a déployé un drapeau tricolore portant sur la partie blanche les insignes du Sacré-Cœur. Le commissaire de police s'est approché du jeune homme qui portait le drapeau et l'a invité à le lui remettre, et cela à un moment où le curé était encore sous le dais et non pas au reposoir. Le jeune homme porteur du drapeau ne fit aucune résistance, et très vraisemblablement cet incident eût passé inaperçu, si un autre incident ne fût venu se greffer sur le premier.

Le commissaire de police roula le drapeau pour n'avoir pas lui-même à porter un drapeau qui ne pouvait être légalement déployé, et il se rendit immédiatement au commissariat.

A ce moment, un ecclésiastique se détacha de la procession. (*Ah! ah! à l'extrême gauche.*)

M. DE BAUDRY D'ASSON. — Il faut le pendre, celui-là! (*Bruit.*)

M. LE PRÉSIDENT DU CONSEIL. — J'indique en passant — ceci ne modifie pas les termes de la question, mais je dois faire connaître ce détail — que cet ecclésiastique, au cours de son interrogatoire, a déclaré qu'il n'appartenait ni au clergé régulier ni au diocèse, et qu'il était missionnaire et s'appelait le père Albinet. (*Exclamations et rires à gauche et à l'extrême gauche.*)

M. VIDAL DE SAINT-URBAIN. — Le père Albinet a été nommé aumônier de l'armée en cas de mobilisation par M. le ministre de la Guerre. (*Exclamations et rires.*)

M. LE PRÉSIDENT DU CONSEIL. — Il est un point sur lequel il me semblait que j'avais donné toute satisfaction...

M. VIDAL DE SAINT-URBAIN. — Il fallait vous adresser à la gendarmerie et non au préfet.

M. LE PRÉSIDENT DU CONSEIL. — Laissez-moi parler, je vous prie. Je dis les choses les plus simples, et vous m'interrompez bien inutilement. D'ailleurs, quel que fût le porteur du drapeau, quelle que fût la personne qui a suivi le commissaire, cela ne modifie pas les termes de la question.

Le point sur lequel j'insiste, c'est que, si on avait laissé le commissaire de police accomplir son devoir, tout se fût terminé là.

Donc, un prêtre en surplis, qui n'est pas du diocèse, suit le commissaire, un attroupement nombreux se forme. Les journaux dont vous avez parlé mentionnent même que le commissaire a été l'objet de huées ; le prêtre en question l'aborde au moment où il entre au commissariat pour lui demander des explications. Le commissaire de police, voyant l'attroupement qui s'était formé, prie le père Albinet de le suivre pour éviter une altercation ou un débat qui aurait été public et, une fois entré au commissariat, il lui déclare qu'il a exécuté sa consigne et qu'il s'est rigoureusement conformé à ce qu'il considère comme son devoir.

M. Suchetet. — Vous allez le décorer? (*Bruit.*)

M. le Président du Conseil. — Il a même prié le père Albinet, dont il ne savait pas encore le nom, de vouloir bien se retirer sans bruit, et sans rien faire qui pût accroître l'animation qui s'était développée sur la place. Il a reçu cette promesse, et a reconduit le prêtre à la porte du commissariat ; au moment où celui-ci allait sortir, il a fait le geste qu'il avait à parler et a commencé à discourir. Le commissaire de police déclare qu'à ce moment-là, en présence du rassemblement mêlé d'éléments très contradictoires qui s'était formé, il crut devoir faire rentrer dans le commissariat le père Albinet qui, au surplus, ne se conformait point je ne dis pas seulement à l'engagement pris, mais encore à ce qui était le strict devoir d'un citoyen qui ne cherche point à provoquer le désordre. Plus tard, le père Albinet a prétendu que s'il avait pris la parole, c'est qu'il avait voulu inviter tout le monde à la paix, à la concorde. (*Exclamations et rires à l'extrême gauche.*) Eh bien! on me permettra de dire que, s'il avait eu ce désir, il devait d'abord ne pas quitter la procession pour aller au commissariat, et ensuite, en sortant du commissariat, ne pas adresser la parole à la foule qui s'était réunie. C'est en raison de cette attitude que le commissaire l'a contraint à rentrer au commissariat.

Le préfet, après s'être entouré de tous les renseignements, m'a adressé un rapport très développé dont voici les conclusions :

« En résumé, il est absolument inexact que l'intervention du commissaire de police ait provoqué des troubles au cours de la procession; elle n'aurait consisté qu'en un procès-verbal ou contravention suivi de la remise du drapeau au curé de la paroisse sans la démarche intempestive d'un missionnaire sans mandat, sans qualité et étranger à la ville de Millau. Si ce missionnaire s'est plaint d'avoir été contraint par la force à rentrer dans le bureau du commissaire de police, il ne doit s'en prendre qu'à son imprudence. Voulait-il inviter la foule au calme ? Il l'a prétendu. Beaucoup de personnes présentes n'ont pas cru que telles étaient ses intentions. Quant au commissaire, il était persuadé du contraire.

« L'abbé Albinet, en se rendant au commissariat revêtu des habits qu'il portait à la procession, ne pouvait manquer d'appeler l'attention et de provoquer une certaine agitation dans le public; aussi peu à peu deux ou trois cents personnes s'étaient massées devant la porte du bureau où l'on savait que le missionnaire s'était rendu. Une provocation de sa part aurait nécessairement amené une manifestation en sens centraire du côté des nombreuses personnes qui applaudissaient l'attitude du commissaire de police. Ce dernier a donc fait son devoir et s'est montré prévoyant en imposant à M. Albinet de se retirer sans aucun bruit. »

Je ne peux, messieurs, que m'associer aux conclusions du préfet; et si l'on prétend que le commissaire de police s'est rendu coupable de violences, on peut le démontrer par un moyen beaucoup plus simple qu'une enquête administrative. Que le père Albinet, qui d'ailleurs a quitté le diocèse et n'a pu être entendu de nouveau, formule sa plainte, qu'il provoque une instruction judiciaire, et on verra bien si le commissaire de police s'est montré violent ou au contraire si le missionnaire, cédant à un sentiment qui s'est fait jour malheureusement sur certains points de notre territoire, n'a pas été dominé par le désir de créer quelque agitation; c'est, en effet, toujours dans le même but, pour faire échec à ce qui est la règle commune, à des arrêtés pris par des maires dans la plénitude de leurs pouvoirs, que dans certains départements, dans certaines communes, on a provoqué des incidents regrettables.

Quoi qu'il en soit, j'estime que les explications que j'ai données à la Chambre sont amplement suffisantes et que j'ai eu raison d'approuver la conduite du commissaire de police, comme l'avait fait le préfet de l'Aveyron. (*Applaudissements à gauche et à l'extrême gauche.*)

LES SÉCULARISATIONS

Circulaire aux préfets. — *Le 14 novembre 1901.* — Le Gouvernement pensa qu'en présence de la sécularisation possible des membres de congrégations d'hommes non autorisées, il était nécessaire de surveiller le recrutement du clergé paroissial. D'où la circulaire suivante. Elle répondait, déclara M. Waldeck-Rousseau[1], à la pensée très nette et très ferme du Gouvernement que la loi sur les associations, votée par la Chambre au mois de juillet 1901, devait être complètement et loyalement exécutée.

Paris, le 14 novembre 1901.

Monsieur le Préfet,

La promulgation de la loi du 1ᵉʳ juillet 1901 ayant amené la dispersion de diverses congrégations religieuses d'hommes non autorisées, il importe d'exercer la plus grande vigilance sur les expédients par lesquels les membres de ces agrégations s'efforceraient de pénétrer dans les rangs du clergé paroissial rétribué par l'État au détriment de notre clergé séculier.

Le fait d'avoir appartenu à une congrégation ne crée

---

1. Chambre des députés, séance du 17 décembre 1901. Voir *La Défense républicaine*, page 243.

pas une sorte de « diminutio capitis » à l'égard de l'ancien congréganiste et ne le retranche pas, sans doute, à tout jamais de la vie ecclésiastique en paroisses. Mais le Gouvernement a le devoir d'empêcher que les règles qui président à l'exercice du Culte soient éludées.

Dans ces conditions, il convient de rappeler les précautions qui ont toujours été prises lorsqu'on s'est trouvé en présence d'un cas de sécularisation.

Ces règles procèdent tout d'abord de l'article 2 du décret-loi du 3 messidor an XII que le législateur a eu le soin de maintenir en vigueur en tout ce qui n'est pas contraire à la loi du 1er juillet 1901 ; elles découlent en même temps de la nécessité d'empêcher qu'il demeure lettre morte. Elles peuvent se formuler de la manière suivante :

1° On ne peut admettre l'entrée dans le clergé paroissial d'un sujet faisant partie d'une congrégation existant encore, quel que soit le lieu où elle s'est transportée.

C'est ainsi qu'on ne saurait, par exemple, accepter la sécularisation de membres de la compagnie de Jésus, alors même que celle-ci n'existerait plus en France sous forme d'agrégations compactes.

2° La sécularisation ne peut être accordée qu'aux prêtres rentrés dans leur diocèse d'origine pour y vivre conformément aux lois et sous la juridiction unique de leur ordinaire.

3° Enfin la sécularisation ne doit jamais s'effectuer sur place, c'est-à-dire au lieu même où existait la congrégation, de manière à ce que l'opinion publique ne puisse s'y tromper et que la congrégation ne puisse pas se reconstituer sous une autre forme.

Vous avez de tout temps, Monsieur le Préfet, quand

le nom d'un nouvel ecclésiastique est porté à votre connaissance pour être inscrit sur les contrôles de la comptabilité publique, l'obligation de recueillir les renseignements les plus circonstanciés sur sa nationalité et sur son véritable caractère sacerdotal en vous faisant représenter son état civil et en vous faisant administrer la preuve qu'il a bien été ordonné en France des mains d'un prélat dûment qualifié.

Il vous sera dès lors facile, en même temps que vous procéderez à ces recherches, de vous procurer toutes les informations qui font l'objet de la présente circulaire.

Recevez, Monsieur le Préfet, l'assurance de ma considération très distinguée.

Le Président du Conseil,
ministre de l'Intérieur et des Cultes,

WALDECK-ROUSSEAU.

L'ADMINISTRATION ET LES CONGRÉGATIONS

Chambre des députés. — *Séance du 19 décembre 1901.* — Le président du Conseil avait adressé, le 12 septembre, une circulaire aux préfets, les invitant à faire connaître à l'administration certains renseignements sur les établissements congréganistes. M. de Grandmaison lui posa à ce sujet une question en termes indignés, où il parlait de « l'audace » et de « l'inconscience » du ministre... M. Waldeck-Rousseau se borna à cette brève réplique :

M. Waldeck-Rousseau, *président du Conseil, ministre de l'Intérieur et des Cultes.* — Messieurs, il est parfaitement exact qu'à la date du 12 septembre 1901 j'ai adressé aux préfets une circulaire les invitant à tenir l'administration centrale au courant des déterminations prises par les établissements congréganistes situés dans leurs départements, soit que les religieux y demeurassent, soient qu'ils en partissent. Je demandais en même temps aux préfets de me faire connaître les noms des directeurs, supérieurs ou administrateurs de chaque établissement congréganiste.

Si la Chambre veut bien se rappeler que la loi avait été votée le 1ᵉʳ juillet, que le terme assigné à son exécution était le 1ᵉʳ octobre, elle n'attribuera ni à mon inconscience ni à mon extrême audace (*rires*) le fait d'avoir demandé aux préfets de me fournir les renseignements nécessaires pour apprécier si, à la fin du mois de septembre, plusieurs établissements tombaient sous l'application de la loi. (*Applaudissements à gauche.*)

Les préfets ayant reçu cette circulaire l'ont adressée aux sous-préfets et ceux-ci ont, à leur tour, interrogé les maires.

L'honorable M. de Grandmaison disait : Mais les maires ne sont pas les agents de la police secrète ! — Assurément. Mais aux termes de l'article 7 de la loi municipale, ils sont chargés, sous l'autorité de l'administration supérieure, d'assurer l'exécution des lois et règlements. (*Très bien ! très bien ! à gauche.*)

Comment ! voilà une loi qui dit aux congrégations : demandez l'autorisation ou dispersez-vous. Je prétends que c'est pourvoir à l'exécution de cette loi que de rechercher si la congrégation s'est dispersée ou si elle s'est soumise. (*Applaudissements à gauche.*)

M. de Grandmaison a ajouté que ce que la majorité va trouver tout naturel pour des congrégations, elle le trouverait exorbitant pour des syndicats.

Il y a là une légère différence : aucun des syndicats qui ont rempli les formalités de la loi n'est actuellement mis en demeure de se disperser ou de se dissoudre, s'il n'obtient une autorisation.

Dans la lettre qu'il m'a fait l'honneur de m'adresser et à laquelle je m'excuse encore une fois de n'avoir pas répondu aussi vite que j'aurais dû le faire, M. de Grandmaison me demandait mon opinion sur la question que voici : Pensez-vous, m'écrivait-il, que les maires aient le droit de pressentir leurs administrés sur leurs projets de voyage ? — Non. Je crois que si un maire demande cela à un de ses administrés, c'est qu'il existe entre eux des rapports de civilité et même d'amitié qui autorisent ces communications. (*On rit*). Mais autre chose est un administré qui va où il veut et une congrégation qui doit respecter la loi. Voilà l'explication que je devais à la Chambre. (*Applaudissements à gauche.*)

LES ÉCOLES CONGRÉGANISTES

La loi du 1ᵉʳ juillet 1901 sur les associations et les congrégations porte [1] :

Article 13. — *Aucune congrégation religieuse ne peut se former sans une autorisation donnée par une loi qui déterminera les conditions de son fonctionnement. Elle ne pourra former aucun nouvel établissement qu'en vertu d'un décret rendu en Conseil d'Etat.*

La dissolution de la congrégation ou la fermeture de tout établissement pourront être prononcées par décret rendu en conseil des ministres.

Art. 14. — *Nul n'est admis à diriger, soit directement, soit par personne interposée, un établissement d'enseignement, de quelque ordre qu'il soit, ni à y donner l'enseignement, s'il appartient à une congrégation religieuse non autorisée.....*

. . . .

Art. 18. — *Les congrégations existantes au moment de la promulgation de la présente loi, qui n'auraient pas été antérieurement autorisées ou reconnues, devront, dans le délai de trois mois, justifier qu'elles ont fait les diligences nécessaires pour se conformer à ses prescriptions. A défaut de cette justification, elles sont réputées dissoutes de plein droit.*

. . . . , ... ,

Au cours des discussions qui s'élevèrent sur l'article 13,

1. *Journal officiel* du 2 juillet 1901.

M. le député Peschaud avait présenté un amendement spécifiant que les congrégations déjà autorisées avant la promulgation de la loi seraient dispensées de demander l'autorisation pour les établissements non autorisés qu'elles pourraient gérer au moment de cette promulgation (Séance du 19 mars 1901). Après avoir rappelé certaines dispositions de la loi de 1825, M. Waldeck-Rousseau répliqua : « Je crois que les déclarations qui ont été faites ou par le Gouvernement ou par l'honorable rapporteur ne laissent planer aucune équivoque sur la situation juridique des établissements non autorisés dépendant des congrégations autorisées. Il a été dit par l'honorable M. Trouillot, qui a reproduit très fidèlement mes déclarations et ma pensée, qu'en vertu du texte actuel les congrégations qui ont fondé des établissements autorisés et des établissements qui ne le sont pas auraient à se pourvoir en autorisation pour la dernière catégorie de ces établissements, et le mécanisme légal qui a été adopté par la Commission, d'accord avec le Gouvernement, permet à ces congrégations d'obtenir l'autorisation qu'elles solliciteront sans avoir recours à une loi, mais simplement par décret [1]. »

Quant à l'article 14, vivement combattu par la droite, M. Waldeck-Rousseau le défendit en ces termes contre ceux qui prétendaient que cette disposition de la loi portait atteinte à la liberté d'enseignement (Chambre, séance du 25 mars 1901) : « ... Il ne s'agit pas de savoir, entendez-le bien, si les catholiques ont le droit d'élever leurs enfants suivant leur conscience, si des laïques catholiques peuvent ouvrir des écoles : — oui, ils le peuvent, et vous le savez. Il ne s'agit pas de savoir si les prêtres séculiers peuvent ouvrir des établissements d'instruction : — ils le peuvent, et vous le savez. Il ne s'agit même pas de savoir si des congrégations autorisées qui se seront inclinées devant la loi pourront donner l'enseignement : — elles le peuvent, et vous le savez ?... » Il s'agissait, en effet, d'obtenir, avant tout, la soumission des congrégations à la loi.

1. *Associations et Congrégations*, page 234.
2. *Ibid.*, page 255.

C'était là une mesure indispensable et qui, d'ailleurs, n'avait en réalité aucun caractère nouveau, ni même révolutionnaire. On a rappelé avec raison que, sur ce point tout au moins, la loi de 1901 n'innovait rien et ne faisait que confirmer la loi de 1825. C'est ainsi que, en ce qui concerne plus spécialement les établissements de femmes, la loi votée sous la Restauration disait : « Article 1er. — A l'avenir, aucune congrégation religieuse de femmes ne pourra être autorisée, et, *une fois autorisée, ne pourra former d'établissement* que dans les formes et les conditions prescrites dans les articles suivants. Art. 3. — Il *ne sera formé aucun établissement d'une congrégation religieuse de femmes déjà autorisée*, s'il n'a été préalablement informé sur la convenance et les inconvénients de l'établissement, et si l'on ne produit à l'appel de la demande le consentement de l'évêque diocésain et l'avis du conseil municipal de la commune où l'établissement devra être formé. L'autorisation spéciale de former l'établissement sera accordée par ordonnance du roi, laquelle sera insérée dans la quinzaine au Bulletin des Lois. »

Il résultait donc du texte même de la loi, comme des déclarations apportées par le Gouvernement à la tribune, qu'aucune congrégation, quelle qu'elle fût, ne pourrait fonder un nouvel établissement sans autorisation par décret. Cependant, certaines congrégations parurent interpréter la loi de telle façon que le ministre dut adresser aux préfets la circulaire suivante :

Paris, le 5 décembre 1901.

Monsieur le Préfet,

Les congrégations autorisées qui ont fondé des établissements sans avoir obtenu pour chacun d'eux l'autorisation exigée par l'article 3 de la loi du 24 mai 1825 ont déjà été mises en garde, par une note de l'agence Havas du mois d'août dernier, contre une interprétation erronée des dispositions législatives, tant anciennes que nouvelles, les concernant.

Il avait bien été rappelé que l'autorisation accordée à une congrégation ne couvrait pas les succursales irrégulièrement créées, et qu'une demande en autorisation devait être produite à leur égard conformément à la loi du 1er juillet 1901.

Cet avertissement a été entendu de la plupart des congrégations qui se sont mises en instance et dont les demandes sont actuellement soumises à l'instruction.

Toutefois, quelques congrégations n'ont pas encore régularisé leur situation en ce qui concerne ceux de leurs établissements qui n'étaient pas légalement formés.

Si, par une interprétation large de l'esprit de l'article 14 de la loi du 1er juillet 1901, on a pu considérer que cet article ne visait que les congrégations n'ayant reçu aucune autorisation, cet état de choses ne saurait être indéfiniment prolongé.

Vous voudrez bien aviser les intéressés que, faute par eux de se pourvoir en autorisation à l'égard des établissements susvisés, avant le 15 janvier prochain, le Gouvernement devra en provoquer la fermeture.

Il vous appartient de prendre les mesures nécessaires à cet effet, et notamment d'insérer la présente circulaire dans le *Recueil des actes administratifs* de votre préfecture.

Le Président du Conseil,
ministre de l'Intérieur et des Cultes,

WALDECK-ROUSSEAU.

Au même moment, le Conseil d'Etat était consulté par le ministre de l'Instruction publique sur la question de savoir si, en cas d'ouverture d'une école par un ou plusieurs congréganistes, cette école doit être considérée comme un nouvel établissement ouvert par la congrégation, quels que soient le propriétaire ou le locataire de l'immeuble et le mode de rémunération du personnel enseignant.

Que s'était-il passé ? Ceci, simplement, que certaines congrégations avaient trouvé un moyen ingénieux de tourner la loi : elles avaient ouvert de nombreuses écoles dans des locaux qui étaient la propriété de sociétés civiles, de tiers, de particuliers, et, par là, elles pensaient échapper à l'obligation légale de la déclaration!

Le Conseil d'Etat se prononça dans sa séance du 23 janvier 1902. Se basant sur les lois du 30 octobre 1886 et du 1ᵉʳ juillet 1901, considérant, entre autres points, que la déclaration d'ouverture d'une école ne peut être faite que par une personne réunissant toutes les conditions d'aptitude exigées par les lois; qu'une congrégation religieuse autorisée ne peut fonder aucun nouvel établissement qu'en vertu d'un décret rendu en Conseil d'Etat; qu'une école, au point de vue juridique, est complètement indépendante des conditions matérielles et financières dans lesquelles elle est établie et fonctionne ; le Conseil émettait l'avis que, dans le cas de déclaration d'ouverture d'une école par un membre d'une congrégation, cette école, même si elle fonctionne dans un local appartenant à un tiers et avec des allocations fournies par lui, n'en conserve pas moins son caractère propre d'établissement de la congrégation.

Dès les premiers jours de février, le président du Conseil adressa aux préfets une circulaire conforme à l'avis du Conseil d'Etat :

Paris, 8 février 1902.

Monsieur le Préfet,

Il résulte d'un avis du Conseil d'Etat en date du 23 janvier 1902 que les écoles dans lesquelles l'enseignement est donné par des congréganistes constituent des établissements de la congrégation, quels que soient le propriétaire ou le locataire de l'établissement et le mode de rémunération du personnel enseignant.

La congrégation autorisée des....., dont le siège principal est dans votre département, a ouvert postérieurement à la promulgation de la loi du 1er février 1901, à..... et à....., des écoles qui constituent, aux termes de l'avis précité, de nouveaux établissements.

Il importe que cette situation soit régularisée.

Je vous prie, en conséquence, de faire venir la supérieure de cette congrégation et de lui faire savoir qu'elle devra ou rappeler les congréganistes qui donnent l'enseignement dans l'école sus-indiquée, ou se mettre en instance pour obtenir l'autorisation par décret; faute de quoi, après une dernière mise en demeure, le Gouvernement ne pourrait qu'user des pouvoirs qui lui sont conférés par la loi.

Vous aurez soin de faire remarquer à la supérieure qu'elle s'exposerait aux mêmes sanctions si elle ouvrait désormais un nouvel établissement sans avoir obtenu au préalable l'autorisation.

Vous voudrez bien me faire connaître la suite donnée à cette communication.

Recevez, Monsieur le Préfet, l'assurance de ma considération très distinguée.

Le Président du Conseil,
ministre de l'Intérieur et des Cultes,
WALDECK-ROUSSEAU.

CHAMBRE DES DÉPUTÉS. *Séance du 17 février* 1902. — M. L'abbé Gayraud porta la question à la tribune. Au cours de la discussion du budget, il présenta ses observations sur la manière dont le Gouvernement appliquait la loi de 1901 aux congrégations religieuses, et, à propos des écoles, il se plaignit que l'avis du Conseil d'Etat eût aggravé la loi. La réponse du ministre fut péremptoire:

M. Waldeck-Rousseau déclara nettement que les écoles, même les écoles installées chez des particuliers, ne pouvaient se passer de l'autorisation.

M. LE PRÉSIDENT DU CONSEIL, *ministre de l'Intérieur et des Cultes*. — L'honorable abbé Gayraud a apporté à la tribune un certain nombre d'observations qui, pour la plupart, portent sur des sujets entièrement étrangers au budget des Cultes. Je ne veux point cependant me prévaloir de cette constatation pour ne pas lui répondre.

Il a commencé par se plaindre du décret réglementaire rendu en Conseil d'Etat, et qui a précisé les formalités qu'imposait la loi du 1er juillet 1901.

Suivant l'honorable orateur, le décret du 23 janvier 1902 aurait ajouté à la loi; il ne se serait pas borné à la développer, à la commenter, à lui donner les sanctions nécessaires, il y aurait encore ajouté des prescriptions qui ne se trouvaient pas dans le texte.

M. FERNAND DE RAMEL. — Et qui sont en contradiction avec vos déclarations.

M. LE PRÉSIDENT DU CONSEIL — Permettez-moi de poursuivre.

Je dis que les critiques qui ont été apportées par l'honorable abbé Gayraud, et qui ressortent de cet ordre d'idées, ne justifiaient pas le moins du monde les reproches qu'il a élevés contre le décret. Il s'est plaint en effet d'abord de ceci : L'article 19 de la loi de 1901 exige que les congrégations tiennent une liste nominative de tous leurs membres, indiquant leur nationalité, leur profession, d'une façon plus générale et en même temps plus précise, constatant leur état civil. Cela, dit M. l'abbé Gayraud, est très juste pour les congrégations existantes; mais le Conseil d'Etat n'a-t-il pas commis un véritable abus de pouvoir en exigeant des congrégations, qui veulent se faire autoriser, qu'elles présentent une liste de leurs membres, avec l'état civil de ces membres, l'indication de leur origine, de leur nationalité; cela n'est pas dans le texte de la loi.

Je crois qu'il suffit d'énoncer cette proposition pour que la Chambre en apprécie la valeur.

Comment! on reconnaît qu'une congrégation, pour continuer d'exister, doit justifier qu'elle ne comprend que des membres qui répondent aux conditions de la loi; on trouve cela tout naturel; et, s'il s'agit de conquérir le droit à l'existence, on pourrait ne pas faire connaître quelles sont les personnes qui constitueront cette association? C'est là une proposition absolument inadmissible et elle ne comporte pas, je crois, une plus ample réfutation. (*Très bien! très bien! à gauche.*)

L'honorable abbé Gayraud s'est plaint, en outre, — ici ce n'est pas l'arrêt du Conseil d'État mais l'arrêté ministériel qu'il met en cause, — que nous ayons exigé la soumission à la juridiction de l'ordinaire.

Cela n'est pas une exigence arbitraire du Gouvernement, ni une innovation.

La loi de 1825 exigeait que toute communauté, pour obtenir l'autorisation d'exister, justifiât, non seulement qu'elle avait demandé à se soumettre à la juridiction de l'ordinaire, mais encore qu'elle avait obtenu de l'ordinaire d'être par lui reconnue et acceptée comme congrégation.

Voilà encore la réponse sur le fond; mais il en est une autre qui aurait été suffisante. En prétendant que le décret a dépassé le texte de la loi, qu'il a ajouté à la loi, vous dirigez contre lui une critique bien connue: vous l'accusez d'avoir excédé les pouvoirs de l'État ou d'avoir statué par voie de détournement de pouvoir. Si ces critiques sont fondées, tous les intéressés avaient le droit de se pourvoir pour abus ou détournement de pouvoir; or, ils ne l'ont pas fait et, par conséquent, aujourd'hui, le décret du Conseil d'État est définitif. (*Protestations à droite.*)

Oh! je sais que, du moment que le Conseil d'État ne vous donne pas raison, cette juridiction ne mérite aucune considération. (*Interruptions sur les mêmes bancs. — Applaudissements à gauche.*)

M. LE COMTE DE LANJUINAIS. — Vous la condamniez du temps de l'Empire, et maintenant vous la trouvez excellente !

M. LE PRÉSIDENT DU CONSEIL. — Voilà un siècle qu'on a pu porter au contentieux du Conseil d'État des décisions rendues par voie de décret, et jamais on n'a eu le droit de dire que le Conseil d'État, au contentieux, se fût inspiré de considérations autres que celles puisées dans le sentiment de son devoir. (*Interruptions à droite.*)

M. l'abbé Gayraud a fait encore une critique : « Voyez, nous a-t-il dit, combien le Conseil d'État a été au delà de ses pouvoirs. L'article 14 de la loi de 1901 n'interdit pas aux congréganistes d'enseigner; il exige que les établissements congréganistes produisent une liste de professeurs, de ceux qui donnent l'enseignement; or, le Conseil d'État ajoute à cette liste les employés.

Le Conseil d'État n'a fait, en cela, que se référer à la législation scolaire elle-même. Mais il est une autre raison à l'appui de cette décision : c'est qu'il serait trop facile, si l'on ne demandait pas la liste de toutes les personnes qui sont attachées aux établissements scolaires, de présenter un professeur, deux professeurs comme tels et d'avoir deux ou trois employés qui donneraient, directement ou indirectement, habituellement ou accidentellement, l'enseignement.

Il faut donc connaître le personnel tout entier et, ici encore, le décret du Conseil d'État est absolument justifié. (*Très bien! très bien! à gauche.*)

Quant à la question de la sécularisation, monsieur l'abbé Gayraud, vous m'avez déjà fourni une première occasion de m'en expliquer. J'ai dit comment le Gouvernement comprenait le décret de l'an XII et d'autres textes d'ailleurs, car ce n'est pas le seul qui puisse être invoqué en la matière.

Nous avons sur ce point des opinions très différentes. Vous pensez que nous l'interprétons dans un sens très exorbitant; ici, il me suffira de vous répondre que la question est, à l'heure actuelle, précisément soumise aux tribunaux, que les tribunaux auront à examiner et à décider si l'interprétation que nous avons faite est une interprétation juste ou une interprétation qui ne l'est pas, et ce n'est, permettez-moi de vous le dire, ni la Chambre, ni vous, monsieur Gayraud, quelle que soit votre compétence, ni moi, qui pouvons, dans un débat qui est maintenant engagé, apporter une solution qui ne nous appartient pas.

Enfin M. Gayraud a porté sa critique sur ce qui s'est passé à l'occasion de certains établissements scolaires ouverts ou à ouvrir. Je le remercie de me fournir une occasion d'expliquer en quelques mots pourquoi et comment le Gouvernement a été amené à demander sur ce point l'avis du Conseil d'État.

Qu'il me soit permis d'observer en passant que donner son avis au Gouvernement qui le consulte, est précisément une des plus hautes attributions de ce grand corps de l'État. Jamais on n'avait pris ombrage de ce que le Gouvernement, voulant être fixé sur certaines difficultés d'interprétation, demandât son avis au Conseil d'Etat.

Et voici dans quelles conditions nous avons été amenés à le faire. Une difficulté d'interprétation très grave a été soulevée à l'occasion de l'application de la loi du 1ᵉʳ juillet 1901. D'une part, la loi du 1ᵉʳ juillet 1901 n'a pas modifié la législation scolaire, je l'ai déclaré à cette tribune, je le déclare une fois encore, mais, d'un autre côté, et tout le monde l'a reconnu, elle a imposé à toutes les congrégations autorisées sans exception, aux congrégations enseignantes comme aux autres, l'obligation d'obtenir désormais, pour fonder un établissement nouveau, une autorisation spéciale résultant d'un décret.

Sur ce point, je n'ai jamais été en contradiction avec personne. Je pourrais prendre à témoin l'honorable M. Gayraud lui-même. En effet, on ne peut pas interpréter le paragraphe 2 de l'article 13 en ce sens : aucune congrégation ne pourra fonder un nouvel établissement sans autorisation par décret, sauf les congrégations enseignantes.

Jamais la Chambre n'a entendu admettre cette distinction. Elle n'a été proposée par personne. Il s'agissait de savoir si une école venant à être ouverte, elle constituerait un établissement nouveau de la congrégation non seulement si l'école était ouverte dans un bâtiment dont la congrégation serait propriétaire ou locataire, mais encore lorsque, dans des locaux appartenant à un tiers, l'enseignement serait donné par un ou plusieurs de ses membres.

Eh bien ! quelle a été l'interprétation des congrégations elles-mêmes ? Je pense qu'on peut les prendre à témoins car elles étaient les meilleurs juges dans une affaire de ce genre.

Elles avaient ouvert de nombreux établissements d'enseignement, des écoles qui ne fonctionnaient pas dans leurs propres locaux, mais dans des locaux qui étaient au contraire la propriété de sociétés civiles, de tiers, de particuliers. Lorsqu'on leur a dit : Il faut demander l'autorisation, est-ce qu'elles ont fait une distinction? Pas le moins du monde.

M, LE MARQUIS DE KÉROUARTZ. — Elles ont eu tort.

M. LE PRÉSIDENT DU CONSEIL. — Naturellement! (On rit.)

M. GAYRAUD. — On leur a imposé cette interprétation.

M. LE PRÉSIDENT DU CONSEIL. — Voici deux exemples ; je pourrais en donner vingt.

Je prends ces deux exemples parce qu'ils sont fournis par des congrégations très importantes et administrées avec une très grande intelligence et une haute capacité.

Les petits frères de Marie possédaient 100 établissements, fondés dans des immeubles leur appartenant; ils en possédaient 500 fondés dans des immeubles appartenant à des tiers ; ils ont demandé l'autorisation pour les 600 établissements.

M. BALSAN. — Evidemment.

M. LE PRÉSIDENT DU CONSEIL. — Voici une autre congrégation, également très importante, celle des frères de Ploërmel ; ils avaient soixante écoles fonctionnant dans leurs propres bâtiments, trois cents fonctionnant dans des établissements appartenant à des tiers; ils ont demandé l'autorisation pour les trois cent soixante établissements.

Ce que je viens de dire de ces deux congrégations,

je pourrais le dire, je vous l'affirme, de la quasi unanimité des congrégations enseignantes.

Sur ces entrefaites, des tiers ont entrepris d'ouvrir des écoles dans des bâtiments à eux. Je cite un exemple qui me vient à l'esprit, et qui est très caractéristique. Un manufacturier ouvre une école dans ses bâtiments, dans le périmètre de son usine, et, pour desservir cette école, il fait appel à des congréganistes. Devait-on considérer qu'il y avait là un établissement nouveau dépendant d'une congrégation et fallait-il un décret? Nous avons examiné, M. le ministre de l'Instruction publique et moi, un grand nombre de cas de ce genre, et, désireux de ne point exagérer la rigueur, nous avons considéré qu'il s'agissait avant tout d'une question de bonne foi qui se formulait en ces termes : « Est-on en présence d'un tiers qui fait appel à des congréganistes pour donner l'enseignement chez lui, ou est-on en présence de congréganistes qui font appel à des tiers pour n'avoir pas à demander l'autorisation? »

Dans ce cas, il était trop évident que la loi serait tournée.

C'est en nous plaçant à ce point de vue que nous avons été amenés à résoudre un certain nombre d'espèces dans le sens, j'ose le dire, de la plus large tolérance et de la plus grande équité.

C'est cette interprétation que j'ai donnée à l'honorable abbé Gayraud.

Voici maintenant ce qui s'est produit : c'est par là que j'explique l'avis que nous avons demandé au conseil d'Etat. M. Gayraud a jugé utile — c'était absolument son droit — de faire de cette interprétation l'objet d'une communication. Cette communication elle-même est devenue l'objet d'une sorte d'instruction adressée à toutes les congrégations et qui pouvait se résumer en ces termes : « Du moment où la congrégation n'ouvrira pas l'école dans des bâtiments qui lui appartiennent, du moment où elle s'établira dans un local appartenant à un tiers, où elle fera seulement payer les services de ses professeurs par ce tiers, il n'y a plus besoin d'autorisation et il n'y a plus lieu de se préoccuper de l'article 13. »

Et, tout aussitôt, voici ce qui se produit : je reviens aux deux congrégations dont je parlais tout à l'heure.

Les petits frères de Marie retirent la demande d'autorisation qu'ils avaient formée pour 500 de leurs établissements sur 600.

M. Gayraud. — C'était leur droit.

M. le Président du Conseil. — Les frères de Ploermel retirent la demande qu'ils avaient formée pour 300 établissements sur 360.

M. le lieutenant-colonel du Halgouet. — Ils n'avaient fait que se conformer aux déclarations que vous aviez faites à M. Cochin.

M. le Président du Conseil. — A partir de ce moment, plus une seule demande d'autorisation d'ouverture d'écoles ne s'est produite, par l'excellente raison qu'on avait créé un mécanisme qui permettait de ne jamais être chez soi et de venir dire : « Nous donnons l'enseignement chez un tiers et nous n'avons pas fondé un nouvel établissement. »

J'ai rectifié tout de suite cette interprétation dans une circulaire qui porte la date du 5 décembre. Voyez maintenant combien il y a peut-être plus de bonne volonté de la part de quelques congrégations que de la part de certaines personnes — il n'en est point ici — qui cherchent à les diriger. (On rit.) Je parle très sérieusement. La plupart des congrégations qui avaient demandé l'autorisation pour tous les établissements et t qui les avaient retirées en présence de la circulaire du 5 décembre, rétablissent la demande d'autorisation (*rires*), parce qu'elles considèrent que c'est, en effet, là, l'application la plus naturelle et la plus juste du texte même de la loi.

M. LE COMTE DE LANJUINAIS. — Elles s'inclinent devant la force.

M. BALSAN. — Vous vous êtes trompé vous-même sur l'application de la loi.

M. FERNAND DE RAMEL. — Nous verrons ce que décideront les tribunaux.

M. LE PRÉSIDENT DU CONSEIL. — Cependant, comme d'autres congrégations persistaient, nous avons alors jugé utile de demander l'avis du Conseil d'Etat. Devant le Conseil d'Etat, le ministère de l'Instruction publique a fait valoir une considération qui m'a paru et qui me paraît encore sans réplique, à savoir que le droit d'enseigner n'est pas une faculté qui appartienne à tous les citoyens. Le droit de faire la charité n'est réglementé par aucune législation ; le droit d'enseigner est, au contraire, soumis à des conditions de capacité et de titres. Or, la loi de 1886 sur l'enseignement ne considère ni le propriétaire, ni le locataire de la maison ; elle ne considère que ceux qui enseignent. Ce qui le prouve par surcroît c'est qu'elle exige que la déclaration d'ouverture soit faite précisément par celui qui doit enseigner. Donc, devant la loi de 1886, celui-là fonde une école qui y donne l'enseignement. C'est à cette interprétation que le Conseil d'Etat s'est rallié.

M. FERNAND DE RAMEL. — C'est l'exercice d'un droit individuel.

M. LE PRÉSIDENT DU CONSEIL. — Le Gouvernement ne l'a pas demandée pour ne pas la suivre ; il la suivra, mais ici encore nous n'avons voulu témoigner d'aucune rigueur qui eût été excessive; et tenant compte des diverses interprétations qui s'étaient fait jour, nous avons considéré que les congrégations avaient pu, en ne demandant pas l'autorisation ou en retirant leur demande, agir de bonne foi.

Le délai qui avait été fixé par la circulaire du 5 décembre, ayant expiré le 25 janvier, j'ai prescrit aux préfets de mettre une dernière fois les congrégations en demeure de se conformer à la loi dans le sens qui lui a été donné par l'avis du Conseil d'État.

Voilà dans quelles conditions le Conseil d'Etat a été consulté. Je crois qu'en lui demandant son avis, le Gouvernement a fait son devoir et qu'il ne fera encore que son devoir en se conformant à l'avis qu'il en a reçu. (*Vifs applaudissements à gauche et à l'extrême gauche.*)

TABLE DES MATIÈRES

                        Pages.

Introduction.   i

I. — ASSISTANCE PUBLIQUE

La protection des enfants abandonnés   1
  Discours à la Chambre, le 30 novembre 1899   2
Le vagabondage   14
  Chambre, le 5 décembre 1899.
Secours aux vieillards   16
  Sénat, 3 avril 1900.
Secours aux indigents   19
  Chambre, 10 avril 1900.
Secours aux familles nécessiteuses des réservistes . .   26
  Chambre, 4 décembre 1899. Sénat, 12 avril 1900.
Secours aux victimes des sinistrés   35
  Chambre, 20 mars 1900.
Les Aveugles   39
  Séances annuelles de la Société d'Assistance pour les
   aveugles, 19 juin 1898 et 9 mai 1899.   39
  Chambre, 21 décembre 1901   47

II. — HYGIÈNE PUBLIQUE

La santé publique   49
  Sénat, 11, 20 et 24 décembre 1900, 21 et 23 mai 1901.
Les eaux de Paris. L'épandage   70
  Chambre, 11 décembre 1899 et 10 avril 1900.
Mesures contre la peste   82
  Chambre, 26 février 1901.

                                                                Pages.
LA TUBERCULOSE   86
   Circulaires aux préfets, 12 juin, 15 juin et 23 octobre
   1901.
   Les dispensaires antituberculeux.   99
LA PROSTITUTION   102
   Chambre, 20 janvier 1902.
LA DÉPOPULATION   109
   Sénat, 22 novembre 1901.
   Commission de la dépopulation, 29 janvier 1902.
LA MORTALITÉ INFANTILE.   119
   Ligue contre la mortalité infantile, 15 janvier 1902.

III. — PRÉVOYANCE. MUTUALITÉ

LES « PRÉVOYANTS DE L'AVENIR »   123
   Lettres au président de la Société, année 1900.
   Chambre, 1er février et 22 octobre 1901.   132
   Sénat, 30 janvier 1902   153
SOCIÉTÉS DE PRÉVOYANCE ET DE SECOURS MUTUELS   165
   Banquet des mutualistes.   166
   La Prévoyance commerciale   175
   Ligue nationale de la Prévoyance et de la Mutualité .   181
   L'Union du Commerce et de l'Industrie.   185
   Les Employés des Chemins de fer   193
   Fédération des mécaniciens   199
   Les voyageurs de commerce.   202

IV. — LA POLICE

« Histoire du corps des gardiens de la paix »   204
Association amicale et de prévoyance de la préfecture
   de police   209

V. — QUESTIONS DIVERSES

LE RÉGIME FISCAL DES SUCCESSIONS.   220
   Sénat, 17 janvier 1901.
LES DESSINS LICENCIEUX   229
   Chambre, 24 décembre 1901.
SUR LA SUPPRESSION DES COURSES DE TAUREAUX   232
   Chambre, 8 juin 1900.

TABLE DES MATIÈRES

Pages.

Sur la vitesse des voitures automobiles 235
Chambre, 28 juin 1901.

VI. — GRÈVES. SYNDICATS. COOPÉRATIVES

Neutralité des pouvoirs publics dans une grève 240
Chambre, 11 janvier 1900.
La grève de Chalon-sur-Saône. 242
Chambre, 13 juin 1900.
Les grèves de Marseille. 260
Chambre, 8 novembre 1900.
Les grèves de Montceau-les-Mines 285
Chambre, 8 mars 1901.
Les revendications des ouvriers mineurs. La grève générale. 311
Première lettre de M. Waldeck-Rousseau à la Fédération. 312
Chambre, 22 octobre 1901 314
Seconde lettre de M. Waldeck-Rousseau. 319
Les grévistes de Montceau-les-Mines et les syndicats « jaunes ». 320
Chambre, 21 novembre 1901.
De l'intervention du Gouvernement entre patrons et ouvriers 327
Chambre, 28 mai 1900.
Les groupements professionnels 330
Préface d'un ouvrage sur le « Fédéralisme économique ».
Les Sociétés coopératives ouvrières de production. . . 334
Inauguration de la salle des Fêtes du ministère de l'Intérieur, 23 juin 1900.

VII. — LES CULTES

La séparation des Églises et de l'État 337
Chambre, 7 décembre 1899.
Le clergé et les élections. 340
Circulaire aux préfets, 1er mai 1902.
Traitement des archevêques et des évêques 342
Chambre, 7 décembre 1899.

TABLE DES MATIÈRES

	Pages.
LES ÉVÊCHÉS DE LA SAVOIE	351
Sénat, 5 novembre 1901.	
LES ÉVÊQUES ET LES ASSOMPTIONNISTES	353
PROJET DE LOI SUR LES TROUBLES APPORTÉS A L'ORDRE PUBLIC PAR LES MINISTRES DES CULTES	359
L'AMNISTIE ET LES CURÉS	361
Chambre, 16 décembre 1900.	
LES AUMONIERS DANS LES PRISONS	364
Chambre, 5 décembre 1899 et 24 décembre 1901.	
LES MISSIONS A L'INTÉRIEUR	371
Circulaire aux évêques, 2 avril 1900.	
L'ÉGLISE ET LES ENTERREMENTS	372
Chambre, 2 juillet, 1900.	
LES ENLÈVEMENTS DE CROIX	375
Chambre, 1er mars 1901.	
LES EMBLÈMES AUX PROCESSIONS	377
Chambre, 28 juin 1901.	
LES SÉCULARISATIONS	384
Circulaire aux préfets, 14 novembre 1901.	
L'ADMINISTRATION ET LES CONGRÉGATIONS	387
Chambre, 19 décembre 1901.	
LES ÉCOLES CONGRÉGANISTES	390
Circulaires aux préfets, 5 décembre 1901 et 8 février 1902.	
Chambre, 17 février 1902.	395

Paris. — L. MARETHEUX, imprimeur, 1, rue Cassette. — 3067

www.ingramcontent.com/pod-product-compliance
Lightning Source LLC
Chambersburg PA
CBHW071942220426
43662CB00009B/959